U0165188

致 敬 ！ 伟 大 变 革 的 历 史 时 刻

CHINA'S BIG TURN

大国转折

中国是这样走向开放的

丁晓平　著

中共党史出版社

图书在版编目（CIP）数据

大国转折：中国是这样走向开放的 / 丁晓平著 . —
北京：中共党史出版社，2024.6
ISBN 978-7-5098-6479-1

Ⅰ . ①大… Ⅱ . ①丁… Ⅲ . ①改革开放—中国 Ⅳ .
① D61
中国国家版本馆 CIP 数据核字（2023）第 251598 号

书　　名：大国转折——中国是这样走向开放的
作　　者：丁晓平
出版发行：中共党史出版社
责任编辑：申宁　　陈海平
责任印制：段文超
社　　址：北京市海淀区芙蓉里南街 6 号院 1 号楼　　邮编：100080
网　　址：www.dscbs.com
经　　销：新华书店
印　　刷：保定市中画美凯印刷有限公司
开　　本：710mm×1000mm　　1/16
字　　数：300 千字
印　　张：25.75
版　　次：2024 年 6 月第 1 版
印　　次：2024 年 6 月第 1 次印刷
书　　号：ISBN 978-7-5098-6479-1
定　　价：68.00 元

一个党，一个国家，一个民族，如果一切从本本出发，思想僵化，那它就不能前进，它的生机就停止了，就要亡党亡国。

——中国共产党十一届三中全会公报（1978年）

我们制定的目标更重要的还是第三步，在下世纪用三十年到五十年再翻两番，大体上达到人均四千美元。做到这一步，中国就达到中等发达的水平。这是我们的雄心壮志。已经过去的八年多证明，我们走的路是对的。但要证明社会主义真正优越于资本主义，要看第三步，现在还吹不起这个牛。我们还需要五六十年的艰苦努力。那时，我这样的人就不在了，但相信我们现在的娃娃会完成这个任务。

——邓小平（1987年）

目　录

———冬之卷　**看世界**———

中国向何处去？／3
日本刮起"邓小平旋风"／27
赶超世界，科学研究是先行官／56
吹响向科学进军的冲锋号／67

———春之卷　**燎原火**———

按照经济规律办事／83
国务院务虚会与听听反面意见／96
邓小平"敢"字当头"到处点火"／107
万里走"独木桥"·18枚红手印／126

————夏之卷　里程碑————

全党工作重心转移到经济建设 / 189
"两个凡是"错了 / 214
邓小平发表改革开放"宣言" / 239
中国迈进"邓小平时代" / 256

————秋之卷　梦想者————

向世界打开了中国的大门 / 273
还是叫特区好，杀出一条血路来！/ 297
社会主义也可以搞市场经济 / 333
"相信我们现在的娃娃会完成这个任务"/ 372

中国，把我给你（创作手记）　　丁晓平 / 401

冬之卷

看世界

冬脉如营，北方之水，
万物闭藏，潜龙在渊。

中国向何处去？

1

1978年1月1日，《人民日报》《解放军报》和《红旗》杂志发表元旦社论《光明的中国》。社论说：

> 1977年，世界上各种各样的人，包括我们的一些朋友和同志，也包括我们的敌人，都密切注视着中国：在失去了伟大的领袖和导师毛泽东主席、失去了敬爱的周恩来总理和朱德委员长以后，在粉碎了"四人帮"以后，中国会向何处去？
>
> ……
>
> 坚冰已经打破，航路已经开通。毛主席为我们开创的无产阶级革命事业一定要胜利，一定能胜利，光明的中国一定能对人类作出较大的贡献。

光明的中国，多么美好！

"两报一刊"在1978年的第一天以这美好的祝福表达了每一个中国人对中国前途的憧憬，但带给人们更多的或许应该是思考。

中国向何处去？

1978年，越来越多的中国人在思考这个问题。

"文化大革命"已经结束一年多了。十年浩劫，不过是人类历史发展的一瞬。然而，只是这一瞬，却给中国的发展造成了难以弥补的损失。从物质上说，准确估计其灾难程度是一件困难的事情。据权威统计资料显示，这十年间中国国民收入损失约5000亿元，这使得中国与世界先进国家的差距在短短十年时间中一下子拉大到了几十年甚至上百年。世界在走向现代化，而占世界人口五分之一的中国人却处于贫穷落后之中，摆在10亿中国人面前的仍然是人类与生俱来的原始课题——温饱。曾经"落后就要挨打"的中国，依然没有摆脱"挨饿"的困境。

如果说物质上的贫困一直是农业中国长期存在的社会基本问题，那么思想上的混乱、守旧、蒙昧，则是十年"文化大革命"给中国造成的新"贫困"——整个社会还在徘徊中艰难前进，一年前提出的"两个凡是"的错误主张，导致长期奉行的"以阶级斗争为纲""无产阶级专政下继续革命"这些赖以发动"文化大革命"的错误理论，仍然作为"抓纲治国"的指导思想，像一道无形的精神枷锁束缚着人们的思想，整个社会民生和道德人心被折腾得人人自危、精神麻木、人心涣散、风气沉沦。

中国的发展正处在一个十字路口。中国向何处去？

就在这个时候，光明的中国迎来了它的曙光——1977年7月，中共十届三中全会上，邓小平的复出，让中国人看到了希望；恢复高考，让千千万万知识青年等来了靠读书奋斗来改变自己命运的

1977年7月，中共十届三中全会通过了恢复邓小平党政军领导职务的决议。邓小平在会上讲话，针对"两个凡是"的错误观点，指出必须完整地准确地理解毛泽东思想。

机会……

冬去春来，人们在对新生活的期盼中迎来了1978年的春节。这年的春节，全国有60%的职工拿到了十年以来第一次新增加的工资，虽然工资增长的幅度小得可怜，似乎也不能根本改变依然清贫的生活，但对特别容易满足的中国老百姓来说，这又确确实实让他们感受到了生活有奔头、国家有希望……

在北京和上海等大城市，除了新华书店之外，理发店也开始成为人们排队最长的地方，曾经被斥为资产阶级生活方式的烫发开始在城市流行。北京市百货大楼，十年以来第一次在门前的广场上设立年货摊点，开展节日营销活动。它的一楼大厅还破天荒地悬挂起巨幅春联，传统的旗袍也被摆上了货架。还有，一些被禁多年的国产老电影如《阿诗玛》《李双双》等也重返荧幕；街头的高音喇叭也传来了像《洪湖水浪打浪》《花儿为什么这样红》这些多年不曾听过的老歌；消失多年的舞龙灯、耍狮子、跑旱船、踩高跷、猜灯谜等庙会传统民间节目，又一次出现在人们的节日生活里……

1978年的中国，的确在发生改变。有些是看得见的，有些是看不见的，有些是感同身受的，有些则是天翻地覆的。

中国是如此，世界又怎样呢？

20世纪六七十年代，是世界第三次技术革命蓬勃兴起、世界经济迅猛发展的关键时期。日新月异的科学技术把人类引进了信息时代，给世界各国的发展提供了千载难逢的历史机遇。美国继二战胜利之后再次抓住机遇，成为世界头号经济强国；日本抓住机遇，在战败后完成了又一个十年的经济收入倍增计划，由20年前的战败国跻身世界现代化强国之列；再看看我们周边的国家和地区，韩国、新加坡和中国台湾、香港地区也抓住机遇，成为亚洲"四小龙"。只有中国大陆与这历史机遇失之交臂，陷入"文化大革命"的阶级斗争的狂潮，长期动乱，陷入不能自拔的困境。

中国太落后了！耽误的时间太长了！

人们痛心疾首：中国向何处去？

邓小平的回答是："中国的发展离不开世界。"

1978年10月，邓小平做出世界战争可能推迟，我国经济可以争取更多的和平时间的判断。他说："中国人民决心在本世纪内把中国建设成为社会主义的现代化强国。我们的任务是艰巨的。我们首先要靠自己的努力，同时我们也要学习外国的一切先进经验和先进技术。"

粉碎"四人帮"后，中共中央领导层已经达成一个共识，那就是决心调动一切积极因素，包括利用国外的有利因素，大抓经济建设，把"文化大革命"造成的经济损失夺回来，奋力改变中国经济远远落后于发达国家的局面。这也就是当时描绘的、符合全党全国人民愿望的奔向"四个现代化"的目标蓝图。

实现"四个现代化"的目标和步骤，最早是周恩来总理在1964年底至1965年初召开的三届全国人大一次会议上提出的。1975年1月，他在四届人大一次会议所作的《政府工作报告》中重申要在本世纪内全面实现农业、工业、国防和科学技术的现代化。随后，当时主持国务院工作的邓小平搞整顿，责成各部委进行准备，由李先念具体抓总，计委形成了一个《一九七六年至一九八五年发展国民经济十年规划纲要（草案）》，中央政治局在10月讨论通过。但好景不长，"四人帮"刮起了"批邓、反击右倾翻案风"，把这个十年规划纲要说成"修正主义文件"。随着邓小平"靠边站"，这个纲要便束之高阁、无人问津了。

到了1977年，华国锋提议重新修订《纲要（草案）》，决定由李先念、余秋里负责。随后，国家计委拟定的"三大计划"——《十年规划纲要》《八年引进计划》和《二十三年设想》经过中央讨论和五届人大一次会议讨论通过。

《八年引进计划》全称为《关于引进新技术和进口成套设备规划的请示报告》。《规划》指出，在第五个五年计划的后三年和第六个五年计划期间，除抓紧把1973年批准的43亿美元进口方案（简称"四三方案"）中的在建项目尽快建成投产外，拟围绕长远规划的目标和任务，再进口一批成套设备、单机和技术专利。《规划》从农业、轻工市场和基础工业三个方面，提出今后八年共需外汇65亿美元，国内成套工程的基建投资需要400亿美元。《规划》还提出了引进工作中应注意的十个问题：坚持自力更生、洋为中用的方针，学习和独创相结合；引进必须突出重点，解决国民经济中的薄弱环节；引进方式要多样化；切实加强领导，做到组织落实；做好综合平衡；对外提出项目一定要慎重，项目提出后力求不变或少变；认真组织好出国考察工作；进口通用设备要减少机型，力求统一，并要考虑和国内产品系列相衔接；要十分重视进口项目的生产准备工作；积极组织国内创新工作。①

1977年7月26日晚上，中央政治局听取和讨论了国家计委的这个报告。华国锋、邓小平、叶剑英、李先念在听取汇报后，都表示赞同计委的这个报告。

会上，邓小平说："国民经济搞好了，多出点油、煤，轻工业搞好，包装搞得好，多换一些外汇，引进还可以加一点，譬如搞100亿美元也可以。"

这时，叶剑英插话说："不算多，投信任票。"

邓小平接着说："中国人聪明，可以赶上去。'四人帮'不打倒，这个方案提不出来。"

李先念说："这个方案我参与了，开始60亿美元，后来加了5个亿。我们当前的问题，看来还是煤炭、电力不够。冶金也不足，只有7亿美元，500万吨钢厂从头到尾要20亿美元。农业搞上去了，粮、糖可以少进口一些。这个方案搞下来，可能不是65亿美元，是80亿美元，大体1982年完成。建议中央原则批准这个方案。"

叶剑英说："同意先念同志的意见，原则批准，开始谈判，抓紧时间。"

最后，华国锋说："今晚政治局听了汇报，原则批准，提了点意见，抓紧做就是了。整个外汇的使用，要精打细算，能不进就不进，把有限的外汇用在最紧急最需要的地方，买先进的关键设备。引进100亿美元也可以，但要多快好省。"

到了1978年3月13日，中央政治局再次听取了国家计委关于《八年引进计划》的汇报，决定原则批准一批追加项目，从65亿美元

---

① 《李先念传（1949—1992）》，中央文献出版社2009年版，第1041页。

扩大到180亿美元。为统一领导新技术的引进工作，经报请中共中央批准，国务院于当年5月17日正式成立引进新技术领导小组，由15人组成，余秋里任组长。

其实，从1977年制定"三大计划"开始，尤其是《八年引进计划》的制定和落实，国务院领导同志就同意各部委分别派出代表团出国参观访问。比如轻工部等单位派人去美国、西德、日本、英国，考察化纤工业；地质部派人去法国、西德；农业部派人去意大利、法国、英国、丹麦、日本；冶金部派人去日本、美国、加拿大和西欧；兵器工业部派人去西德、法国、英国；石油部派人去美国、日本；国家经委派人去英国、法国、日本等。

1977年11月，全国计划会议在北京召开。有一天，主持国务院日常工作的副总理李先念把国家经委主任袁宝华叫过去。

一见面，刚刚坐下，李先念就说："宝华，要派你出国。"

李先念话音一落，袁宝华大吃一惊，说："除了20年前我到过苏联以外，我还没有去过外国。"

"你做经济工作的，长期关在国内不行，你得出去看看，看看人家怎么干的。"

"去哪里呢？"

"英国和法国。"

按照李先念的指示，袁宝华率领代表团从英国和法国访问归来后，立即向华国锋、李先念作了报告。这时，李先念又告诉袁宝华："你再去日本看一看，日本的发展更快。"

从欧洲和日本考察回来后，袁宝华或采取口头汇报，或写出书面材料，向中央领导人吹风通气。中央领导一致认为：通过出国考察，眼界大开，承认我国的工农业技术和发展水平，至少比发达国家落后15年至20年以上，管理水平和劳动生产率差距也甚大。

就在这个大的背景下，中共中央为了加快社会主义建设，破除

"四人帮"对所谓"洋奴哲学"的批判，开始加强了对外交往工作。时任国务院副总理的耿飚回忆说："文化大革命"期间，由于毛主席和周总理的掌舵和领导，我国的外交工作克服了林彪、"四人帮"两个反革命集团和极左思潮的干扰，取得了巨大的成就。但是，在对外交往方面也出现了一个矛盾，就是外国领导人来华访问的多，而我国领导人很少出访。外国的外交界、舆论界对此颇有微词。有的国外报刊评论文章甚至把这种情况与古代外国使者朝拜中央王国相提并论，显然这是一种误解。因此，粉碎"四人帮"后，外交部拟出了需要出访的国家名单。

随着对外交往回归到"你来我往"的常态，在各类出访活动中，最为活跃的就是经济、科技和教育代表团。

1978年2月，在中央讨论《政府工作报告》的会议上，邓小平建议，对于欧洲共同市场要迅速派人去进行技术考察。对于共同市场，对于日本、美国，要专门成立一个班子，不干别的事情，集中力量，专门研究。要注意国际动态，现在是对我们最有利的时机。总之，要抓紧时间，多争取一年时间都合算。

一个月前的1月19日至22日，邓小平在接待法国总理雷蒙·巴尔时，两人先后举行了三次会谈。21日上午，邓小平和巴尔出席了中法两国政府科学技术协定的签字仪式。邓小平发表讲话说："我们两国政府科学技术协定的签订，正是我们两国科技交流发展所取得的积极成果，同时又为进一步发展我们两国之间的科学技术交流开辟了新的广阔前景。每个民族都有它的长处，也都有它的短处。我们主张促进同外国的科学、技术、文化交流，就是要取长补短，相互学习。这对双方都有利的。"

3月25日，邓小平在会见挪威外交大臣克努特·弗吕登伦时说："现在，美国还没把中国摆在它的议事日程上。一个真正聪明的政治家，应该懂得中国究竟处于一个什么地位。战略上，我们的观点明确得很。我们对自己有清醒的估计，我们实现'四个现代化'，需要同西方世界合作。"

不仅中央对发展经济达成了共识，社会各界也是同心同德。1978年3月，在全国科学大会上，许多同志就谈道，目前世界经济的发展与科学技术的关系更加密切，国民经济和各行各业的发展主要依赖于科技的发展。我国经济落后的一个重要原因是科技落后。因此，我们要想把经济搞上去，首先要老老实实地学习世界先进技术。如果闭目塞听，不了解国际上科学技术发展的动向、趋势和水平，赶超世界先进水平就无从谈起。

4月19日，中共中央政治局召开会议，讨论《今后八年发展对外贸易，增加外汇收入的规划要点》。这个《规划要点》提出：到1985年累计外汇收入1050亿美元，其中引进新技术和进口成套设备各200亿美元（用国家贸易外汇支付150亿美元，利用银行外汇存款50亿美元）。会上，邓小平就外贸工作做了一段非常大胆的插话，可以说这也是他提倡解放思想、搞改革开放的一个刍议：

> 今后八年对外贸易中的外汇逆差，可以吸收外汇存款解决，不仅可以从香港吸收，还可以从欧洲吸收。政策放宽一点，可以多吸收一些。扩大进出口贸易问题，我已经说了多次，现在的问题是如何做得快一些好一些。政策上大胆一点，抢时间进口设备，是划得来的，得到的比付出的利息要多，问题是要善于去做。目前的时机是有利的。粉碎"四人帮"以后，思想解放了，可以拿资本主义国家行之有效的办法为我们所用。要想一想，现在思想解放得够不够，到底还有什么障碍，看看上层建筑、生产技术方面存在什么问题。有些事情不能总在北京转圈子，一拖就一两年，要尽快研究解决。广东搞出口基地，要进口饲料，应该支持，

试一试也好嘛。以进养出，进口多少，出口多少，要一桩一桩地算，加强经济核算，加强管理。一个企业经济核算很重要，企业经营差的就付酬少。企业的利润不一样，工人的工资也应该不一样，按劳分配嘛。我们总要有点鼓励，精神的鼓励和物质的鼓励，先从外贸做起。今天会议批准这个报告。①

"我已经说了多次，现在的问题是如何做得快一些好一些。"话里话外，可以看出邓小平已经非常着急了，他甚至在发出警告："要想一想，现在思想解放得够不够，到底还有什么障碍，看看上层建筑、生产技术方面存在什么问题。有些事情不能总在北京转圈子，一拖就一两年，要尽快研究解决。"

在会上，华国锋说：西德（原德意志联邦共和国）、日本战败后，十多年就上去了，要研究他们的经验。我们要经过20年实现四个现代化，就要真正动脑筋，想办法，争速度，这就有一个引进的问题。我同意小平、先念同志的意见，思想要解放一点，胆子再大一点，放手一点。

闭门造车，出门不合辙。与外部世界隔绝了大约20年的中国，对世界经济发展究竟是一个什么样子，基本上是盲人摸象。怎么办？

用邓小平一句话说就是："思想解放了，可以拿资本主义国家行之有效的办法为我们所用。"

早在1977年9月16日至14日，冶金部副部长叶志强率团去日本考察，深感中国冶金技术落后于日本很多。10月22日，华国锋在听取汇报后，指示要引进日本的先进技术。12月14日，华国锋、叶剑

---

① 《邓小平年谱（1975—1997）》（上），中央文献出版社2004年版，第298—299页。

英、邓小平圈阅同意了李先念签批的《拟和日本技术小组商谈新建钢铁厂主要问题的请示》。1978年3月11日，上海宝山钢铁厂正式上马，建设规模为年产钢、铁各600万吨，整个工程投资为214亿元，其中外汇48亿美元，折合人民币144亿元，国内投资70亿元。

既要请进来，更要走出去。关起门来搞建设的时代已经一去不复返了。

1978年3月至5月，中共中央和国务院决定兵分三路，派出三个代表团，分别出国考察经济，进行专门的调查研究。这三路，一路为国家计委副主任段云率领的国家计委和外经贸部派出的赴港澳经济贸易考察组，一路为国家计委副主任林乎加率领的赴日本经济代表团，再一路就是由谷牧副总理为团长的赴西欧五国（法国、瑞士、比利时、丹麦、联邦德国）考察团。

3月28日至4月22日，林乎加率领来自国家计委、商业部、外贸部和中国银行的成员组成的代表团访问日本。就像美国历史学者傅高义在《邓小平时代》一书中所评述的那样："日本的特殊意义在于，它成功地克服了与中国当时面对的类似的难题。第二次世界大战结束时，日本经济一片萧条，但在战后强大的中央政府领导下，日本经济迅速进步，很快赶上了西方。在这个过程中，日本也从经济管制、中央计划经济、配给制和价格管制的战时经济，转向更加自由和更有活力的民间经济，其中消费产业是工业成长的主动力。"

林乎加一行回国后，立即向中央报告了访问成果。他们认为，"二战"后日本的经济进步主要有三大原因：大胆引进国外先进技术，利用外资，大力推动教育和科研。在中国代表团的访问期间，日本政府和工商界都表示愿意提供援助和技术，帮助中国的发展。

4月10日至5月6日，段云率领的国家计委和外经贸部派出的赴港澳经济贸易考察组，评估了香港在金融、工业和管理方式领域帮助中国发展的潜力。考察结束后，他们给中共中央写出考察报告，建议应把靠近香港的广东宝安、珠海划成出口基地、加工基地，争取三至五年内在内地建成具有相当水平的对外生产基地、加工基地和旅游区。这种加工区从国外运进原料，用中国的劳动力进行加工后重新出口，既无关税，也不受任何限制。当时，广东存在着实际的治安问题：每年有成千上万的年轻人偷渡香港。邓小平在1977年视察广东时，曾有人向他提到这个问题怎么解决。邓小平说：出路不是用更多的铁丝网和边境哨所强化治安，而是集中精力发展广东经济，这样年轻人就会觉得没有必要再逃到香港谋生了。

段云率领的考察组成功访问香港后，1978年5月，中共中央决定成立国务院港澳事务办公室。年底，外经贸部副部长李强访问香港，促请香港总督麦理浩采取措施，使香港在中国现代化中发挥重要作用，并邀请他访问北京。

6月1日和3日，中央政治局听取了赴日经济代表团和赴港澳经济考察组的汇报。对于将广东宝安、珠海划成出口、加工基地和旅游区，表示原则同意。两地后来发展成深圳、珠海经济特区。而赴日经济代表团的访问，为稍后邓小平10月份的访日打了前站。

两个汇报都非常成功。大家概括为"说干就干，马上干。"随后，国务院在6月就成立了进出口委员会、国家外国投资管理委员会，谷牧为主任，甘子玉、周建南为副主任，江泽民为秘书长。

其实，1978年春天，在这三个代表团出国访问之前，中共中央还派出了一个代表团访问了东欧的南斯拉夫和罗马尼亚。这个代表团由中联部副部长李一氓为团长，乔石、于光远为副团长，在3月9日至4月6日访问了"美苏争霸"时期同为社会主义阵营的两个兄弟国家。代表团考察了那里的工厂、农庄和科技部门，回国后就中国可以采用的经验做法，提出了具体的建议。这次访问的政治意义远远大于经济和科技考察的意义。那个时候，由于"中苏论战"导致社会主义阵营分裂，中国政府批评南斯拉夫脱离正确的社会主义道路搞"修正主义"。通过这一次访问，中国共产党与南斯拉夫共产党恢复了关系，同时也说明中国党和政府已经摆脱了意识形态的条条框框，开始考虑借鉴东欧社会主义阵营国家的改革经验，考察社会主义制度与市场经济间的兼容性，包含了丰富的政治内涵。

中国向何处去？

"走出去"，是重要一招。

"独立自主不是闭关自守，自力更生不是盲目排外。"邓小平在1978年3月召开的全国科学大会上就曾指出，"任何一个民族、一个国家，都需要学习别的民族、别的国家的长处，学习人家的先进科学技术。"

1978年，中国改变了"文化大革命"时期党政领导人很少出访

1978年3月，邓小平在全国科学大会开幕式的讲话中，阐明了科学技术是生产力这个马克思主义的观点，指出"四化"的关键是科学技术现代化。会后，邓小平接见出席会议的代表。图为同青年数学家陈景润握手。

的状况，这一年就有13位副总理和副委员长以上的党和国家领导人21次率团出访，走出国门，访问了51个国家。其中，8月14日至9月1日，华国锋对南斯拉夫、罗马尼亚和伊朗进行了访问。这是继毛泽东1957年访问苏联后，中共最高领导人的第一次出国访问。而重新走马上任的邓小平就先后四次出访，到过八个国家，将出国考察、开放推向高潮。经当时国务院港澳办公室统计，仅1978年1月至11月，经香港出国和赴港考察的人员就达529批，共3123人，其中专程赴港考察的就有112批，共824人。

中国的发展离不开世界。

同样，世界的发展也离不开中国。

当中国的领导人走出国门的时候，资本主义已经度过了第二次世界大战之后大发展的"黄金时代"。从经济上看，1974年石油危机后，西欧各国经济处于一种停滞和萧条状态，开工不足，资本、设备、技术和产品都出现过剩，急于找出路。在西方经济出现"滞涨"、回升乏力的情况下，发达国家不仅愿意扩大对华贸易，也愿意向中国提供优惠贷款，甚至进行直接投资。现在，世界都在观望着中国的改革，翘首期待着中国的开放，向中国抛出橄榄枝。就看中国能不能抓住历史的机遇。

中国，你准备好了吗？

2

中国来了！中国走出了中国，开始走向世界。

1978年的春天，兵分三路出国的考察团中，对中国发展影响最大、规格最高、最为引人注目的还是以副总理谷牧为团长的西欧访问团。

谷牧是一位在经济领域经验丰富、干练务实、专业内行、广受尊敬的经济管理干部和出色的领导人。他深受周恩来、陈云的器重，和叶剑英、李先念的关系非常融洽，也备受邓小平的信任。

这是新中国成立之后，在邓小平的大力推动下，中共中央向西方国家派出的第一个政府经济代表团。除了主管工业的副总理谷牧担任团长之外，成员还包括国家建委副主任彭敏（代表团秘书长）、水电部部长钱正英、农林部副部长张根生、北京市副市长叶林、广东省副省长王全国、山东省副省长杨波等六位副部长以上级别的干部，还有国家进出口委秘书长李灏、国务院办公厅调研室主任王维澄等六位司局级干部，绝大多数都是熟悉经济工作的人员。代表团中除了外交部礼宾司随行的两名官员和钱正英去过苏联、越南之外，包括谷牧在内，都是第一次出国。

4月底，在代表团出发之前，邓小平专程到北京饭店与代表团成员见面。谷牧向邓小平汇报了出访的准备情况，邓小平嘱咐说：访问中，要广泛接触，详细调查，深入研究一些问题。好的要看，坏的也看，看看人家的现代工业发展到什么水平了，也看看他们的经济工作是怎么管的。资本主义国家先进的经验、好的经验，我们应当把它学回来。

5月2日，谷牧率团出发了。第一站是法国巴黎。这一天，北京和巴黎的天气都非常舒适，气温相近，晴空万里。出发前，法国外交部就已经告知中国政府经济代表团，专机将在巴黎的奥利机场降落。这个消息让中国外交部感到十分欣喜。他们告诉谷牧，奥利机场是专门接待国家元首、政府首脑的机场。

经过十个小时的飞行，飞机降落了。打开舱门，走出舷梯，谷牧震惊了。法国总理巴尔踏着红地毯亲自迎接，并发表了热情洋溢的欢迎词，三军仪仗队列队欢迎。一身中山装的谷牧，戴着黑边眼镜，左胸口袋插着一支露出笔帽的钢笔，沉稳老练，仪态大方。这是那个时代中国人的标志性服饰。访问过程中，巴尔总理亲自主持双方的会谈，并举行了盛大国宴欢迎中国政府代表团。当时刚刚出任巴黎市长、后来成为法国总统的希拉克，也在市政大厅设宴欢迎中国客人，并请法国著名企业家参加，增进相互间的了解和友谊。在代表团结束访问前，法国总统德斯坦也亲切会见了谷牧一行，双方进行了友好谈话。

出访西欧第一站，就受到了欧洲大国法国如此隆重的、最高规格的接待，这令谷牧和代表团所有成员既高兴又吃惊。礼遇高还表现在，除比利时驻华大使因病未回国之外，其他四个国家的驻华大使都事先飞回本国，陪同中国代表团访问他们各自所在的国家。按照外交惯例，外国国家元首或政府首脑来访，大使才回国迎接并陪同访问。谷牧一行只是副总理级别的代表团，西欧五国东道主打破

1978 年 5 月，谷牧率中国政府代表团出访西欧五国。

外交惯例，对中国表达的友好确实非同一般。

　　谷牧回忆说："我本来以为，按照国际交往对等原则，我遇到的会谈对象可能是副总理一级的人物。可是所到国家，同我会谈的都是总统或总理级的人物。法国总统德斯坦、联邦德国总统谢尔、瑞士联邦主席里恰德，都会见了我们，比利时国王、丹麦女王也见了。这不是我谷牧如何，而是他们重视与中华人民共和国发展关系。"①

　　西欧五国为什么对中国政府经济代表团如此重视呢？为什么如此重视发展与中国的关系呢？这里既有政治因素，当然更多的是经济因素。时任山东省副省长兼计委主任的杨波，作为代表团成员之一，做了如下分析：

　　　　从政治方面看，我们根据毛泽东主席关于"三个世界"的理论制定的外交路线，明确提出反对霸权主义，支持一个团结的、统一的、强大的欧洲。我们高举这个旗帜，在欧洲是深得人心的。访问中，我代表团遵照"求同存异"的方针，积极进行工作，强调共同点，大讲联合反对霸权主义，大讲希望西欧联合、强大，效果很好。五国政府的领导人和政界、经济界的著名人士，无论在正式宴会的讲话中还是在私下里的交谈中，都把中国看成是稳定世界局势的重要因素，希望同我加强合作。他们普遍赞赏我同西欧共同体签订的贸易协定，强调这首先是一个政治决定。

　　　　从经济方面看，他们都看好了中国这个资源丰富、人口众多的大市场，都想争着和我们做生意。1974年石油危机以后，西欧各国的经济趋于一种停滞、萧条状态，开工不足，

---

① 谷牧：《我国对外开放国策的酝酿和起步》，《党的文献》2009年第1期。

资本、设备、产品、技术力量都过剩，急于找出路。我们在1978年2月召开了第五届全国人民代表大会第一次会议，公布了国民经济发展的十年规划和二十三年设想，在西欧引起了强烈的反响。我们实现了安定团结，要搞大规模的现代化经济建设，对他们具有很大的吸引力，在会谈和交谈中都表示愿意为中国实现四个现代化作贡献。说是作贡献，实质上是要为他们的经济找出路，要与我们多做买卖，扩大贸易。

访问中我们提出的各项参观要求，各国都作了周到的安排，工商界人士都争着同我代表团接触，普遍表示希望中国很快强大起来，愿意同我在政治上发展合作，在经济上扩大贸易往来和科技合作与交流。[①]

从1978年5月2日到6月6日，中国政府经济代表团历时36天，马不停蹄，紧紧张张地访问了法国的巴黎、里昂、马赛等，联邦德国的波恩、鲁尔、汉堡、巴伐利亚等，瑞士的日内瓦、伯尔尼、巴塞尔、苏黎世等，丹麦的哥本哈根、奥尔堡等，比利时的布鲁塞尔、安特卫普等，共计25个城市和80多个工厂、矿山、港口、码头、市场、学校、科研单位、居民点等，会见了众多的政界人士和企业家。所到之处，代表团重点考察了三个方面：一是这些发达国家工农业和科技的现代化水平，二是20世纪五六十年代其经济发展较快的原因，三是他们组织管理社会化大生产的经验。为此，除了会谈以外，代表团还安排了较多的时间参观工厂、农场、城市建设、港口。当时，国际人士用"火力侦察"来形容中国代表团的欧洲之行。

中国代表团走到哪里，哪里都有鲜花和掌声。

在法国，谷牧在与巴尔总理会谈时，按照事先做好的准备先谈

---

① 杨波：《开放前夕的一次重要出访》，《百年潮》2002年第2期。

政治和外交问题，没有谈经济问题。巴尔说："政治问题，您和总统见面时再会谈，我不谈政治问题，只谈经济问题。"他首先讲中法两国的贸易1977年下降了一亿法郎，并对此表示遗憾，认为这同中法两国关系不相称。然后，他就谈如何扩大双方的贸易问题。在会见德斯坦总统时，谁知，他一开始就说对经济有兴趣，法国的东西哪些是中国需要的？法中两国可以在哪些方面进一步发展合作？结果，两人根本没谈到政治。陪同中国代表团访问的法国驻华大使说："你们的120个项目（指我们五届人大确定的120个建设项目），法国愿意承担10个。"

离开丹麦去联邦德国访问时，因为丹麦首相访美去了，代首相在机场送行时握着谷牧的手说："你要到大国访问了，希望不要忘记我们小国，在发展经济合作上照顾一下小国。"

在联邦德国，访问巴伐利亚州时，州长卡里在宴会上说，听说你们资金困难，我们愿意提供支持，50亿美元怎么样，用不着谈判，现在握握手就算定了！西德各个州的权力很大，有些州也很富。在黑森州，副州长表示提供200亿美元，存入中方银行供中方使用。在北威州州长举行的欢迎宴会上，他提出如中方要用50亿美元，可以马上定下来，要用200亿美元，宴会后谈判一小时就可以签字。德国人这种带有幽默性质的谈话，虽然不会马上成为事实，但可以看出，他们是如何急于为其过剩的资本找出路。

在联邦德国访问的后期，因为日程紧张，坐汽车参观行程已经安排不下。他们竟然动用军用直升机为中国代表团服务，有时一个上午就安排三个工厂。有的原来没有安排参观的工厂，提出去看15分钟也行，用意在于想和中国人交朋友打交道，交换个名片，混个脸熟，便于以后到中国来找熟人了解情况，寻找机会做买卖，为他们的资本、产品、技术设备找出路，开辟新市场。

更让谷牧他们没有想到的是，中国代表团还没有回来，法国银行的董事长就已经到了北京。他一来就提出了25亿美元的贷款计划。这更清楚地表明，西欧国家是如何看好中国这个巨大的市场，急于与中国做生意，给他们的资本找出路。

"不看不知道，一看吓一跳。"这是中国代表团所有成员的普遍感受。那个时候，大多数中国人，包括谷牧率领的中国政府经济代表团成员在内，思想并不十分开放，甚至还有些冷战时代的思维模式。当时的中国大多数工厂设施都是保密的，甚至对一般的中国老百姓也不开放，因此当欧洲人如此主动、热情、开朗地邀请他们参观他们的工厂、学校、商店和各类设施的时候，不能不叫人感到一丝诧异和惊奇。更重要的是，代表团成员本来以为可以看到资本主义社会工人遭受剥削的现象和证据，但西欧国家普通工人的生活水平之高，令这些中国副部级干部大跌眼镜。而在参观凡尔赛宫时，有人因为内急找到厕所（国外称洗手间），但要付费才能进去，一下子难倒了他们，面面相觑，不知所措。当时费用都是代表团统一管理、统一使用，个人身上没有一分钱外币，只好向大使馆求助，派人送来一些零用钱。大家自嘲是"衣冠楚楚，身无分文"。

真是"老革命碰到了新问题"。谷牧和代表团的主要成员虽然都是领导经济工作的行家里手，但长期缺乏与外部世界的接触，对于现代化的标准是什么，我国与发达国家的差距究竟有多大，以及怎样去实现现代化等，却如云里雾里，不甚了了。代表团成员之一的时任广东省副省长王全国说："那一个多月的考察，让我们大开眼界，思想豁然开朗，所见所闻震撼着每一个人的心，可以说我们很受刺激！闭关自守，总以为自己是世界强国，动不动就支援第三世界，总认为资本主义没落腐朽，可走出国门一看，完全不是那么一回事，你中国属于世界落后的那三分之二！"[1]

---

① 崔慧荣：《追寻1978：中国改革开放纪元访谈录》，福建教育出版社1998年版，第558页。

钱正英回忆说："我们也是好久都没有接触西方了。第一次到西方国家，看到一些情况，对我们也是非常有震动的。我们在这五个国家普遍看到，人民的生活水平比我们高得多，对我们这些老共产党员来讲，有相当大的震动。那个时候感觉我们和他们的差距在20年以上。跟我们驻外使馆的同志座谈，就谈到20世纪五六十年代，我们和他们的差距虽然很大，但是还没有这么大，就是20世纪60年代以后，人家飞速前进，计算机那些都是那个时候搞的，我们还在搞阶级斗争。这点对我们的刺激很大。"

"不比不知道，一比也吓一跳。"经过中外对比，谷牧深感差距太大，若不奋起直追，可就真是愧对人民、愧对时代了。他回忆说："我想，国家花了外汇，我们应当尽量多看些，多学些。这是我第一次出国，对当代的资本主义世界到底是怎样，有了实感。通过这次访问，我们加深了对欧洲五国的认识，同时也联系我国的经济发展情况，想了一些问题。建国以来，在毛主席、党中央的正确领导下，我们取得的成就是十分伟大的。但是，应当看到，我们现在达到的经济技术水平，同发达的资本主义国家比较，差距还很大，大体上落后二十年，从按人口平均的生产水平讲，差距就更大。我们一定要迎头赶上，改变这种落后状况。我们能不能在二三十年内实现'四个现代化'，赶上世界先进水平？这次看了五国的情况，我们更加有信心了。任务虽然很艰巨，但我们是完全能够实现的。"

回国后，谷牧和代表团的同志们一道做了多次讨论，专门写了一份1.5万字的《关于访问欧洲五国的情况报告》，呈送给党中央和国务院，同时向中央建议近日安排一次汇报。后来，谷牧在回忆录中把这次访问归纳成以下三点突出的印象：

第一，第二次世界大战后，西欧资本主义国家的经济确有相当大的新发展。尤其是科学技术日新月异，工农业生产、交通运输、通信手段广泛采用电子技术，现代化水平很高。我在法国看到一座低水头的水电站，全部用电子计算机控制，节假日没有工人上班，照样运行发电。联想到国内的经济技术水平，差距太大，很有咄咄逼人的紧迫感。由于科学技术的进步和劳动生产率的提高，工人的工资和生活福利状况也有明显改观。这些国家的经济运作，政府对经济的调控和对社会矛盾的处理手段，都有些新变化，已不是我们从苏联列昂节夫《政治经济学》上获得的那些老概念了。

第二，西欧这些国家，对于同中国发展经济关系很有兴趣。他们普遍认为，中国是世界上重要的稳定因素，有个强大的中国，加上强大的欧洲，稳定世界局势就好办得多。我国粉碎"四人帮"后安定团结的政治局面，使他们增强信心，潜力巨大的市场对他们很有吸引力。这些国家资金过剩，技术要找市场，产品要找销路，都很想同我们拉关系，做生意。只要我们做好工作，许多事可以办。

第三，在发展对外经济关系中，许多国际上通行的做法，我国也可以采用。比如卖方信贷（即延期付款）、买方信贷（我们买东西时贷款付账，以后还贷）和补偿贸易（我们用外方提供的设备、技术组织生产，用产品补偿），总之叫做今天先拿货，明后天再给钱。这些办法可以缓解我们外汇支付能力的困难。还有吸收外国投资或进行中外合作生产等。①

6月22日，谷牧向中央政治局和国务院主要领导呈送了访问报告。该报告后来也成为1978年下半年召开的国务院务虚会、中央工

---

① 谷牧:《我国对外开放国策的酝酿和起步》,《党的文献》2009年第1期。

作会议和十一届三中全会的重要参考材料，主要内容包括四个方面的建议：一是扩大进出口贸易，二是发展科学技术，三是进行经济体制改革，四是加强农业基础和电力、交通先行。

6月30日，中央政治局听取了谷牧等人的汇报。出席听取汇报的有华国锋、叶剑英、李先念、乌兰夫、纪登奎、苏振华、吴德、陈锡联、聂荣臻、陈慕华等中央政治局委员和王震、康世恩两位副总理。汇报会由中共中央主席、国务院总理华国锋主持。

汇报会是从下午3时30分开始的。大家听了谷牧的汇报，精神振奋，边听边议，不时插话，气氛热烈，决定吃完晚饭后继续讨论。这样，会议一直开到晚上11时15分才结束，共7个小时45分钟。

叶剑英语重心长地说："出去了几个代表团，这次谷牧同志又考察西欧五国。资本主义国家的现代化是一面镜子，可以用来照照自己是什么情况，没有比较不行。建设四个现代化，23年可不可能？是可能的。"他还从战略上强调说，"我们同西欧几十年没有打过仗，他们希望中国成为世界稳定的力量，我们需要他们的先进技术，他们资金过剩，技术需要找市场，引进技术的重点应放在西欧。"

李先念冷静地说："组织人员出国考察回来汇报，这也是调查研究，是很重要的调查研究。我们还比较落后，不要打肿脸充胖子。要利用西欧这个力量，把先进的东西搞过来。"讲话中，李先念着重提了要解决五个平衡问题：一是外交关系的平衡，二是国内平衡，三是引进要同国内机械制造平衡，四是技术力量平衡，五是外汇平衡。①

另外，在这次汇报会上，还确定了两件具体的项目。

谷牧问："向法国进口90万千瓦的核电站设备，是否能定下

---

① 《李先念传》，中央文献出版社2009年版，第1052—1053页。

来？"

华国锋说："可以。"

谷牧又问道："要加快开发两淮、徐州、兖州、唐山等地的煤矿。兖州经临沂到连云港的铁路要修起来，不会没有东西运。这个需要定下来。"

李先念说："干！多搞煤。把石油顶下来，一年烧三千万吨油不行，煤也不能都烧掉，港口建设要快些。"

聂荣臻态度坚决地说："过去我们对西方的宣传有片面和虚伪之处，这反过来又束缚了我们自己。从战略形势看，我们要搞得快点。谷牧这次调查比较全面，可以说都看了。引进什么，从哪个国家引进，应当拍板了！不要光议论了！"

这次汇报会，邓小平没有参加。八天前的6月22日，他在同余秋里、谷牧、康世恩、方毅谈话时说："同外国做生意，搞买卖，搞大一点，什么150亿，搞它500亿。利用资本主义危机，形势不能错过，胆子大一点。不要老是议论，看准了就干。搞它几百个项目，从煤炭、有色、石油、电站、火车，一直到饲料加工厂，不要把宝贵时间耽误掉。"

日本刮起"邓小平旋风"

3

1978年，是中国农历马年。

马，在中国人的文化传统里是一个忠诚可爱有气节的动物形象，与马有关的词汇"千里马""万马奔腾""龙马精神""马到成功"，大都寄寓着吉祥美好之意。

这一年，邓小平74岁。

如果从1977年7月在公众前露面算起，到1978年1月，邓小平重登中国政坛也才半年时间。"老骥伏枥，志在千里。"然而，就在这一年，从新春到隆冬，邓小平如同一匹骏马，快马加鞭地迈出了对中国周边国家展开外交访问活动的步伐，真可谓是马不停蹄。

1月26日至31日，访问缅甸。

2月3日至6日，访问尼泊尔。

9月8日至13日，访问朝鲜。

10月22日至29日，访问日本。

11月5日至9日，访问泰国。

11月9日至12日，访问马来西亚。

11月12日至14日，访问新加坡。

中国有一句俗语，叫作"远亲不如近邻"。周边外交，始终是中国外交战略的重点方向。更为重要的是，1978年的中国，对重新掌管国防和外交的邓小平来说，面临着两大新的战略课题：一是对抗苏联和越南的威胁，维护国家的安全；二是争取外国对中国现代化的帮助。为了减少苏联的军事威胁，他努力加强与邻国的关系，阻止苏联的称霸扩张；为了实现中国的现代化，他开始把目光转向日本和美国。为了达到这个战略目标，他在1978年至1979年一年多的时间里，访问的国家数量超过了他一生其他时间外出访问的总和。

当然，在邓小平1978年的所有出访中，最令人瞩目的还是10月份的日本之行。这不仅仅是新中国第一位国家领导人踏上日本的领土，而且是有文字记载的两国2200年的交往史中，第一个访问日本的中国领导人，也是第一个拜会日本天皇的中国领导人。而这时距1972年中日关系恢复正常化、日本首相田中角荣访华，已经过去了六年，中国也应该有一位领导人回访。现在，邓小平就要去访问这个一衣带水的邻邦岛国了。

1978年10月22日，太平洋上碧空如洗，波光激滟。中午时分从北京起飞的三叉戟专机，载着邓小平一行，飞越上海进入东海上空，朝日本列岛飞去。专机飞临鹿儿岛，进入日本本土上空。快要进入东京湾时，航线左侧，日本第一高峰——巍峨的富士山进入视野，它那晶莹美丽的圆锥形雪峰，高高耸立于云海之上。这里离东京只有一百多公里，不到十分钟的航程。时任新华社记者曾建徽记录了这一历史性的时刻：

邓副总理乘坐的专机飞行3小时45分钟，结束了从北京到东京3500公里的航程，于东京时间下午4时20分（北京时间下午3时20分）在东京湾畔填海修建的羽田国际机场徐徐降落。今天，东京秋高气爽、风和日丽，羽田国际机场飘扬着中日两国国旗和五彩缤纷的彩旗。舷梯靠拢专机后，日本外相园田直进入机舱，欢迎邓副总理。园田外相说："日本全国都在期待着您的来访。您带来了难得的艳阳天。"邓副总理连声说："谢谢，谢谢！"接着，邓副总理由园田外相陪同，满面笑容地走出机舱，这时礼炮齐鸣，二百多名日本和其他国家的记者涌向前去拍照。邓副总理走在红地毯上，向数以千计的欢呼群众频频招手致意，同前来迎接的日本各界人士热烈握手。按照日本的惯例，正式的欢迎仪式于次日由福田赳夫首相主持在国宾馆举行。

连日来，日本的天气一直是阴沉沉的，很难见到明媚的阳光。但是这一天，邓小平到来的同时，天气突然转晴，蔚蓝的天空万里无云，金色的阳光洒满大地。天气的骤然变化，给邓小平访日增添了更加亮丽的色彩，为中日双方平添了一份难得的欣喜，似乎让人们感受到这天气也成了中日友好光明前景的一种象征。

其实，中日关系就像这天气一样，阴晴圆缺，波诡云谲。1971年，就在美国总统尼克松委派他的国家安全事务助理基辛格秘密访华、为他1972年的"破冰之旅"做准备之时，第26届联合国大会通过了第2758（XXVI）号决议，恢复中华人民共和国在联合国的合法席位。这两件事震撼了世界，也震撼了日本！作为中国近邻的日本，和美国一样，对新中国重返联合国进行百般阻挠遭受失败之后，又像尼克松一样立即着手改变对华政策，主动开始与中国接触。

原来，在1971年7月15日晚上10时，当尼克松正式宣布中美两国政府同时发表"公告"——宣布尼克松总统将于1972年5月以前访华的前3分钟，日本首相佐藤荣作才接到日本驻美大使牛场信彦的火急电告。正在内阁开会的佐藤听到这一消息，眼睛大睁，脸色发白，惊讶得有两分钟张着嘴什么话也说不出来。他困惑而沮丧地从内阁会议厅出来，早就等候在外的大群记者涌上来纷纷询问此事。佐藤只得无可奈何地说："实在是没有料到，没有料到啊！……"佐藤对亲密盟友美国与敌对的中国进行暗地接触竟然毫无所知。日本舆论将美国盟友违背日美协议、秘密与中国接触且并不与东京打招呼的做法，称为"越顶外交"。而更让佐藤没想到的是，这个消息一经披露，就引起了日本国民对政府的强烈不满，不断有大批游行队伍到内阁大门前示威，要求佐藤辞职，尽快实现日中邦交正常化。其实，进入20世纪70年代，日中邦交正常化已经成为不可遏制的历史潮流，凡是有眼光的政治家都不能对此视而不见。之后，佐藤采纳外相福田赳夫的建议，试与中国搞所谓的"水鸟外交"——水鸟浮在水上，脚却在水下划行，喻意为秘密外交。

1971年11月10日深夜，周恩来在人民大会堂新疆厅接见由日本东京都知事美浓部亮吉和横滨市长飞鸟田一雄任正副团长的日本恢复日中邦交国民议会访华团时，"拒收"了日本自民党干事长保利茂的一封密信。因为"该信件不提中华人民共和国政府是代表中国的唯一合法政府的'唯一'两字；并且说'台湾是中国国民的领土'，为策动'台湾独立留后路'"。周恩来拒收"保利书简"，使福田的"水鸟外交"遭到失败。此事很快就由传媒传至日本，佐藤内阁又遭到日本各界舆论的抨击。当时，人们曾经讥笑福田赳夫这一对华外交方式说："黄海是相当宽的，尊鸭何时方能游到彼岸？"但在11月10日这个晚上的谈话中，周恩来也并没有把中日关系的大门锁死，而是留了一条缝隙：可以派"日本的基辛格"到北京来，要看这个特使代表的是谁。后来，田中角荣上台以后，中日关系在双方的努力下终于取得了关键进展。

在尼克松与周恩来握手7个月之后，1972年9月25日上午11时30分，随着一架白色的道格拉斯DC-8型日航专机徐徐降落北京机场，中日关系翻开了新的一页。当日本国歌《君之代》与中国国歌《义勇军进行曲》这两首对于中国人民来说有着绝对不同感情色彩的歌曲在一起奏响时，标志着新的史页也就颇有深意地被掀开了。

自从尼克松访华后，世界各国首脑政要访问中国，攀登长城成了"必修科目"。中国外交部礼宾官员们在1972年就有了这么一句口头禅："外国朋友来北京有三个'Must（必须）'要做：登长城、游故宫、吃烤鸭。"而登长城则居三项之首。1972年9月27日下午，长城又迎来了一位新客人。日本首相田中角荣一下车，就以矫健的步伐开始了攀登。按原定计划，田中只登至第三个烽火台就行了，但是他登完第三个仍不肯罢休，又一口气攀登到了第四个烽火台。日本与西方记者们纷纷从长城当场发出报道说，"田中远远超过了尼克松"。

爬长城归来后，田中与周恩来谈判。然而，他们在如何处置"日蒋条约"中关于"日中间已经结束战争状况"这个问题上遇到了表述上的麻烦。田中说："怎么样才能使双方都交代得过去呢？"最后，还是周恩来出了"一个好主意"，用"中日关系正常化结束了两国间迄今为止的不正常状况"这样的表述，使双方都能在不丧失原则立场的情况下予以接受。美国著名中国问题专家鲍大可认为：这是周总理在中日复交谈判中的一大发明，这个发明，完全可以与中美谈判中基辛格所发明的那段——"海峡两岸所有的中国人都认为只有一个中国"有"异曲同工之奥妙"。在会谈时，周恩来提出这个方案之后，田中首相才确信中日邦交正常化可以实现。

9月29日上午10时18分，中日联合声明签字仪式在人民大会堂西大厅举行。中日两国建交，两国关系掀开了新的一页。毛泽东开心地告诉福田：美国人今年2月来了没建交，你们跑到他们前头去了。

中日建交了，但中日之间的关系似乎并没有完全走上正轨。随着日本国内政治格局和国际形势的变化，中日关系也随之起伏跌宕。1976年，周恩来和毛泽东先后逝世，之后中国还没有一位领导人访问过日本。随着1972年《中日联合声明》的签订，中日实现恢复邦交正常化，《中日和平友好条约》的签订问题就摆到了中日两国政府的面前。由于双方在反对霸权问题的条款上意见有分歧，谈判断断续续，进展缓慢。

1977年7月，邓小平复出。日本政府立即表示欢迎，并期望以此为契机打开日中谈判的僵局。《东京新闻》发表文章形容说："邓氏的恢复工作业将成为（日中缔约）谈判的促进剂。"这年9月10日，邓小平会见以浜野清吾为团长的日中友好议员联盟访华团，在谈到日本方面提出的缔结《中日和平友好条约》的问题时，说："既然福田首相声明要搞这件事，我们期待他在这方面做出贡献。其实这样的事只要一秒钟就解决了，不要很多时间。所谓一秒钟，就是两个字'签订'。"①邓小平这个带有声明式的谈话，其实就是暗示福田赳夫首相要下定最后的决心。10月14日，邓小平又在人民大会堂会见了日本议员、前官房长官二阶堂进。二阶堂进提出了关于反对霸权问题的条款的新方案，也就是后来人们所说的"二阶堂进方案"——"根据本约发展日中两国间的和平友好关系，不是针对任何第三国的"，得到中方认可。

九个月后，中日双方谈判重开，在邓小平"求大同，存小异，寻求更多共同点，寻求更多的相互合作、帮助和配合的途径"的灵活的外交方针指导下，经过会谈，双方就和平友好条约取得一致，促

---

① 《邓小平年谱（1975—1997）》（上），中央文献出版社2004年版，第199页。

使了《中日和平友好条约》于1978年8月12日在北京签订。邓小平出席了这个签字仪式。当时福田首相在官邸的电视机前收看了签字仪式的情景。据说，他坐的那把椅子，正是六年前的1972年2月21日佐藤首相怀着酸溜溜的心情观看尼克松访华场面时坐的那把椅子。时过境迁，物在人易。此时的福田又是什么样的一种心境呢？看完签字仪式后，福田站起身来对记者感叹道："木桥变成了铁桥，今后运东西方便多了。"而此时距第一次谈判的1975年，已经整整过去了三年。

4

10月的东京，秋高气爽，枫叶流丹。这次陪同邓小平访问的有夫人卓琳，全国人大常委会副委员长、中日友好协会会长廖承志和夫人经普椿，外交部部长黄华和夫人何理良，以及外交部副部长韩念龙。

邓小平一行下榻的宾馆是位于东京市中心区皇宫附近的赤坂国宾馆。赤坂国宾馆是日本天皇的离宫，从1968年开始按照法国巴黎凡尔赛宫的模式进行改建，专门接待来访的各国元首和政府首脑，直到1974年完工。日本前首相田中角荣1972年9月在北京钓鱼台国宾馆与周恩来就中日邦交正常化展开谈判时曾表示，等赤坂国宾馆改建后，希望周恩来总理成为这里的第一位客人。周恩来表示，只要中日之间缔结了和平友好条约，他一定去日本访问。现在，邓小平实现了周恩来总理的遗愿。

1978年10月23日上午，日本首相福田赳夫在赤坂国宾馆举行盛大仪式，欢迎邓小平一行。9点半左右，身着深灰色中山装的邓小平和身着绣有金花的中式上衣的卓琳，健步来到正门前厅，福田首相偕夫人迎上前去连连说"欢迎，欢迎"。简短的握手寒暄之后，邓小平在福田首相的陪同下走上红地毯，检阅由100多名日本陆上自卫队士兵组成的仪仗队，乐队高奏两国国歌《义勇军进行曲》和《君之代》。接着，在《江户日本桥》的乐曲声中，邓小平和福田首相各自向对方介绍了参加欢迎仪式的两国官员和28个国家的驻日大使。

欢迎仪式历时15分钟。上午10时，邓小平在安倍官房长官的引导下，前往首相官邸，礼节性地拜会福田首相。

寒暄之后，邓小平从口袋里掏出一包他爱抽的"熊猫"牌香烟，从容地按中国的礼节递给在座的每人一支。这样一来，会谈的气氛就立即变得轻松起来。

福田说："虽说是初次见面，但我们像是老相识了。"

邓小平深深地吸了一口烟后，深情地说："几年来一直希望有机会来东京访问，今天终于实现了。我十分高兴，这次是和首相第一次见面交换意见，可是相知已久。"

接着，他们共同回顾了《中日和平友好条约》签订的曲折经历和困难，并对此进行了高度评价。福田说："近一个世纪日中关系的不正常状态终于宣告结束了。《中日和平友好条约》是为建立日中两国的永久和平友好关系而签订的，这是邓小平副总理下决断的结果。"

邓小平说："《中日和平友好条约》的签订，对中国，对日本，甚至对世界都是件大事。虽然有一部分人反对，但几乎全体中国人民、全体日本人民都欢迎这个条约，因为条约反映了他们的愿望。"

福田说："在任何国家都一样，做决断时总是有人要反对的。在日本，有些持慎重态度的人直到最后才同意这个条约。虽然有些人反对，但多数日本人都表示欢迎和赞成。调查了一下世界舆论，世界各国除一小部分外，也都赞成这个条约。我看，《中日和平友好条约》是一个具有历史意义的条约。"

"中国国内也一样，政府当然没有问题，人民也欢迎缔结这个条约。少数人反对总是有的，一年半前还有'四人帮'嘛。"邓小平诙谐的话语，引得会场的人一片笑声，"我觉得，《中日和平友好条约》不仅有利于中日两国，也有利于亚洲和世界和平。"

当福田首相谈到"自己只对战前中国的情况熟悉，战后由于种种情况和工作忙，没有机会访华，很希望有机会到中国访问"的时候，邓小平掐灭烟头，侧了一下身子，微笑着回答说："我早就听说，日本把坦率的会见叫作'披浴巾'。本来我是想在会谈时再说的，既然首相阁下提出来了，现在我就代表华国锋主席和中国政府以及中国人民邀请首相去中国。任何方便的时候，都欢迎。也请园田外相和安倍官房长官随时去。驻华大使佐藤先生，即使不邀请，也请您去。"

福田首相愉快地接受了邓小平的邀请，说："我一定要去中国访问。"

说到邓小平将要到日本关西访问时，福田说："那儿有很多从中国传来的文化遗物，有些已经在中国失传了。"接着，话题又转到了中国的汉字，福田说："中国汉字的变化很大，看报纸就看不大懂了。日本一直沿用原来的汉字。"

邓小平说："简化了就不好办了，就看不懂古文了。省略那么多，我也不明白。"

这时，福田首相递给邓小平一张纸条，上面写着"赳赳武夫，公侯干城"几个字，并不无得意地说："我的名字就取自《诗经》，也可以说是中国的名字。"

"从汉字可知，两国的友谊是悠久的。"听邓小平这么一说，大家都笑了起来。而对福田首相的友好接待和真诚对话，邓小平也很感动，笑着说："日本也把穷人作为朋友，真了不起。"

毫无疑问，在那个年代，中国与经济发达的日本，的确犹如"穷人"和"富人"。邓小平坦言中国是个"穷人"，完全是抱着一种真诚谦逊的态度。然而，这句话却让日本人大为感动，因为中国虽然穷，但毕竟是一个幅员辽阔、资源丰富、人口众多的大国。邓小平的话，让日本人感受到了一种大国风度。日本外相园田直非常钦佩地感叹说："到底是一个大国呀！"

会见持续了30分钟。

10月23日上午10时30分，《中日和平友好条约批准书》的换文仪式在日本首相官邸一楼大厅里正式举行。大厅里回响着由日本陆上自卫队中央乐队的23名队员演奏的中国的《欢迎进行曲》《我爱北京天安门》和日本的《江户日本桥》《君之代》等。中日两国政府官员共70人提前10分钟进入大厅就座。会场的中央摆放着由红色的石竹花和白色、黄色的菊花装饰起来的五星红旗和太阳旗。当邓小平和福田赳夫在中日两国外长的陪同下，伴着乐队高奏的乐曲声，踩着红地毯进入会场时，大厅里响起了热烈的掌声。接着，福田和园田直、邓小平和黄华落座于罩着绿色呢绒布的桌前，背后金色的屏风上悬挂着中日两国国旗。在其两侧，又整整齐齐地一对一地摆放着12对小国旗。整个会场显得庄严而又肃穆，热烈而又宁静。

在日本外务省中国课长田岛的主持下，仪式正式开始，全体起立，两国国歌奏响。随后，园田直和黄华用毛笔先后在双方分别用日文和中文写成的批准书上交叉签字。于是，历史庄严郑重地记下了这一个令人难忘的时刻：1978年10月23日上午10时38分，《中日和平友好条约》从此生效。在热烈的掌声中，中日两国的外长紧紧握手。

此刻，福田首相首先举起斟满香槟酒的酒杯，对邓小平说："为华国锋总理和阁下的健康干杯！"邓小平也立即起身，走到福田的面前举杯与福田碰杯，说："为天皇陛下，为福田首相阁下，为日本朋友们的健康干杯！"在场的日本朋友听到邓小平的这句祝福"天皇陛下"的话，都笑逐颜开。

就在这个时候，邓小平突然放下酒杯，再次走到福田首相跟前，同他拥抱。经常在别人面前自称为"外交家"的福田，对邓小平的这一举动大为吃惊，显然他对中国共产党领导人的这罕见的亲热外交举动缺乏思想准备，因此表现得有些慌乱，不知所措，姿势也显得僵硬。而这更让站在一旁同黄华握手的园田直外相看愣了，他或许正在为首相不知所措的形象感到担心，然而更让他没料到的是邓小平随即走过来和他拥抱，结果由于一时还没有反应过来，园田直自己倒显得更加狼狈和滑稽。难怪有人看到这个镜头时，都大笑着说："园田外相的表情和动作真滑稽。"这张照片被记者抓拍下来，园田直在邓小平的拥抱中，身体的僵硬和不自在被世界所看见。他怎么也不会想到邓小平这个东方大国领导人会用这样的一个西方礼节表达对中日友好的期盼和祝福。

这天下午，福田与邓小平在首相官邸接待室举行了第一次会谈。中方参加会谈的有廖承志、黄华、韩念龙和中国驻日大使符浩等人。日方有外相园田直、官房长官安倍晋太郎、驻中国大使佐藤正二、外务审议官高岛益郎、亚洲局长中江要介等。

福田首先代表日本政府和国民表达了日中两国要建立持久的名副其实的睦邻友好关系的良好祝愿。他说："特别是本世纪以来，连续发生不幸事情，我感到非常遗憾，并进行反省，今后不应再重演。战后日本已改变姿态，决心不再做军事国家。"在谈话中，福田说日本的"全方位和平外交"，是不敌视世界上任何国家，也就是要为同一切国家都友好而努力。但是，他的这番话并不意味着日本的外交是"全方位等距离外交"。他强调要坚持日美安全条约，并确信中日和平友好条约不仅能贡献于亚洲、太平洋地区和平，而且能贡献于世界和平。

邓小平坦率地说："我们两国有两千多年友好交往的历史。在两国友好的长河中，不幸的历史只有几十年时间，这不过是很短的插曲。和平友好条约的签订，不仅在事实上，而且在法律上、政治上总结了我们过去的关系，更重要的是从政治上更进一步肯定了我们两国友好关系要取得不断的发展。中日要世世代代友好下去。坦率地说，在现在这个动荡的局势中，中国需要同日本友好，日本也需要同中国友好。尽管你们交的是个穷朋友，但是这个穷朋友还是有一点用处的。"

说到这里，福田连连表示："不是，不是。"

会谈中，邓小平和福田还就国际局势发表了自己的看法。

会谈是从10月23日下午2时30分开始的，到5时25分结束，长达三个小时。会谈结束后，福田首相在向记者谈及对邓小平的印象时，只说了一句话："非常了不起。总之，非常了解世界形势，虽然同对方立场不同。"

当天晚上7时30分，福田在首相官邸设宴欢迎邓小平一行。晚宴是在两国人民都喜爱的歌曲《樱花樱花》和《洪湖水浪打浪》的乐曲伴奏声中，无拘无束地进行的。宾主们品尝着"黄油炸霸鱼"等纯法国式饭菜，谈笑风生，宴会洋溢着亲切友好的气氛。大约有100名日本政界、经济界和学术界的重要人物出席，包括自民党总裁大平正芳，前外相藤山爱一郎和政坛新星、后来担任首相的中曾根康弘。福田和邓小平分别致了祝酒词。

福田在祝酒词中，首先回顾了日中两国具有两千年以上的友好交流的悠久历史，说："在漫长的历史中，我们两国关系的发展是无法分开的，到了本世纪，经历了不幸的苦难。"讲到这里，他脱开讲稿，突然冒出一句："这的确是遗憾的事情。"然后，又接上讲稿说："这种事情是绝不能让它重演的。这次的《中日和平友好条约》正是为了做到这一点而签订的。"

对于福田突然冒出的这句话，在场的日方译员并没有翻译。不过，这话还是传到了邓小平的耳朵里，并在第二天的《人民日报》

上登了出来。中方把这看作一种道歉。宴会结束后，有记者就此追问福田时，他避而不做正面回答，只是说："由于原稿字小，有三处不能读。"

"我们两国之间虽然有过一段不幸的往事，但是在中日两千多年友好交往的历史中，这不过是短暂的一瞬。"邓小平在致辞中说，"中日两国尽管社会制度不同，但是两国应该而且完全可以和平友好相处"；《中日和平友好条约》明确地规定，中日两国不谋求霸权，同时反对任何其他国家或国家集团建立这种霸权的势力。这是国际条约中的一项创举……条约的这项规定首先是中日两国自我约束，承担不谋求霸权的义务，同时也是对当前威胁国际和世界和平的主要根源——霸权主义的沉重打击。"

宴会结束后，邓小平在福田的陪同下来到大餐厅，欣赏了由日本财团法人"才能教育研究会"的3至12岁的儿童表演的小提琴演奏，并同演员们合影留念。

10月25日上午10时，福田和邓小平的第二次会谈在首相官邸接待室举行。

一见面，福田就对邓小平在日本表现出来的充沛精力表示赞叹："你真是一位超人，一点倦色都没有。"

邓小平笑着说："我多次说过，高兴时就不觉得疲倦。"

这时一位日本摄影记者为了拍摄新闻照片，提出希望邓小平与福田首相再握一次手的要求。邓小平爽快地答应了，并且十分亲切地说："能够见到新闻记者们很高兴，但遗憾的是时间短……"

双方落座后，福田再次称赞邓小平是"超人"。

接下来，他们就朝鲜问题和中日关系等问题交换了意见。在谈到台湾问题时，邓小平说："我们实现台湾归还祖国的目标也要充分考虑到台湾的现实。日本方式也是尊重台湾现实的一种表现。美国总希望我们承担义务，不使用武力解放台湾。我们说，什么时间、用什么方式解决台湾问题，是中国的内政，美国无权干涉。实际上我们承担了不使用武力的义务，反而会成为和平统一台湾的障碍，使之成为不可能。那样，台湾当局就会有恃无恐，尾巴翘到一万公尺高。"

在场的人听到这里，都为邓小平形象生动的描述而大笑。会谈中，邓小平还说："中日双方由于各自的环境不同，对一些问题有不同的看法是完全可以理解的。比如你们叫尖阁列岛，我们叫钓鱼岛的问题，就有一些看法不同，可不在会谈中谈。我同园田外相讲过，我们这一代人不够聪明，找不到解决的合理的办法，我们下一代会比较聪明，大局为重。"邓小平提出的关于钓鱼岛这一敏感问题，令日本记者好评如潮。

在会谈结束的时候，邓小平赠送给福田首相一套中国的文房四宝。福田接过礼品，感动地说："感谢送给我珍贵的礼品。尤其是送给我端砚和文具。我很喜欢写字，虽然写得不好，相信将来会写得好些。"

三年后的1981年11月2日，邓小平在人民大会堂福建厅会见了来访的已是日本前首相的福田赳夫。又过了四年半，1986年4月21日，邓小平又一次会见了来访的此时担任日本国际人口议员恳请会会长的福田赳夫。

5

1978年10月23日，是中日关系史上一个特别的日子。这一天，邓小平在出席《中日和平友好条约批准书》换文仪式之后，会见了日本天皇裕仁夫妇。

这是中国领导人第一次与日本天皇握手。

会见是在这天中午举行的。

一见面，身穿西服的裕仁首先伸出手来同邓小平和夫人卓琳握手，微笑着说："热烈欢迎，能够见到你们，很高兴。"

"感谢贵国的邀请。"邓小平微笑着回答道。

寒暄之后，裕仁和邓小平相对而坐，皇后与卓琳并肩坐在不远的沙发上。裕仁首先说："你在百忙之中不辞远道到日本来，尤其是中日友好条约签订了，还交换了批准书，我非常高兴。"

邓小平回答说："中日条约可能具有出乎意料的深远意义。过去的事情就让它过去，我们今后要积极向前看，从各个方面建立和发展两国的和平友好关系。这项条约是迄今为止两国关系的政治总结，也是进一步发展两国关系的新起点。这项条约，不仅对我们两国子子孙孙友好下去有着重要意义，而且对亚洲及太平洋地区的和平和稳定具有重要意义，对世界和平也有重要意义。"

坦率真诚的邓小平这一富有远见和宽容大度的谈话，触动了裕仁。他在听了邓小平的这番讲话后，也开始畅谈起中日关系。裕仁松了口气说："在两国悠久的历史中，虽然其间一度发生过不幸的事情，但正如您所说，那已成为过去。两国之间缔结了和平友好条约，这实在是件好事情。今后，两国要永远和平友好下去。"

裕仁用"不幸的事情"这个模棱两可的词汇，来形容日本侵华战争的那段历史。当时，日本共同社评论说："陛下在首次会见中国最高领导人时使用'不幸的事情'这一措辞，是从天皇的战争责任这个角度，间接地向中国人民表明谢罪之意。"

对裕仁天皇的回答，邓小平表示赞赏。他高兴地点点头说："一点不错，我赞成。"

裕仁又关心地问邓小平："您身体很好啊。"

"我74岁，听说陛下比我稍大一点，身体却很好。这最要紧。"邓小平也关心地问候道。

这时，坐在一旁的皇后插话问道："北京很美吧？"

邓小平十分诚恳地说："北京还有各种各样的问题，现在正在加紧改造。"

"东京也有公害问题。"裕仁也坦率地说。

之后，两人又从城市问题谈到植物和历史，越谈兴致越浓。在会见结束的时候，裕仁和皇后将一张署名的照片和一对银花瓶赠送给邓小平夫妇。邓小平也向裕仁夫妇回赠了一幅黄胄的水墨画《百驴图》和彩色的刺绣屏风。

会见结束后，裕仁天皇夫妇在皇宫富丽堂皇的丰明殿举行了丰盛的午餐会，宴请邓小平夫妇和中国官员。据说，宫内厅考虑到邓小平曾留学法国，筵席上的菜肴大都是宫内厅大膳科最拿手的法国菜。而且，为了适合中国人的胃口，他们专门在汤菜里面加上了燕窝。皇宫还打听到中国人爱吃鸡肉，因此准备了许多新鲜味美的鸡肉。可见，裕仁天皇对中国客人的来访是极其重视的。在摆满紫色、红色和黄色等五颜六色的菊花的筵席旁边，还摆放着两只插满了满天星、白菊、黄菊和百合花的大花瓶。在32只冕形灯散射出的彩色光芒中，在日本皇宫雅乐《越天乐》《五棠乐急》的轻快优美的旋律中，邓小平和裕仁天皇以及皇太子、福田首相频频举杯，互相祝福。

邓小平举杯对裕仁说："中日两国要子子孙孙世世代代友好。"

裕仁马上接过话茬说："日中两国建立起这样的友好关系，还是历史上的第一次。要永远继续下去。"

日本媒体报道说，一位参加这次午餐会接待工作的皇宫侍从说，他"是第一次看到天皇陛下心情这样愉快"。

6

中国向何处去?

中国与世界的差距到底有多大?

什么是中国人所要追求的现代化?

中国如何实现自己的现代化?

正是带着这些疑问,74岁的邓小平在1978年这个不同寻常的中国农历的马年频频走出国门,以超乎寻常的精力,开始对中国周边国家进行频繁的外交活动。此时,复出仅仅半年的邓小平,在让封闭的中国走向亚洲、走向世界的同时,也要让亚洲和世界走进中国。在这一系列的出访中,邓小平最看重的或许就是日本了。探寻战后日本如何从废墟中迅速崛起,这正是邓小平访日的真正目的。也许正是从这个时候开始,邓小平对中国未来的发展远景进行了规划和构想,并形成了后来明确的思路——打开国门,改革开放,大胆地吸收和借鉴人类一切优秀的文明成果,吸收和借鉴当今世界各国包括资本主义发达国家的一切适应现代化、社会化生产规模的先进经营方式、管理方法,使贫穷落后的中国走向富强和文明,走向社会主义的现代化。

邓小平在与日本天皇握手的时候大度地说出"过去的事情就让它过去,我们今后要积极向前看"的时候,赢得的不仅是现在,还有未来。随后,邓小平又马不停蹄地接连会见了日本各界友好人士。

1978年10月24日上午,邓小平首先专程前往拜访日本前首相田中角荣和时任自民党干事长大平正芳这两位中国人民的老朋友。随后,又前往日本国会议长接待室,对众议院议长保利茂和参议院议长安井谦进行礼节性拜访。之后,邓小平在日本国会会见了日本社会党、公明党、民社党、新自由俱乐部、社会民主联盟和共产党等六个在野党的领导人。

邓小平对新自由俱乐部的代表河野洋平亲切地说："你还记得我们在北京见面时说过的话吗？中日友好，需要太平洋的稳定，所以我牢牢地记住了你的名字——洋平。"他还说："请你永远不要改自己的名字。"

邓小平的幽默诙谐让河野洋平一开始还有些因不知所云而感到诧异。接着，邓小平就解释说："太平'洋'和'平'是我最大的希望。"

河野洋平这才恍然大悟，十分感动。百忙之中的这位中国领导人对去年秋天自己访问中国时说的话还记得如此清楚，使河野洋平不禁对邓小平投来尊敬的目光。事后他对记者说："还是邓小平善于掌握人心。"

在短短的15分钟恳谈中，邓小平引用中国的徐福东渡日本寻求长生不老之药的传说，轻松地把话题一转，说道："听说日本有长生不老药，我这次访问的目的，一是交换批准书，二是对日本的老朋友所做的努力表示感谢，三是寻找长生不老药。"邓小平的幽默一下子让恳谈的氛围中充满了"药"味，议长室内爆发出热烈的笑声，因为在座的所有人都熟悉徐福东渡扶桑的故事。那的确是一个美丽的传说，2200多年前，秦始皇曾派徐福到日本寻找能使人长生不老的灵丹妙药。邓小平接着补充说："日本早有蓬莱国之称，听说有长生不老药。这次访日，也是为了得到它。或许没有长生不老药，但是我想把日本发展科学技术的先进经验作为礼物带回去。"

瞧！邓小平终于说出了他这次来日本的目的——寻找实现现代化的秘密。

邓小平说的是他的心里话。

就在这天下午，邓小平和夫人卓琳一行在川又克董事长和石原总经理的陪同下，参观了日产汽车公司神奈川县座间市的工厂。在这里，邓小平和夫人乘坐电动汽车，通过麦克风听取工厂厂长末松先生的介绍，参观了以设备最新引以自豪的车体车间和组装车间。在车体车间，邓小平几乎看不到工人，只看到48个机器人依次排开在焊接车体，一道一道工序严谨有序，很快就把一台台车身装配完成，自动化程度达到96%。而在组装车间，邓小平看到传送带以一分钟2.1米速度运转的同时，各个汽车配件也在传送过程中安装完成。

1978年10月24日，邓小平访日期间参观日产汽车公司一家工厂。

邓小平兴奋异常，一边仔细查看一边不停地感兴趣地问道："这里的工人都受了什么教育？""零件都是在公司生产的吗？""工人的工资有多少？"陪同参观厂长末松说：日产工厂人均年产94台汽车。邓小平知道，即使是中国最先进的长春第一汽车制造厂，人均年产量也仅为1台！

94比1。面对这个比例，邓小平不能不感到震惊！参观结束的时候，邓小平在日产广告馆即席发表答谢讲话。他说："今天来到这里，我懂得什么是现代化了。欢迎工业发达的国家，特别是日本产业界的朋友们就中国的现代化与我们进行合作。这也将加深两国的政治关系。"

当日本人摆好钢笔和纸请邓小平题词留念时，他欣然要求用中国的毛笔，并挥笔写下了"向伟大、勤劳、勇敢、智慧的日本人民学习、致敬"的题词。卓琳也挥笔题词。邓小平夫妇一起为日产公司题词，让日本朋友受宠若惊，说"这真是了不起的纪念"。随后，日产公司向中国政府赠送了一辆最高级的价值380万日元的"总统"牌轿车。邓小平则向日产公司赠送了一幅吴作人的熊猫画。

在第二天与日本经济团体联合会会长、日本企业界元老土光敏夫谈话时，邓小平坦率地说："中国荒废了十年，在此期间，日本等其他国家进步了，因此，里外落后了二十年。"邓小平表示，他将致力于中国的生产管理现代化，"一定要抓管理"，"不能只是生产东西，还要提高质量，严格地进行管理"。

这次会见，邓小平给向来沉默寡言、严肃谨慎的土光敏夫留下了深刻的印象，这也让他对邓小平油然而生一份敬意。他甚有感慨地说："我深刻地感受到了他说中国还很落后，必须进行学习，必须向先进的日本学习的这种谦虚态度和对于实现现代化的坚强决心。从历来的中华思想来说，这是不可想象的。"午餐会后，土光敏夫对他后来的继任者稻山嘉宽说，邓小平是一个"坦率、不拘束的人"。

稻山嘉宽说:"越是有信心的人,就越灵活,不拘泥于小事。在日本逗留期间的日程,邓先生也只就根本的问题说了话,后来一丝不差地听外务省安排。听说迄今为止还没有过这样的宾客,而且是一位有肚量的人。因为有信心,所以谦虚。"

10月26日上午,邓小平在日本现代钢铁业的创始人稻山嘉宽的陪同下,参观了日本的钢铁大本营——新日钢铁公司君津钢铁厂。稻山嘉宽是公司的董事长,同时担任日中经济协会会长。当时,宝钢的工人在新日钢铁实习,邓小平跟在场的工人一一握手,还与稻山嘉宽半开玩笑地说:"如果学生做得不好,那就说明老师没教好。"大家都笑了。参观之后,邓小平与这位日本"钢铁帝王"立下了君子协定,一定要把中国的宝钢建设得比君津钢铁厂更好。

10月26日下午,邓小平一行在园田直外相和日本驻华大使佐藤的陪同下,乘新干线"光-81号"超特快列车前往日本文化古城京都访问。福田首相、保利议长到国宾馆送行。保利笑着对邓小平说:"其他外国人到别国访问时,不会像你们这样,在一夜之间就交了这么多朋友,播下这么多友谊的种子。"

在时速高达210公里的列车上,秀丽的村庄和城镇在眼前一掠而过,一批日本记者来到邓小平的车厢,请他谈谈对新干线的观感。邓小平感慨地说:"很快,就像风一样快。有一种被人从后面鞭打、被人追赶的感觉,我们现在需要的是快跑!"

10月28日,邓小平一行从京都乘坐特快电车来到古都奈良,参观访问位于大阪的松下电器茨木工厂。83岁的、素有"经营管理之神"之称的松下幸之助先生,早早地站在工厂大门口迎接邓小平的到来,并陪同参观。邓小平用一个小时的时间参观了松下彩色电视机生产线。离开车间后,邓小平应邀来到一间展览室。这里展示的是高速传真机、录像机、微波炉等高科技产品。讲解人员把一盘烧卖用微波炉加热后,递到邓小平面前,请他观看。谁知,邓小平拿起一个烧卖看了看，随后就迅速放进嘴里，边吃边说：味道不错。这一幕，着实令在场的人都大吃一惊。

参观结束后，邓小平与松下幸之助进行了20分钟的交谈。邓小平推心置腹地说：我们确实是抱着一种请教的态度同你们见面的，过去中国既无外债，也无内债，也很自豪。今后我们要搞现代化了，在自力更生的基础上，准备吸收外国的技术和资金。没有电子工业，现代化无法实现。你们值得我们学习的东西很多，希望松下先生和各位给予援助。我希望你们的电子工业到我们那去。松下幸之助愉快地回答说："我们什么都传给你们。"大家报以热烈的掌声。告别时，邓小平在工厂纪念册上题词：中日友好，前程似锦。

第二年6月，松下幸之助访华。邓小平接见了他，说："我们需要引进先进技术帮助我们提高，否则我们的现代化只能跟在别人屁股后面走。"松下说："我下决心一定要支持中国电子工业的现代化。"

在访问日本期间，邓小平还冒雨登上岚山缅怀周恩来总理；参观了公元763年由唐朝鉴真和尚建立的唐招提寺。他平易近人、不摆架子的风度，令日本朋友钦佩不已。在奈良，在知事举行的欢迎宴会上，恰逢饭店的另一边正举行一对新婚夫妇的婚宴。邓小平主动要去看一看这对日本青年，走过去和新婚夫妇握手，送上祝福。日本媒体对此做了报道，引起很大轰动，为他对日本人民友好的亲民作风点赞。

邓小平是一个非常细心的人。福田首相在宴请他的时候，拿出了荔枝。邓小平一看，就问道："这荔枝产自哪里？"福田说："在我们的南方，就是冲绳，那里也产荔枝。"邓小平吃了一颗，说："你们这荔枝不好吃，我们广东的荔枝好吃，广东到5月初的时候有种糯米枝。明年5月的时候，我一定给你送糯米枝来，你尝尝我们的荔枝怎么样。"第二年，邓小平没有忘记这件承诺，特意指示外交部，从广东运一些荔枝送到了日本。①

八日行程，满满当当，紧紧张张，邓小平因此特别遵守时间，他是以只争朝夕的精神考察和学习日本的。陪同访日的人们都记得，每次参加活动，邓小平总是第一个在宾馆大厅等候，时间一到就立刻出发。他说："我们定日程，是上午一个日程，下午一个日程，晚上一个日程，人家安排日程是以分秒计算的，我们不能慢吞吞的。"

有"毛泽东研究权威"之称的日本著名学者竹内实教授，在1978年中共十一届三中全会后开始转向研究邓小平。他十分关注邓小平推行的改革开放政策，对邓小平的理论与实践做了深入细致的调查研究，从大历史的角度，在日本《外交论坛》杂志撰文提出了一个在中国乃至国际学术界都引起震动的独特观点——邓小平是继秦始皇、孔子、毛泽东之后中国历史上的第四号人物。1980年，他在新出版的《友好易，理解难》一书中，对邓小平1978年访日做了高度评价，称"邓小平在日本掀起了一股'邓台风'"。他说："宛如台风经过一样，邓小平副总理访问了日本，日程安排显示了他的精力十分充沛。台风过后，我们带着轻松愉快的心情，仰望那爽朗、万里无云的晴空，品味出秋天到了。这场'邓台风'，究竟给我们日本人留下了什么呢？"

1978年10月25日下午4时，一场世界瞩目的"西欧式"的记者招待会在日本东京日比谷的日本记者俱乐部拉开了序幕。主角当然是邓小平。这也是新中国领导人在出访时第一次同意以"西欧方式"同记者见面。参加记者招待会的400多名记者分别来自时事社、共同社、路透社、合众国际社、美联社、法新社、德新社等世界上著名的通讯社，用新闻界的行话来讲，都是些"提问尖锐毫不留情的主儿"，他们提出的问题包括极其敏感的钓鱼岛问题、台湾问题和中日

---

① 王效贤：《回忆70年代末邓小平访问日本和会见大平正芳》，《党的文献》2007年第2期。

历史问题。邓小平举重若轻，把这些极其重要又敏感的问题一一巧妙地、合情合理地做了回答，以"中国式的解决方式"和中国智慧一下子折服了全场的记者。

在回答中国的现代化问题时，邓小平再次让西方记者们感受到他的坦率、务实和开放的风格。邓小平说：

> 中国已确定了自己的目标，就是在本世纪末实现农业、工业、国防和科学技术现代化。我们所说的在本世纪末实现的现代化，是指比较接近当时的水平。世界在突飞猛进地前进，那时的水平，例如日本就肯定不是现在的水平，我们要达到日本、欧洲、美国现在的水平就很不容易，要达到22年以后的水平就更难。我们清醒地估计了这个困难，但是，我们还是树立了这么一个雄心壮志。我们也考虑了自己的条件，最主要的条件是，现在我们国内万众一心，上上下下一条心，这是粉碎"四人帮"以来形成的这么一个良好的政治局面。第二个条件是，我们这个国家虽然穷，但是资源比较丰富。第三，要有正确的政策，就是要善于学习，要以现在国际先进的技术、先进的管理方法作为我们发展的起点。首先承认我们的落后，老老实实承认落后就有希望。再就是善于学习。这次到日本来，就是要向日本请教。我们向一切发达国家请教。向第三世界穷朋友中的好经验请教。相信本着这样的态度、政策、方针，我们是有希望的。我们有这样的信心。①

对于中国的落后，邓小平还打了一个形象的比方，自嘲地说：

---

① 丁晓平：《邓小平和世界风云人物》，中国青年出版社2004年版，第225页。

"长得很丑却要打扮得像美人一样，那是不行的。"

10月26日，日本的各大媒体纷纷在显著的位置报道了邓小平的这次记者招待会。《东京新闻》说：邓小平既诙谐，又善于雄辩，有时还岔开话题，很有谈话技巧——这位"矮个子巨人"真是名不虚传。《每日新闻》以《邓副总理首次举行"西欧式"记者招待会》为题评论邓小平说：既不显威风，也不摆架子，用低沉而稳重的声调和温和的口吻发表谈话……始终笑容满面地谈日中友好和世界形势。一想起被称为"长生鸟"一再倒台和上台的坎坷人生，就令人觉得他是一个多么难得的"人才"。

竹内实教授则在他的文章中这样评价邓小平："看到中国要搞'现代化'的这种焦躁感，我们日本人不是没有担心。尽管如此，中国迫不得已发出的奔向'现代化'的信号是可以理解的。不过我认为在这种理解的背后，我们日本人感到内心有愧。这就是战争责任，是曾经侵略过中国的欠债。"

显然，这代表了有良知的日本人的心声。

1978年10月29日下午，邓小平结束了为期八天的访日活动，从日本大阪乘专机回国。有评论说，这八天的访问，以邓小平到达日本关西地区访问为最高潮。因为在邓小平到达之前，关西的经济界人士为了能够出席大阪府、大阪市和商工会议预定在28日联合举行的晚餐会，各方展开了一场别开生面的"角逐"。可见，"邓小平热"在邓小平未到日本之前就开始了。

邓小平抵达东京的前一天，日本《产经新闻》就惊呼：因为邓小平访日，经济界的"中国热"已经过热了！10月23日一大早，福田首相就在住宅同记者们感叹地谈起了举国一致谈论邓小平的"清一色"局面。

那个时候，和西欧国家一样，日本经济界人士认为，有十亿人口、资源丰富的中国，随着"四个现代化"的发展，将向国外购买大量的机器设备。因此，中国就必然成为世界剩下的最大的贸易市场了。细心的观察家发现，基于同一认识，日本的五十铃、三菱、丰田、日立等200多家日本公司在10月24日采取了一次空前绝后的行动，分别在《读卖新闻》《日本经济新闻》《每日新闻》《东京新闻》等几乎所有大报大刊上刊登了广告，庆祝《中日和平友好条约》生效和欢迎邓小平来访。在10月25日，由日本经济团体联合会等六个团体为邓小平举行的欢迎宴会上，出席者的人数高达320人，突破了日本在欢迎英国女王伊丽莎白时出席人数达300人的最高纪录。更让人难忘的是，宴会桌上，还出现了一对一地同中国随行人员交换名片的热闹场面。日本媒体更是将邓小平访日在日本掀起的"中国热"形象地称为"邓小平旋风"。

美联社记者约翰·罗德里克曾以赞赏的语气评论说："邓小平在日本访问期间扮演了一个中国超级推销员的角色，他以逗人的微笑和精力充沛的交谈，不仅给人留下了深刻的印象，而且为中国结交了新朋友。"还有海外媒体把邓小平在乘坐日本新干线和参观日产的谈话解读为："坚定了改革开放的信心。"

像邓小平日本之行获得日本民众的好感和赞颂一样，对日本国民来说，1978年参与接待邓小平的日本政要也获得了日本人的赞颂。许多年以后，日本年轻人在评价老一代领导人和经济领袖时，都将他们称之为"大人物"——这个称呼的意思是，他们不同于后来那些陷于财政琐事和无聊的派阀之争的人。接待过邓小平的福田赳夫、园田直、河野洋平、土光敏夫、稻山嘉宽、松下幸之助等人物，都是大胆的计划者和建设者：他们引领一个荒芜破败、不敷温饱的战败国，将其建设成为一个在1978年时仍在快速增长的生机勃勃的国家。这些老一代日本领导人经历过第二次世界大战，对日本造成的灾难都有亲身了解。他们知道日本给中国造成的破坏无法弥补，但他们希望子孙后代生活在和平之中。他们愿意用他们的经验和技术帮助中国实现现代化，而不是仅仅看重自己公司的利润。因此，邓小平在重建自己的国家时，能够与这一代日本领导人交往，并向他们学习，因为日本从战争浩劫中复原时，他们自己也曾面对同样的挑战。[①]

邓小平访日，为中日合作打下了坚实的基础。尽管其间发生了诸多波折，但中日两国人民和公共外交始终保持着良好的交往。从1980年12月开始，"中日阁僚会议"举行（谷牧为中方首席代表），中日关系逐渐升温。外交部长黄华和日本外相伊东正义在该月签订协议，由日本海外经济协力基金（OECF）向中国提供条件优惠的长期贷款，从1979年至2007年，总计达到2.54万亿日元（以2007年汇率计算约合250亿美元），成为外国向中国贷款的"大户"。日本企业也开始在中国大量设厂，日本贸易振兴会（JETRO）在上海开设办事处，利用与日本企业广泛的关系网，寻找愿意对中国各部门的培训计划请求做出回应的日本企业。不可否认，日本为中国改革开放之初的工业和基础建设提供的援助和所发挥的作用，超过了世界其他国家。

当然，力的作用是相互的，中国也为日本提供了世界上最大的市场。日本向中国提供经济援助的一个重要考虑就是支持中国的改革开放，因为支持中国从一个不好打交道的计划经济国家转变为一个容易打交道的市场经济国家，对日本的好处也是显而易见的。正因为中国成功地推进了改革开放，才使日本有了一个走向市场经济的、具有巨大市场潜力的经贸伙伴，才使日本在经过20世纪90年代长期经济低迷后，在一定程度上依靠中国因素（有日本学者称之为"中国特需"）实现了近年来的经济复苏。能源问题是促使日本向中国提供经济援助的一个重要动机。20世纪70年代发生石油危机后，

① ［美］傅高义：《邓小平时代》，冯克利译，生活·读书·新知三联书店2013年版，第303页。

日本为减轻其对中东地区石油的"危险的依赖"，曾对与苏联共同开发西伯利亚资源抱有很大的期待，然而多年交涉未果，特别是苏联于1979年12月入侵阿富汗后，日苏关系迅速冷淡，导致日本将开拓中东地区以外的新能源供应地的期待从苏联转向中国，因为中国于1960年3月开发的大庆油田产量与日俱增，进入了世界特大型油田行列，也使中国进入了世界产油大国行列。与此同时，中国又是世界上最大的煤炭生产国，中国利用第一批日元贷款建设的四个项目，主要就是为了增强铁路运输和港口吞吐能力，以便向日本等国大量出口煤炭。

从上述情况可见，日本提供对华经济援助显然是"双赢"的事业，而且日本能够遇到中国这样在还贷方面十分注重信用、遵守承诺的国家，也算是一种幸运，因为并非所有接受日元贷款的国家都能够遵守还贷承诺。21世纪的今天，当我们在讨论"日本因素"对中国的改革开放所起作用的同时，也须看到对于日本经济社会的发展而言，"中国因素"也变得越来越重要。今后的中日关系将取决于对中国而言的"日本因素"与对日本而言的"中国因素"的交互作用。而只有当两国领导层和两国人民真正认识中日两国根本利益（可持续的发展）和价值观（东方文化和价值观）的共同点，中日战略互惠关系才可能形成坚实的基础。

与此同时，邓小平还启动了文化交流，使日本的文化——电影、故事、小说和艺术进入中国。

1978年，一部名叫《望乡》的日本电影在中国上映，其在中国引起的反响和巨大争议远远超过了日本国内，成为那个年代中国人了解外国电影和艺术的发端。这部揭露日本少女被卖到南洋当娼妓的辛酸史的影片，被一些人认为是"黄色影片"，会毒害青少年的心灵，并愤怒地在大街上举起标语要求禁止放映。结果，有关部门又不得不剪掉了一些镜头，才重新放映。

为了平息社会争议，《人民日报》在1978年11月8日刊登了署名赵文英的文章，算是代表官方发出了声音："有人提出，放映《望乡》要把青少年引导到哪里去？这是应该思考的问题。影片中关于妓院生活的描写，我觉得不应该简单地根据表面现象下结论，而是要仔细地分析它们是有助于揭露事物的本质，还是有碍于揭露事物的本质；是对观众有好处，还是使观众受到了毒害。事实是，绝大多数观众看了以后，在思想感情上更加同情阿崎的悲惨遭遇，更痛恨她所处的那个黑暗残酷的社会，并没有产生相反的效果。"文章最后说："简单地加以否定拒绝，不是认真的态度，也不利于我们开阔眼界。随着各国之间文化交流的发展，今后还会而且一定会更多地接触到像《望乡》这样的文艺作品。是禁止青年去接触它，还是加以适当的指导，让青年正确地去理解这样的作品呢？"

显然，正是在这样的争议、讨论之中，还没有改革开放的中国人，开始睁大眼睛，看到了自己没有看到的世界，看到了越来越丰富的世界。

与《望乡》不一样，另一部日本电影《追捕》，毫无争议地赢得了中国观众的心。影片中电影演员高仓健凭着硬汉的形象，留着披肩长发、穿着皮靴，外表清纯、内心如火的女主角真由美，成为许多青少年追逐的明星。其实，日本人最喜欢的高仓健的作品并不是《追捕》，而是《幸福的黄手帕》。那个年代，中国人对《追捕》这部电影的解读、想象，已经远远超出了作品本身。为什么？在许多中国人心里，"日本"与"现代化"是重叠在一起的，"日本"似乎成了"现代化"的代名词，很多人都是通过《追捕》这部电影思考日本模式对中国的意义的。看过这部片子的人，肩扛着改革，一步一步走向了开放。或许也可以说，以《追捕》为代表的那个时代的日本影片，刺激了整整一代中国人对现代国家、现代化的向往。

赶超世界，科学研究是先行官

7

1977年7月，中共党刊《红旗》刊登了一篇题为《科学技术一定要在本世纪内赶超世界先进水平》的文章，引起了世界的关注。7月9日，《日本经济新闻》记者冈田在北京发出消息，说："在较多地发抽象议论的中国，提出了这样一种大胆地正视现实的建议，是极为不寻常的。据认为这反映了党中央要在20世纪末实现科学技术现代化的强烈意图。"

这篇文章的作者是谁？

或许，你不会想到，他就是鼎鼎有名的钱学森。

这位敏感的日本记者在报道中说："中国当局似乎是借钱博士这样的科学界的领导人的话来促进有关人员认识严峻的现状并激发他们认清自己的责任。饶有兴趣的是，钱博士说：现存的科学技术情报机关应当建立具有高密度资料储存、电子计算机处理、通信电路、末端显示灯设备的全国性的情报等，而且，不管在哪里的研究员都能使他们掌握全国的资料。这表明中国要在全国建立一个情报网系统。"

同样在7月9日，美国合众国际社高级编辑史密斯也从香港发出电讯，引用钱学森的文章说："应当肯定，中国'有接近或超过世界先进水平的东西；但又要看到，那只是一部分，而且是比较小的一部分，大部分项目我们还比较落后'。'只有实事求是地承认与世界先进水平比，确实有差距，才能感到迎头赶上，迅速赶超的迫切性。'他指出，这个差距的主要原因之一是对科学家实行的政治方面的束缚。他抱怨说，许多主张学习外国的东西的人常常受批判，而为了发展，学习外国的东西是绝对必要的。他指责'四人帮'进行这样的政治迫害。"[1]

生活中，我们经常把一个人看问题看得准形容为眼光很"毒"。不可否认，日本和美国的这两位记者眼光确实很"毒"。《红旗》杂志在1977年7月发表钱学森的文章当然具有风向标的意义，尽管至今没有资料显示其背后的原因到底是什么。但在同期发表的评论员文章《动员起来，加速实现科学技术现代化》就可以看出来，这显然是中共中央的意图，甚至可以说是邓小平的想法。为什么这么说呢？

事情还得从两个月之前的1977年5月12日谈起。这天上午，邓小平约方毅、李昌谈科学和教育工作。谈及科学工作，邓小平讲了很长的一段话，我们只能在《邓小平年谱》里找到其中的一部分。他说：

> 抓科研要注意选择接班人。关键是人。方针正确，组织

---

[1]　方华、史册：《参考的启示（9）》，陕西师范大学出版社1999年版，第86—87页。

路线要跟上。加强党的领导，选好科研人员，选好后勤人员，很重要。还要搞规划。《科学院工作汇报提纲》有什么错？只是讲得还不够，是根据当时大家勉强接受的水平写的，真正要解决问题就不够了。要有一个明确的指导思想。现在各部门掌握的资料都不交流，保什么密？自己封锁自己。我们同国外的科技水平比，在很多方面差距拉大了，要赶上很费劲。我们要努力赶，你不赶，距离就更大了，人家是一日千里。世界发达国家都注意最新的科学成果。据说他们政府头头每天办公桌上都放着一张每日科技新闻。中国在清朝时搞闭关自守，"四人帮"也是搞闭关自守。科学研究方面的先进东西是人类劳动的成果，为什么不接受？接受这些东西有什么可耻的？要花高价把世界上最新的资料买到手。要着手搞科学技术发展的长远规划。要抓重点学校、重点科研院所、重点人才、重点项目。要从问题堆里找长远的、根本解决问题的东西。为什么要抓理论研究？就是为了这个。讲空话不行，要有具体措施，统一认识。实事求是是毛主席讲的，是马克思主义的态度。懂得这一条就有希望。一个时期，说科技人员是"臭老九"，连发明权都没有。科学研究是不是劳动？科研人员是不是劳动者？三大革命运动[1]有科学实验嘛。科研人员搞点体力劳动是需要的，但他本身是脑力劳动者。自动化技术是以脑力劳动为主的。整个国家赶超世界先进水平，科学研究是先行官。[2]

看完邓小平的上述这段讲话，我们就不难发现它和钱学森的文章有着关联。

---

① 三大革命运动，即阶级斗争、生产斗争、科学实验。
② 《邓小平年谱（1975—1997）》（上），中央文献出版社2004年版，第158—159页。

邓小平说这些话的时候，还没有正式复出。中央正式恢复邓小平的职务，要等到7月16日召开的十届三中全会宣布。也就在7月1日，自告奋勇主抓科学和教育的邓小平，把家从西山搬到了东城区米粮库胡同五号。

8

要把历史条分缕析地写清楚，确实需要强大的逻辑思维和结构能力，甚至想象力。现在就让我们一切从头开始，讲一讲邓小平在科学领域里是如何殚精竭虑一步一步地把改革向前推进的。

5月24日，邓小平又约见了王震、邓力群，在批评"两个凡是"不符合马克思主义的同时，他着重讲道："一定要在党内造成一种空气：尊重知识、尊重人才。"要反对不尊重知识分子的错误思想。不论脑力劳动、体力劳动，都是劳动。从事脑力劳动的人也是劳动者。随后，他又谈到1975年的整顿被"四人帮"污蔑为所谓的"三株大毒草"。他说："'三株大毒草'中的《论全党全国各项工作的总纲》，我的确是在最近才看到的。文章写得好，针锋相对，很尖锐，是香花，不是毒草。《关于科技工作的几个问题》，当时想正确通过，但没有做到，有些问题现在要进一步写。《关于加快工业发展的若干问题》，看过第二稿，以后的稿子没有看过。这些文章也有缺点，没有缺点的香花我看是没有的。"

7月23日，正式复出后的邓小平在与张文峰、高勇的谈话中讲到了军队要建设国防科技大学。27日上午，他第二次同方毅、李昌谈科研工作，从九个方面指出了目前要做的工作：一是科研单位的任务就是要出成果、出人才；二是肯定党委领导下的所长分工负责制，要把政治、业务、后勤三大系统搞好；三是要把有作为的科技工作者列出名单，填出表格，对这些人要给予适当照顾；四是教育部已经决定招研究生，要允许个人挑老师、老师挑学生；五是立即着手搞全国的科研规划；六是国外专家要求回来的，可以接收；七是要从全国选拔人才，组织科研队伍；八是科研人员的房子问题、两地分居问题要逐步解决，1964年、1965年毕业的大专毕业生，工作不适合的要调整；九是科研经费可以解决，但要看用得对不对，适当不适当。

随后，从8月4日至8月8日，邓小平和33位科学家、教授一起，进行了为期五天的科学和教育工作座谈会。这些人都是按照邓小平的要求邀请来的，他们是"敢说话有见解，不打棍子，不戴帽子，不是行政人员"，且与"四人帮"没有牵连的人。

座谈会上，大家各抒己见，直抒胸臆，热火朝天。邓小平不时插话，轻松自如，单刀直入，生动活泼。对提出的任何问题，邓小平能当场拍板的就立即拍板，不能决定的，也要求马上提上议事日程。在第一天的座谈中，邓小平就说："我相信中国人聪明，会大量出人才的。我们落后了。我们自己要谦虚一点，说老实话，吹不得牛。"

有人谈到业务人员改行的问题，邓小平回答：要进行大量调查，要克服"用非所长"，做到"各得其所"。

有人谈到搞科研要全力以赴，需要时间的保证。邓小平回答说："你们提出保证六分之五的时间搞科研，前边要加上'至少'两个字。搞科研就是要全力以赴，七天七夜搞科研的，也允许，也要鼓励。"

有人谈到科研用的仪器设备的数量、质量得不到保证。邓小平回答："凡不合格的就不要，要求生产部门按照所要求的水平去生产；凡是科研、教学需要的仪器设备，全国要指定几个重点厂子来生产。只要抓紧，问题就不难解决。要保证质量。科学院和教育部都要过问。"

邓小平再次复出后，自告奋勇领导科学教育工作，并以此为突破口，推动其他各条战线的拨乱反正。1977年8月，邓小平在科学和教育工作座谈会上讲话。正面左起为邓力群、胡乔木、方毅。

　　有人谈到现在科技人员有相当一部分时间用于跑器材。邓小平回答："去年不是批我们'三套马车'的意见吗？我现在仍主张搞'三套马车'：一个是配备党委书记，多半是外行，但对科学教育事业要热心，当然找到内行更好；一个是管业务的，这应当是内行；再一个是管后勤的，即后勤部长。"讲到这里，邓小平一边抽着烟，一边笑着说："我愿意给你们当总后勤部长。"这赢得了大家的热烈掌声。接着，他说："科学院党委在一定意义上讲要成为一个后勤部，教育部也要兼后勤部。条件没有，资料没有，又不努力创造条件，科研怎么能搞上去？搞好生活管理也很重要。"

　　有人谈到有些人、有些单位搞技术封锁时，邓小平回答："相互封锁，是资产阶级世界观的主要表现之一。借口保密，搞技术封锁，结果是封锁了自己。这种学风一定要改变！"这个问题，邓小平5月12日第一次与方毅、李昌谈话时，就提出了要反对。钱学森在《红旗》杂志上提出的"要在全国建立一个情报网系统"，也表达了与邓小平同样的意见。

有人谈到要开展学术交流时，邓小平说："要先选几个重点学会，开始活动起来，组织学术讨论、学术交流，集中大家的智慧。总之，学术空气要活跃起来。"

　　在谈到引进先进技术问题时，邓小平说："自己研究和引进技术要结合起来。人类的成果为什么不用？一用、二批、三改、四创嘛！"

　　在谈到科研工作时，邓小平说："科研要走在前面。大厂、中厂，甚至小厂都要有科研机构、科研队伍。不要只看到科学院的科研人员，还要看到生产中的科研人员，这是大量的。科学研究应当允许一二十年搞不出成果，这不要紧。搞不出成果就批评，探索不成功就批评，弄得大家不敢讲、不敢做，那怎么行！科学研究允许失败，允许科研成果报废。现在是科学研究太少，应当让科技人员研究，要鼓动他们敢想、敢研究，给他们创造条件，鼓励创新。我们自己为什么不能创新？"

　　五天的座谈会，始终在这样你问我答、一问一答的民主、轻松、愉悦的氛围中进行着，经历了十年"文化大革命"的科学家、教授们听了邓小平的谈话，如释重负，扬眉吐气，仿佛干涸的土地终于有了雨水的滋润，仿佛冰封的河流终于在春风中解冻。

　　8月8日，邓小平发表的著名的"八八讲话"，就是对这五天座谈会的总结发言。与其说这是一次科学和教育工作的座谈会，不如说这是邓小平在复出后对科学和教育工作的一次调查研究，他要听一听来自第一线的真声音。

　　或许，21世纪的中国人，已经无法理解甚至无法相信邓小平与周培源、吴文俊、马大猷、邹承鲁、王大珩、苏步青这些中国乃至世界著名的科学家在这样高级别的座谈会上交谈的话题竟然如此平常琐碎。但，这就是那个时代的中国，它是中国现代化整体历史进程中的一个段落，不可忽略，也不容忽视。

笔者在1977年的《参考消息》上看到了一篇来自法国巴黎出版的《青年非洲》周刊（第865期）上的文章，从西方人的视角中客观还原了当年中国的科学现状。这篇题为《中国，科学家重新得宠》的文章，发表的时间是8月5日，正是邓小平主持的科学和教育座谈会开始的第二天。现摘要在这里，对于当代的人们了解和理解那个时代，或许有些帮助。

在一项从现在到2000年的现代化计划范围内，北京的领导人们正在修改教育和研究计划。他们答应给科学工作者更多的经费和自由。

文化大革命以来第一次，大学强调考试并计划增加招生名额。

教授们显得更轻松些，他们更自由地谈论他们的工作和生活。随同与中华人民共和国进行学术交流的一个代表团访问中国归来的哈佛大学教授罗伊·霍夫海因茨说："这些变化激起了巨大的希望。"

但是中国要弥补它同西方科技差距将有很多事情要做。尽管对1949年以来中国的科学成就的意见有分歧，但是霍夫海因茨教授认为，科学家和技术员的平均水平除某些方面之外相当于美国大学一年级大学生的水平，那些最例外的方面是针灸、气象和原子物理学。在后一方面，中国作出很大努力来制造原子弹。6月在香港举行的（中国）农业机械和机床展览使实业家和外交官认为，这些装备相当于两次世界大战之间那一段时期美国的装备。

中国科学发展的主要障碍是政治性的，这些限制产生了一系列问题。例如，中国不允许它的科学人员同西方进行研究方面的合作。中国同样不允许外国科学家在中国的试验室里工作，除非是一些小组的短促的访问。美国人把这说成是"科学旅游"。因此，中国人就更加感到西方隔绝，从而更加比西方落后。

关于科学在先进工业生产中的作用的文章反映了北京对科学的新重视。党的刊物《红旗》7月份一期强调指出："现代科学技术，能提供新能源、新材料、新设备、新工艺和新产品，为生产开辟新途径，大大提高劳动生产率，为巩固无产阶级专政，建设社会主义，最后战胜资本主义准备雄厚的物质基础。"

一些省的电台最近提到了华国锋主席关于发展科学研究的指示。在湖北省的一次会议上，地方当局说，激进分子打击知识分子而背离了党的路线。举行的地方（科研人员）会议将导致举行一次全国性科学家会议，这次会议将传达党对新方针的祝福。①

此时此刻，当我看到这篇文章时，我为我的祖国在那个年代经历的动乱和破坏感到心痛，又为邓小平所做的一切感受到国家的温暖、希望和力量。是的，就像这位外国记者所说的，全中国的科学家将在一次全国性的科学大会上接受中国共产党的祝福。

8月7日，也就是科学和教育工作座谈会结束的前一天，邓小平批准了中国科学院《关于召开全国自然科学学科规划会议的请示报告》，并将报告批送华国锋、叶剑英、李先念、汪东兴、陈锡联、纪登奎、余秋里、王震、谷牧。随后，成立了由方毅牵头的全国科学大会筹备领导小组办公室，为全国科学大会做前期准备工作。

在与国内的科学家、教授们座谈之后，邓小平又接二连三地密

---

① 方华、史册：《参考的启示（9）》，陕西师范大学出版社1999年版，第87—89页。

集会见了包括荣获诺贝尔奖的华裔美籍科学家丁肇中和杨振宁等人。

——8月16日，会见美籍华人生物学家牛满江教授和夫人张葆英。

——8月17日上午，会见美籍华人科学家丁肇中和夫人，中午并设宴招待。

——8月27日傍晚，和华国锋会见美籍华人科学家杨振宁，并出席招待宴会。

——9月26日上午，会见欧洲核子研究中心总主任约翰·伯特拉姆·阿达姆斯和该研究中心加速器部主任克雷·米林；下午，会见美籍华人数学家陈省身教授。

——9月29日上午，和邓颖超会见英籍华人作家韩素音。

——10月8日上午，会见美籍华人物理学家吴健雄、袁家骝夫妇。

——10月10日上午，会见美籍华人高能加速器专家邓昌黎教授和夫人黄乃申。

——10月15日上午，会见加拿大麦吉尔大学东亚研究中心主任林达光教授和夫人陈恕。

——11月3日，会见美籍华人数理逻辑学家王浩。

在这些马不停蹄的会见中，邓小平倾听了世界顶尖级科学家的意见和建议，寻求对中国未来科学发展的办法和措施。其实，这也是一次调查研究。在会见中，时不我待的邓小平谦虚地说："我是一个外行，只是当吹鼓手，帮助他们解决后勤问题。如果后勤方面有了问题，要打我的屁股；如果科学研究搞不出成果，要打他们两位副院长（指参与会谈的方毅和吴有训）的屁股。"

对于自己抓科学和教育工作的责任，邓小平直言不讳又十分幽默地说："我对科学教育想管十年，条件是马克思不要召见。我管军队，又管科教，一个武，一个文。我们发展科学的方针已经定了，现在需要的是各项具体措施。我们希望科教方面的整顿五年见初步成效，十年见到中效，十五年见到大效。十五年以后还要不断进步。现在我们是以世界先进水平作为赶超的起点，采取'拿来主义'态度。凡是世界上先进的科学技术成果，我们都要拿过来。现在重要的是把科学发展的远景规划搞好，把各种措施一一落实。"①

10月17日，邓小平在会见罗马尼亚驻华大使尼古拉·格夫里列斯库时，第一次向外界透露要召开全国科学大会的消息。他说："最近十年世界科学技术领域发展是一日千里，进步是以天计算而不是以年来计算的。现在，我们召开了农业学大寨会议、工业学大庆会议，还准备召开全国科学大会。"他介绍了中央正在抓整风，做好三个方面的工作：一是实事求是，二是群众路线，三是民主集中制。他号召全党要做老实人，办老实事，反对弄虚作假，反对浮夸，一切从实际出发。最后，他说："问题很多，但要像吃饭一样，要一口一口地吃。"②

"少说空话，多做实事。"这是邓小平在8月18日结束的中共十一大闭幕式上提倡的口号。而在十一大修订的党章里，也新写上了农业、工业、国防和科学技术四个现代化。

1977年9月18日，中共中央在同一天发出了两个关乎今后中国科学发展的重要文件，一个是《关于召开全国科学大会的通知》，一个是《关于成立国家科学技术委员会的决定》。方毅被任命为国家科学技术委员会主任。

于是，全国科学大会的筹备工作，进入最后实施阶段。

---

① 《邓小平年谱（1975—1997）》（上），中央文献出版社2004年版，第220页。
② 《邓小平年谱（1975—1997）》（上），中央文献出版社2004年版，第224页。

吹响向科学进军的冲锋号

9

1978年3月18日，全国科学大会在北京开幕。

然而，在会议召开前一天，也就是3月17日，文件起草小组人员接到时任中共中央毛泽东主席著作编辑出版委员会办公室副主任吴冷西的电话，要求他们转告方毅，对邓小平在开幕式上的讲话稿提出了两点修改意见：一是建议修改一个标点符号；二是讲话中关于知识分子"是工人阶级自己的一部分"的表述，建议修改成"我们已经有了一支工人阶级的又红又专的知识分子队伍"。吴冷西认为，这是毛泽东的话，引用毛泽东的话比较合适。

接到电话后，当时负责起草文件的国家科委政策研究室主任吴明瑜和副主任林自新立即向方毅做了汇报。他们讨论后认为：吴冷西的"这个意见同邓小平同志讲稿的意思有着根本的区别。因为知识分子'是工人阶级自己的一部分'这是一个全称，是指知识分子的整体队伍。说'有了一支'指多大的比例呢？而小平同志的讲话是从整体上肯定知识分子的，这是把这么主要的命题改了，偷换概念了"。①况且，"我们已经有了一支又红又专的知识分子队伍"，这是毛泽东在20世纪50年代说的话，现在已经是20世纪70年代末了，这支队伍到底是增大了，还是缩小了呢？引用毛泽东的话就无法作出说明。因此，用邓小平的话称中国知识分子已经"是工人阶级自己的一部分"，更加明确，对广大知识分子是肯定是爱护。

经过讨论之后，方毅将大家的意见向邓小平作了汇报。

邓小平说："第一条意见，接受它，标点符号你们改一改；第二条意见，不改，维持原样。"

也就在这一天，邓小平在审阅自己的这篇讲话时，就曾做出了两处修改。一是在"毛主席提倡知识分子又红又专……应该说这就是资产阶级世界观得到了根本的改造，就是初步确立了无产阶级世界观，就是红了"一段中，删去了"就是资产阶级世界观得到了根本的改造"一语；在"是红了"前，加"按政治标准来说，就不能说他们是白，而"一语。二是将"英国的著名科学家戴维，把发现和培养法拉第（他原是一个自学的订书工，后来成为大物理学家、大化学家），看作自己毕生科学工作中的最大成就"一段话，改为"世界上有的科学家把发现和培养新的人才，看作是自己毕生科学工作中的最大成就"。②

其实，在吴冷西打电话之前，讲稿在起草修改的过程中就已经遇到了来自中央高层的更大阻力。在中共中央政治局会议上，汪东兴在讨论稿子时，说："我看这个稿子马克思主义水平不高，毛主席讲了那么多关于科学工作和知识分子的问题，为什么不引用？"他还特别列举了"对知识分子要团结、教育、改造"等毛泽东的话，

---

① 孙伟林、孟玮：《忆全国科学大会前前后后》，《民主与科学》2008年第1期。
② 《邓小平年谱（1975—1997）》（上），中央文献出版社2004年版，第281页。

质问起草组的吴明瑜等人，为什么没有写进去。

汪东兴发话之后，无论是中科院领导，还是国家科委的领导，以及起草者，都非常紧张。会后，方毅请示邓小平："稿子要不要修改？如何改？"

邓小平回答说："一个字也不要改。"

"知识分子'是工人阶级自己的一部分'，这句话具有极其重要的意义，过去毛主席讲过的'团结、教育、改造'，是不同阶级之间的关系，划定知识分子属于'资产阶级知识分子'，是'资产阶级世界观'，而邓小平的论断明确知识分子是自己人。"这就是毛泽东时代与邓小平时代知识分子政策的根本区别。事后证明，大会之所以得到与会科学家们的拥护，这句话起到了关键作用。

作为新成立的国家科委的政策研究室主任，吴明瑜参与了大会文件的起草工作。他回忆说：当时成立了一个文件小组，共九人，由中科院副秘书长童大林负责。会议共有四个大会文件，第一个文件是邓小平讲话，第二个文件是华国锋讲话，第三个文件是方毅的报告，第四个文件是郭沫若的总结讲话。四个讲话文件中，最重要的是邓小平和华国锋的稿子，因为政策声明都在这两个稿子中，吴明瑜、林自新、罗伟等人负责起草。郭沫若的讲话由诗人徐迟起草。邓小平的讲话稿，主要是从他作为科学教育主管领导人的角度来讲党的科学工作的政策、党的知识分子政策。讲稿中的观点都是根据邓小平当时一系列讲话，尤其是主持科学和教育工作座谈会时的讲话（包括"八八讲话"）来整理的。[①]

两个讲话稿起草好后，同时被送了上去。而为了起草华国锋的讲话稿，吴明瑜和林自新专门去拜访了在中央党校工作的胡耀邦。他们接受胡耀邦的建议，在讲稿中提了一个新的口号叫科教兴国或

---

① 孙伟林、孟玮：《忆全国科学大会前前后后》，《民主与科学》2008年第1期。

科教建国。然而，让他们想不到的是，等到开会前一天拿到华国锋退回的付印稿时，他们才发现他们起草的讲话稿被华国锋否定了，退回的付印稿是别人写的。

邓小平在收到吴明瑜、林自新起草的讲话稿后做了简单的修改，并在2月底请胡乔木、邓力群、于光远等人就讲话稿的修改问题进行了商谈。邓小平说："国家科委替我起草的大会讲话稿，我看了一遍，写得很好，文字也很流畅，讲话稿中的意思多半是我过去讲过的，按照这个稿子讲是可以的。但是，我还有一些话想讲一讲。我想讲四个问题：第一个是关于科学技术是生产力，这是马克思的观点，马克思的书里写过了；第二个是关于又红又专；第三个是关于科学技术队伍；第四个是关于党委领导下的所长分工负责制。有把握的写进去，需要探讨的可以不写，以后继续探讨。"后来，在大会正式开幕式的讲话中，邓小平将第三、第四两个问题并为一个问题，标题为"在科学技术部门的各个研究所中，怎样实现党委领导下的所长负责制"。①

自从1977年9月中共中央发出召开全国科学大会的通知，全国各地群众、知识分子纷纷给国家科委、中国科学院等有关部门写信，表示拥护中央的这一决策，有提建议的，有献成果的，有推荐人才的，几个月内，仅中国科学院就收到来信两三百封。为了庆祝大会的召开，北京人艺话剧团还赶排了话剧《丹心谱》，中国话剧团排练了三幕话剧《山泉》，中国歌舞团民乐队也为大会准备了一场精彩的民族器乐音乐会。

3月18日下午，全国科学大会在人民大会堂隆重开幕。中国科学院院长郭沫若手书的巨大会标鲜艳夺目，主席台背景墙上悬挂着毛泽东和华国锋的照片。来自全国各省、市、自治区，中央直属机

---

① 《邓小平年谱（1975—1997）》（上），中央文献出版社2004年版，第273—274页。

关和国家机关，人民解放军和国防工业部门的5500多名正式代表，以及有关单位的列席人员，共计7000多人参加了大会。他们当中，年龄最大的有90岁，最小的才22岁。

在代表们热烈的掌声中，华国锋、叶剑英、邓小平、李先念、汪东兴等领导人走上了主席台。大家看见，郭沫若带病从医院赶来了，罗瑞卿被搀扶着走进来了，高士其坐着手推车被推上了主席台……多少年了，中国科学界没有开过这样盛大的会议了，当《国歌》奏响时，台上台下，许多人流下了激动的眼泪……

在开幕式上，邓小平发表了他著名的讲话。邓小平说："'四人帮'的所作所为，从反面使我们更加深刻地认识到……不搞现代化，科学技术水平不提高，社会生产力不发达，国家的实力得不到加强，人民的物质文化生活得不到改善……我们国家的安全就没有可靠的保障。"他的讲话又突出阐述了"科学是生产力"的观点，认为科学不仅能转化为生产力，而且通过生产的发展必然成为社会发展的推动力。[①]

"科学技术是生产力"，这个观点在1975年的整顿中，曾经给邓小平带来麻烦。当时，胡乔木在整理《科学院工作汇报提纲》时，加上了这句马克思主义的观点，没有被毛泽东认可，现在和未来却给邓小平赢得了更大的声誉。邓小平把社会科学和自然科学看得同等重要。如今的胡乔木，被他称为"党内第一支笔杆"，在1977年11月担任了新成立的中国社会科学院第一任院长。这也是邓小平1975年整顿计划的一部分，现在都一一实现了。中国社会科学院前身是1955年成立的中国科学院哲学社会科学部（简称"学部"），现在分离独立出去，成为直属国务院的一个正部级单位，使其摆脱一些来自政府部门和行政的压力，让学者们得以集中精力从事思想社会科

---

① 杨胜群、陈晋：《历史转折（1977—1978）》，生活·读书·新知三联书店2009年版，第79页。

学领域的创新研究，不必去做传播现成知识这种相对普通的工作。现在，中国社科院已经成为全球最有影响力的国家级综合性高端智库，跻身"全球智库50强"，并于2013年、2014年蝉联"亚洲最高智库"。

对"科学技术是生产力"这句话，邓小平实在太喜爱了。1989年他在会见外宾时，又说了一句话："过去说，马克思认为科学技术是生产力，现在看来不够了，科学技术是第一生产力。"显然，这个"第一"当然不是一个简单的排序的问题，而是指"第一等重要"，是最重要的生产力。

当然，在全国科学大会上，让邓小平赢得知识分子掌声的还是那句知识分子已经"是工人阶级自己的一部分"。邓小平反复强调全党要尊重知识、尊重人才，正确估价知识分子的作用。他说："在林彪、'四人帮'那样迫害和摧残知识分子的时候，广大科学技术人员也没有动摇对党、对社会主义的信任，在极端困难的条件下，仍然坚持科学技术工作。许多人在同'四人帮'的斗争中表现出很高的觉悟。'四人帮'被粉碎后，他们迸发出极大的革命热情，衷心拥护党中央，为实现四个现代化奋发努力工作。这样的队伍，多么难能可贵！这样的队伍，就整个来说，不愧是我们工人阶级自己的又红又专的科学技术队伍！""这样的革命知识分子，是我们党的一支可靠的力量。"

值得一提的是，关于知识分子的阶级属性问题，周恩来早在1956年就代表中共中央提出了知识分子"已是工人阶级的一部分"的观点。那时，中央提出了"向科学进军"的口号，决定在1956年初召开一次知识分子问题会议。这是新中国成立后召开的第一次知识分子会议，为此专门成立了"知识分子问题十人小组"，进行前期的知识分子状况调查、资料收集整理等筹备工作。这不仅是对新中国成立以来知识分子工作的总结，更是为了号召知识分子在"向科学进军"的旗帜下更好地为建设社会主义新中国服务。周恩来把起草报告的任务交给了胡乔木。1956年1月14日，周恩来代表中共中央做了报告。这是中共第一次给知识分子定性，提出知识分子不再是"附在剥削阶级皮上的毛"，而是"工人阶级的一部分"，给知识分子摘掉了"剥削阶级"的帽子。周恩来的这个报告如一声春雷，震响中国大地，新中国的知识分子迎来了春天。[①]但是，十年之后，1966年"文化大革命"爆发了，知识分子又被"四人帮"污蔑成了资产阶级知识分子，是"臭老九"。如今又过了12年，邓小平拨乱反正，恢复了周恩来22年前的提法，回到了党的知识分子政策的正确道路。

邓小平《在全国科学大会开幕式上的讲话》的第三部分，阐述了科技工作的领导管理、队伍培养等问题，但这个问题似乎被前面两个问题的巨大掌声淹没了。后来，他在一次与外国朋友谈话时说："我在科学大会上的发言，讲的第三部分不为很多人注意，大家没有注意，其实很重要，我愿意当大家的后勤部长。"

邓小平的讲话，吹响了新时期科学教育的进军号角，成了新时期科教兴国的纲领，不仅赢得了知识分子的掌声，更赢得了知识分子的心。更重要的是，他代表中国共产党赢得了知识分子的心。

春风化雨，春雷激荡。全国科学大会召开的时候，正是1977级大学新生报到入学的时候，高教战线呈现一派欣欣向荣的景象。大庆来的20名代表到达北京后，竟然激动得一夜没有睡好觉。出席大会的福建代表团由省委书记林一心担任团长，副团长是省政协副主席、福州大学名誉校长、著名科学家卢嘉锡。出生于台湾省台南的卢嘉锡，还兼任台湾代表团团长。在小组讨论会上，卢嘉锡噙着泪花倾诉自己的衷肠，说听了邓小平的讲话，兴奋得坐卧不安，彻夜

———————————

① 丁晓平：《中共中央第一支笔（胡乔木传）》，人民出版社2019年版，第239页。

难眠。在"文化大革命"中，台湾省籍的科学工作者，不仅被称作"臭老九"，有的还被戴上"国民党特务"的罪名。邓小平关于红与专的讲话，代表们都说讲得那么实在，那么亲切，一下子解决了问题。① 来自北京石化厂的一位女代表也是在台湾长大的，1974年从国外留学回到大陆。在回国的申请书上，她立志"要把自己的青春和生命献给亲爱的祖国，要参加祖国的社会主义革命和社会主义建设，要解放自己的家乡"。然而她赶上了"文化大革命"，感到"心里很不是滋味"。现在听了邓小平的讲话，"心里又燃起了一团火"，觉得"邓副主席的讲话给了我极大的信心"。

春天是温暖的，更是温馨的。会议休息时，休息厅里一片欢乐，笑声盈盈。那些曾经遭受"四人帮"迫害的人，今天都感受到了春天的温暖；那些顶住"四人帮"的干扰破坏，做出了出色成绩的人，今天更加意气风发。多年的战友喜相逢，昔日的师生重会面。成都地质学院59岁的罗蛰潭教授，在会上一看到他的老师、比他年长31岁的何杰教授，马上前去伸出双手，扶着老师走进了休息室，他们已经阔别23年了，今天师生俩相依而坐，倾诉衷肠。②

在大会的开幕式上，还有献花、朗诵、颁奖活动，热烈而又隆重。散会后，当代表们喜气洋洋地走出人民大会堂，十里长街已经是万盏灯火。这是一个欢乐的夜晚，代表们兴奋得难以入眠。回到居住的宾馆里，代表们心欢气畅，或三五成群地叙谈，或立即召集小组会畅所欲言。时任福建大学党委副书记的王春生和福建省科委副主任雷霆回到住地西苑饭店时，看见饭厅里灯火辉煌，工作人员早已排队在饭厅门前守候。饭厅小卖部贴出了红纸告示：敞开供应茅台酒——一瓶8元，一杯8角。雷霆十分兴奋，买了两杯和王春生

---

① 王春生：《春风化雨，春雷激荡——回忆亲聆邓小平在全国科学大会上的讲话》，《福建党史月刊》2008年第2期。

② 《春天的温暖——记全国科学大会开幕式》，《人民日报》1978年3月20日。

对饮起来。他们看见饭厅里有一些人喝酒作诗，雷霆就笑着说："春生，你的诗兴也可以大发了。"于是，王春生即兴吟了一首。诗曰："小平讲话暖人心，盛会空前气象新；四化科技是关键，我辈今朝喜逢春。"说完，两人又举杯，高兴地品尝着国酒的醇香……①

　　3月19日早晨6点半，刚刚起床的人们，从收音机、从有线广播中收听到了记者发自北京的报道。人逢喜事精神爽。和大会代表一样，喜不自禁的记者今天的嘴里仿佛像抹了蜂蜜一样，热情洋溢地说："我相信你们正在打开收音机听来自北京的这条振奋人心的消息：全国科学大会在北京隆重开幕了！我相信全中国——不！全世界都在收听这条消息，无论是我们的朋友，或者是我们的敌人。昨天中午，代表团宣布，吃好午饭，睡好午觉，准备下午两点钟出发去人民大会堂。谁吃得下？谁睡得着？许多代表都在院子里、汽车旁等着，在屋里的也在看表，等待出发。两点一刻钟，我们准时来到人民大会堂外面的广场上，一行一行地排成几十路，迈着整齐步伐，走向大门。这不是五千多人在广场上跨步前进，这是人类五分之一的跨步前进。我听到这伟大进军的脚步声，我感觉到这个小小寰球在脚下颤动。"

　　那满头银发的人是谁？周培源教授。就是那个听了毛主席和周总理的话，写篇文章呼吁加强基础理论研究，就被"四人帮"围攻不已的物理学家！那一位，一定是数学家华罗庚，就是他，从一个小店的学徒，努力奋斗，学成了一个出色的数学家；就是他不愧为一个伯乐，发现和培养了"千里马"陈景润；就是他，立下誓言要把两个肩头献出来，让后辈踏上，去攀登科学高峰。陈景润也在台上，就是那瘦瘦

---

① 王春生：《春风化雨，春雷激荡——回忆亲聆邓小平在全国科学大会上的讲话》，《福建党史月刊》2008年第2期。

的高个。那位头上开顶高的人我认识，是钱学森，他在我国征服太空的事业中做出了卓越的贡献。那位是原子能专家钱三强，那位是在生物遗传学上酝酿大突破的童第周。那个是喷气专家吴仲华，国外就是根据他的理论，设计了高速喷气客机。那位农民模样的是谁？是用辩证法种花生出名的姚士昌！坐在手推车上推过来的是谁？高士其，爱科学的孩子们的老朋友。还有高能物理学家张文裕，半导体专家黄昆，妇科专家林巧稚，桥梁专家茅以升……都来了，真是数不尽的群星灿烂！①

著名作家马识途还记叙了聆听邓小平讲话时的情景：邓副主席讲话了，字字句句那么明确，亲切，大家屏息听着，生怕漏掉一个字。每讲到精彩之处，随之而起的是雷动的掌声，响彻会堂，掌声中还夹杂着赞叹声。

"科学技术是生产力"——热烈的掌声。

"科学工作者是劳动者"——更热烈的掌声。

"你们是无产阶级的一部分"——极其热烈的掌声。

"我愿意做你们的后勤部长"——极其热烈而持久的掌声。

马识途饱含深情地说："我本想记住鼓掌的次数，但是因为次数太多，我自己也忘乎所以了。陪伴掌声的又有多少无声的笑和擦不尽的眼泪呀。"

当年参加大会的中科院院士林兰英对邓小平的讲话更是刻骨铭心。她回忆说，在会上，共有四个人讲了话，邓小平、华国锋、方毅、郭沫若，但是，只有邓小平的讲话他"记得最清楚"。而给她"印象最深刻的，也最能鼓舞人心的两句话，一个是知识分子是工

---

① 马识途：《向二〇〇〇年进军——发自科学大会的信》，《人民日报》1978年3月26日。

人阶级的一部分，另一个就是科学技术是生产力"。经历过"文化大革命"的林兰英感慨万千："邓小平讲了这个话之后，情况可就大不一样了。工人阶级是领导阶级，知识分子从坏人中的第九位，变成了和工人老大哥一样的领导阶级。这一点，对于当时的我，或者说对于出席全国科学大会的代表，甚至全国人民而言，都很有震撼力！"[1]

南京天文台台长张钰哲，年过古稀，听了邓小平的讲话后，老泪纵横地说：过去知识分子被当作异端，现在成了领导阶级的一部分，成为自己人了。农科院院长金善宝激动地说：我今年82岁了，但此时此刻，我心中充满了青春的活力，在新长征的道路上，我要把82岁当成28岁来过。上海生理所所长冯德培说：听了小平同志的讲话，过去许多争论都解决了，这样大家都可以放手放心干事情了。[2]

3月31日，在大会闭幕式上，86岁高龄的郭沫若请工作人员宣读了他的书面讲话《科学的春天》。他说："我是上一个世纪出生的人，能参加这样的盛会，百感交集，思绪万千。……我们这些参加过五四运动的人，喊出发展科学的口号，结果也不过是一场空。大批仁人志士，满腔悲愤，万种辛酸，想有为而不能为，真是英雄无用武之地。我们不少人就是在这暗无天日的岁月中，颠沛流离，含辛茹苦地度过了大半生。新中国成立后，人民得到了解放，科学得到了解放。毛主席和周总理又亲自为我国规划了建设社会主义现代化强国的宏伟蓝图，对科学事业和科学工作者给予了无微不至的关怀。我国的科学事业有了突飞猛进的发展。回忆起这些情景，一桩桩、一件件的往事都涌上心头，好像就在眼前一样。"

"我的这个发言，与其说是一个老科学工作者的心声，毋宁说是

① 童青林：《回首1978：历史在这里转折》，人民出版社2008年版，第133—134页。
② 孙伟林、孟玮：《忆全国科学大会前前后后》，《民主与科学》2008年第1期。

对一部巨著的期望。这部伟大的历史巨著，正待我们全体科学工作者和全国各族人民来共同努力，继续创造。它不是写在有限的纸上，而是写在无限的宇宙之间。"写出《女神》《凤凰涅槃》的郭沫若，以一代文豪的万丈豪情，向广大科学工作者发出了来自内心的呼喊，"春分刚刚过去，清明即将到来。'日出江花红胜火，春来江水绿如蓝'。这是革命的春天，这是人民的春天，这是科学的春天！让我们张开双臂，热烈地拥抱这个春天吧！""我们民族历史最灿烂的科学的春天来了！"①

科学的春天来了！祖国的春天来了！全国科学大会结束后，中国科技战线在这个春天里，如同雨后拔节的庄稼开始茁壮成长：中国科学院106个研究机构在经历一场"文化大革命"后只剩下了64个，到了1978年底变成了110个，增加了4个。科技战线的职称评定工作重新恢复、奖金重新发放，学术刊物重新出版，与国外科学家和研究机构重新合作……

在这个春天里，中国科学史立起了一座新的里程碑。而在3月18日全国科学大会开幕当天，还有一个历史细节至今没有引起历史学者和作家们的关注。开幕式中间休息时，邓小平对方毅说：在这次会议上的讲话和报告中引用的马克思、恩格斯、列宁和毛主席的语录，在报纸上发表时不要再用黑体字。在场的新华社记者随即请示方毅：今后所有文章中引用马克思、恩格斯、列宁和毛主席的语录时，是否也一律不要再用黑体字？方毅说：此事由新华社报告中宣部再请示邓副主席后执行。19日，新华社总编室就这一问题给中共中央宣传部写报告。邓小平批示："我赞成。"从此以后，中国的新闻纸再也没有出现引用领导人讲话单独用黑体字标识的奇特现象。

在这个春天里，4月22日至5月16日，全国教育工作会议在北京

---

① 郭沫若：《科学的春天》，《人民日报》1978年4月1日。

1977年底，参加高考的考生正在认真答卷。

召开。邓小平在会上讲话，提出教育事业必须和国民经济发展要求相适应，要尊重教师的劳动，提高教育的质量。中国掀起了整个社会尊重知识、尊重人才和攀登科学高峰的热潮。

　　1977年底，"文化大革命"中一度中断的高等学校统一招生考试制度得到恢复。参加高考的570万人中，27.3万人被录取，在1978年的在这个春天里，大学新生们怀着万分喜悦的心情步入大学校园，校园内外读书的身影随处可见，新华书店的长龙更是司空见惯，人们正在和时间赛跑。奔向2000年，向四个现代化进军，成为改变人们精神面貌的号角。

　　是啊，中国的春天来了！
　　是啊，春天的中国来了！

春之卷
燎原火

春脉如弦，东方之木，
万物始生，端直而长。

按照经济规律办事

10

1978年11月的一天早上，在中国科学院计算机所内，一位30多岁的工程技术员按时来到了自己的办公室上班。他先到传达室从写有自己名字的信格里取出了当天的《人民日报》。"一杯茶，一支烟，一张报纸看半天。"一般来说，他整个上午的时光就像这句顺口溜一样悄悄地随着岁月而流逝。然而，今天的这个上午，对他来说，却别有一番味道。

20多年后，他曾这样回忆那一个上午："记得1978年，我第一次在《人民日报》看到一篇关于如何养牛的文章，激动不已。自打'文化大革命'以来，报纸上刊登的全是革命，全是斗争，全是社论。在当时养鸡、种菜被看成资本主义尾巴，是要被割掉的，而《人民日报》竟然登载养牛的文章，气候真是要变了！"

没过多久，这位青年工程师便离职而去，一手创办了日后在中国乃至世界赫赫有名的联想集团。

——这个当年34岁的青年人，就是以后商界的传奇人物柳传志。

"春江水暖鸭先知。"当年，全国上下，还有许许多多像柳传志这样在第一时间感受到时代脉搏的创业者，他们在1978年似乎还有一些料峭的春风中，提前感受到了中国气候的变化，改革开放的阳光将温暖中国的每一座城市和村庄……

中国政治气候的变化从粉碎"四人帮"之后就已经开始了，经济建设、社会各项事业和外交工作在一定程度上有所恢复和发展，但由于"左"的指导思想没有得到根本纠正，党和国家工作出现了在徘徊中前进的局面。面对"两个凡是"造成的严重影响，如何彻底澄清"四人帮"造成的思想混乱？如何判定历史是非？如何对待实事求是与"两个凡是"？这些疑问，成为理论界和思想界必须首先需要解决的问题。

1978年5月10日，中央党校内部刊物《理论动态》发表经中央党校副校长胡耀邦审定的《实践是检验真理的唯一标准》一文。5月11日，《光明日报》以特约评论员名义公开发表这篇文章，新华社向全国转发。文章鲜明提出：实践不仅是检验真理的标准，而且是唯一的标准。马克思主义的理论宝库并不是僵死不变的教条。于是，一场关于真理标准问题的大讨论在全国展开，上上下下开始从"左"的迷雾中逐渐清醒，思想如同二月冰封的河流，开始冰冻释放。

然而，《实践是检验真理的唯一标准》阐述的问题与"两个凡是"尖锐对立，受到一些领导人的指责。真理标准问题讨论面临着巨大压力。在关键时刻，邓小平对这场讨论给予及时而有力的支持。1978年6月2日，他在全军政治工作会议的讲话中着重阐述了毛泽东关于实事求是的观点，批评了"两个凡是"的错误。此后，《解放军报》《人民日报》《光明日报》等报刊连续发表文章，许多老一辈革

1978 年 5 月 11 日《光明日报》刊登的《实践是检验真理的唯一标准》一文。

命家也以不同方式支持或参与讨论，把推进社会主义现代化建设作为这场大讨论的落脚点，拨乱反正，打破精神枷锁，使人们的思想来个大解放，使真理标准问题讨论的过程成为引导人们思考国家向何处去这一重大政治课题的过程。

而在真理标准大讨论的同时，在中国社会主义建设道路问题上，尤其是经济理论领域也悄悄地进行了一场大讨论。

恢复和发展国民经济，首先就必须扫清思想理论问题上的障碍。因为，这不仅仅是一个经济问题，同时也是一个严峻的政治问题。因此，在重大经济理论问题上正本清源，拨乱反正，已经成为中国政府一项迫在眉睫的任务。

1978 年 5 月 5 日，《人民日报》发表了一篇署名"本报特约评论员"的文章，题目叫《贯彻执行按劳分配的社会主义原则》。要知道，在这篇文章发表整整一个星期后的 5 月 12 日，《人民日报》才转载了《光明日报》5 月 11 日发表的《实践是检验真理的唯一标准》。

《贯彻执行按劳分配的社会主义原则》这篇文章发表时，并没有引起多少人的注意，更没有像真理标准大讨论那样席卷全国，但这篇文章还是引起了中共中央高层的重视。5月17日，中央一位领导在一个小会上就曾点名批评说:《实践是检验真理的唯一标准》和《贯彻执行按劳分配的社会主义原则》这两篇文章，"我们都没有看过，党内外议论纷纷，实际上是把矛头指向主席思想。我们的党报不能这样干。这是哪个中央的意见？""要查一查，接受教训，下不为例"，并要中宣部"把好关"。

为什么要批评这篇文章呢？

如果用一句话来说，还是"两个凡是"在作怪。

但事情又不这么简单。

按劳分配，天经地义。对今天的中国人来说，这根本就不是什么问题。就像邓小平说"连实践是检验真理的标准都成了问题，简直是莫名其妙"一样，按劳分配在那个年代也成了一个莫名其妙的问题。

1966年"文化大革命"开始后，极左思潮来势汹汹，正确的社会主义经济理论横遭批判，物质利益原则首先遭到批判，奖金和计件工资被作为修正主义的东西加以否定，思想、理论被搞得十分混乱，连按劳分配、商品生产都被认为是产生资本主义和新资产阶级分子的经济基础。如果用他们的口号"宁要社会主义的草，也不要资本主义的苗"来形容，也可谓恰如其分。1975年以后，"四人帮"更是全面否定按劳分配。

1975年2月22日的《人民日报》和3月1日出版的《红旗》杂志1975年第3期，发表了张春桥组织编写的《马克思、恩格斯、列宁论无产阶级专政》，在编者按语中披露了1974年12月20日毛泽东会见丹麦首相保罗·哈特林时有关按劳分配的一段谈话:"总而言之，中国属于社会主义国家。解放前跟资本主义差不多，现在还实行八级工资制，按劳分配，货币交换。这些跟旧社会没有多少差别，所不同的是所有制变了。"张春桥就是利用毛泽东的这句话,大肆制造舆论、歪曲、割裂、诋毁按劳分配,批判"资产阶级法权"。随后,"四人帮"一伙发表了大量反马克思主义的文章,编造了一套诋毁按劳分配、商品生产、唯生产力论、社会主义生产目的问题的所谓"理论体系",其中最为重要的代表作就是姚文元的《论林彪反党集团的社会基础》和张春桥的《论对资产阶级的全面专政》。他们认为:按劳分配是衰亡的旧事物,其中的资产阶级权利思想的核心是等级制度,会产生两极分化,出现阶级差别,"是滋长资本主义和培植新的资产阶级分子的温床,如果不加以限制,就有资本主义复辟的危险"。他们还上纲上线,说限制按劳分配,批判资产阶级权利的斗争"是决定社会主义前途成败关键、生死斗争",是"两个阶级、两条道路、两条路线斗争的重要内容","是继续革命还是停滞不前甚至反革命的一个重要标志"。

　　粉碎"四人帮"后,在重大经济理论问题上正本清源、拨乱反正,扫清国民经济恢复和发展的思想障碍,成为一项紧迫的任务。在邓小平、陈云、李先念等的指导下,胡乔木和于光远、邓力群等人一起,对经济领域的重大理论问题展开了拨乱反正的工作,推动了思想解放运动的展开。而汪东兴在5月17日批判的那篇《贯彻执行按劳分配的社会主义原则》是由国务院政治研究室负责人、中国社会科学院院长胡乔木起草的。

　　胡乔木没有因为中央领导的批评而退却。就在5月17日这一天的下午,胡乔木出席了全国劳动局长座谈会。在会上,他做了题为《关于按劳分配的几个问题》的长篇讲话,鲜明地批判了"左"倾观点,联系实际辨别是非,有力地论证了按劳分配是社会主义原则。

　　胡乔木之所以这样有底气,除了坚持真理之外,更重要的是他在政治上得到了中共中央另外两位副主席邓小平和李先念的支持。后来,李先念在7月22日召开的全国农田基本建设会议上说,"真正贯彻执行'各尽所能，按劳分配'的原则，保证多劳多得，反对平均主义"，是"现在最关键的两条"之一。邓小平也在中央政治局会议上给予支持，后来在其他场合谈及此事时还说："有人对按劳分配的文章有气，说是矛头对着毛主席的。这篇文章完全是讲马克思主义嘛，怎么是对着毛主席的？我在政治局讲了这个问题，不能这么看。"①

其实，《贯彻执行按劳分配的社会主义原则》这篇文章从起草到发表，邓小平自始至终都是参与者和指挥者。而他从1977年刚刚"解放"就开始关注"按劳分配"问题——1977年5月24日同王震、邓力群谈话，8月1日与方毅、刘西尧谈话，8月8日在科教工作座谈会结束时的谈话，9月6日接见美联社董事会代表团时的谈话，10月31日听取空军、装甲兵部队领导汇报时的谈话，11月3日会见美籍华人教授王浩时的谈话，等等，邓小平都曾谈及按劳分配这个问题，不同角度、不同程度地强调了按劳分配是整个国家的重大政策问题。与此同时，陈云、李先念，包括华国锋，也都指出要实行按劳分配。华国锋分别在1977年8月中共十一大政治报告和1978年2月五届全国人大政府工作报告中指出，不能搞干多干少、干好干坏、干和不干都一样，还把经济政策上要坚持实行"不劳动者不得食""各尽所能、按劳分配"的社会主义原则写进了宪法。

按劳分配是一个重大的理论问题，也是一个重大的政策问题。思想理论界，当然更不能缺席。在胡乔木的支持下，于光远先后主持召开了五次按劳分配问题的学术讨论会，从北京到全国。第一次是在1977年2月25日召开的，由国家计委经济研究所和中国科学院经济研究所、国家劳动总局、北京大学等七家单位共同发起，召集北京地区的专家学者进行了探讨，为全国性的讨论做准备。四次全

---

① 《邓小平年谱（1975—1997）》（上），中央文献出版社2004年版，第394页。

国性讨论会分别是在1977年4月、6月、10月和1978年10月25日至11月2日召开，与会人数总计约有1500人次。这一系列学术研讨会的召开，对于在理论上批判"四人帮"，解放思想，贯彻按劳分配这个社会主义原则和研究在实践中如何贯彻按劳分配等，产生了很大影响。

就是在这个背景下，从1977年12月起，胡乔木和于光远、邓力群一起研究起草《贯彻执行按劳分配的社会主义原则》一文。12月28日下午，国务院政治研究室在二里沟国务院招待所召开座谈会，讨论关于按劳分配文章的写作。会前，印发了《起草〈贯彻执行按劳分配的社会主义原则〉一文的初步设想（供讨论用）》。大家经过讨论，达成共识，做了修改，在1978年1月底送中央领导审阅。

3月28日，邓小平找胡乔木和邓力群谈话，重点就是谈他对这篇文章的感受。他说：这篇文章我看了，写得好，说明了按劳分配的性质是社会主义的，不是资本主义的。工人八级工资最高的105元，出什么资产阶级分子？我们实行精神鼓励为主、物质鼓励为辅的方针。物质鼓励不能缺少。在这方面，我们过去行之有效的各种措施都要恢复。对发明者要给奖金，对有特殊贡献的也要给奖金。总的是为了一个目的，就是鼓励大家上进。[①]

接着，他们就按劳分配问题进行了讨论。邓小平问胡乔木："在马列著作中，按劳分配是什么意思？"

胡乔木说："按马克思、恩格斯、列宁讲的，按劳分配到了全社会是单一的公有制，阶级消灭了，差别也消灭了，剥削已经不可能了，那时商品、货币也不要了，就是到了那个时候也还要实行按劳分配。可是我们有些人看不起按劳分配。"胡乔木还介绍了列宁在《国家与革命》中关于从社会主义过渡到共产主义几个阶段的论述，

[①]《邓小平文选》第三卷，人民出版社1994年版，第101—102页；邓力群传达的《邓小平同志谈话精神》记录稿，存中国社会科学院档案处，参见《胡乔木传》。

说明国家的职能是保护按劳分配的执行。

听到这里，邓小平一边抽烟一边说："按劳分配就是按劳动的数量和质量进行分配。根据这个原则，评工资、升级，主要看他的劳动好坏、技术高低、贡献大小。要看政治，但政治不能离开劳动。政治态度好应该主要表现在为社会主义劳动好，做出的贡献大。处理分配问题如果主要不是看劳动，而是看政治，那就不是按劳分配，而是按政分配了。只能按劳，不能按政，也不能按资格。以后要经过考核，劳动好贡献大的可以跳级，甚至可以定出特级。"这时，邓小平忽然想到了小学教师。他说："一个好的小学教员所付出的劳动并不比大学教授少，应同等待遇。"

邓力群说："这个话文章上原来写上了，有些大学教授不赞成，勾掉了。"

邓小平说："可以勾掉，但我说的道理是正确的。现在小学教员工资太低。"

"女同志做教员，找对象还好办，如果是男同志就不好办了。将来有些教得很好的小学教员，可以鼓励成为终身职业，工资可以定为特级。"胡乔木深有同感地说，"现在工人队伍缺乏稳定性，可以考虑将工龄作为定级的一个因素。"

"我看可以。"邓小平对胡乔木的建议表示赞同，"各行各业都可以设立特级，应该鼓励各行各业的人终身从事自己的职业。"

讨论十分热烈，获得共识，文章的整体框架就这样通过了，主要包括三个部分：一是按劳分配是社会主义原则，二是按劳分配的各种劳动报酬形式，三是实行按劳分配原则应注意的几个问题。文章从理论到实践再到具体操作，都做了充分的阐释和说明。

最后，邓小平对文章的修改提了具体的意见。他说："最后一部分讲了五条，都正确，但不解决实际问题，还得好好改一下，同当前按劳分配存在的问题联系起来，切实解决实际问题。关于脑力劳动，也讲得不够。生产力愈向前发展，从事脑力劳动的人愈来愈多。这些人也还要搞些体力劳动。到了共产主义社会，脑力劳动与体力劳动差别没有了，各方面高度自动化，看起来有些事情还要搞手工业。那时劳动以外的时间多了，劳动成了享乐。我这个人喜欢吃饭自己炒几个菜吃，自己动手做，能消灭吗？脑力劳动者也是劳动者，要把这一点强调一下。文章改好后，再送我看看，看后再发表。"

一个月后，4月30日，邓小平再次找胡乔木和邓力群、于光远谈关于按劳分配文章的修改问题。邓小平又把这篇近两万字的文章从头至尾看了一遍。

"资产阶级权利的问题，要好好研究一下，从理论上讲清楚，澄清'四人帮'制造的混乱。"一坐下来，邓小平就说，"文章其他部分都可以了，最后一部分中讲到工资改革，有些话要说得活一点。工资级别一定要有，而且定级一定要以技术为主。工人的工资是不是八级，还可以考虑。上海在八级之外，又加了半级。不一定就是八级，改成十级、十二级都可以嘛！也许不需要搞上海那么多级。总之，八级工资制需要做些改革。还有行政人员的工资级别，也有一个改革问题。"

胡乔木听了点了点头，问道："文章再改一改，改后是不是再送您看一下？先念同志已经看过这篇文章，他的意见是可以发表了。"

"我不看了，不知先念同志有没有时间看。"邓小平说，"我看这篇文章可以了，你们稍微改一改，就送《人民日报》，可以用特约评论员名义发表。"

从邓小平那里谈话回去后，胡乔木等人又按照邓小平的意见进行了修改，再送李先念审阅。李先念看了两遍，给予肯定，提了一点小意见。随后，胡乔木又做了修改。

就这样，1978年5月5日，《人民日报》发表了《贯彻执行按劳分配的社会主义原则》，引起经济理论界和国家劳动部门的高度重视，随后按劳分配作为关系到亿万群众切身利益的一项重大国策，改变了老百姓的生活，深入人心。但令胡乔木没有想到的是，这篇文章还是受到了汪东兴的批评。

除了按劳分配问题之外，"四人帮"还篡改了马克思主义商品货币理论，诋毁社会主义商品生产货币关系。针对这个重大理论问题，由邓力群挂帅的国务院财贸小组理论组起草了《驳斥"四人帮"诋毁社会主义商品生产的反动谬论》，经胡乔木修改、润色后，在1978年5月22日的《人民日报》发表，从思想理论上扫除了发展社会主义商品生产的障碍。

这一年10月中旬，在于光远的主持下，中国社会科学院经济研究所在北京举办了农业按劳分配问题讨论会，来自17个省、市、自治区和中央有关部门的经济理论工作者和实际工作者参加了研讨。从1978年10月18日《人民日报》刊发的新华社通讯员撰写的通讯《坚决克服平均主义，认真实行按劳分配》来看，会议主要探讨了农村人民公社的劳动报酬形式和当时贯彻按劳分配原则中存在的问题，于光远和薛暮桥分别就这两个问题进行了主旨发言。

11

没有经济理论指导，以经济建设为中心的决策就会变成一句空话。当时的中国，如何系统地纠正经济工作中"左"的错误思想，还没有成熟的解决方案和系统的理论回答。就在这样的关键时刻，胡乔木勇于开拓，大胆创新，站在时代的前沿，发出了时代的先声，为中国的经济体制改革鸣锣开道。

7月28日，胡乔木在国务院务虚会上做了长篇发言《按照经济规律办事，加快实现四个现代化》。在这篇长达两万多字的带有理论性的文章中，胡乔木以自己的责任心和远见卓识，从历史唯物主义的哲学高度，科学地概括了"大跃进"和"文化大革命"的经验教训，特别是针对"唯意志论"盛行所造成的令人痛心的损失，提出了有的放矢的正确口号。他在发言中强调：我们搞经济工作必须按经济规律办事，不能按违反经济规律的长官意志办事。按经济规律办事就是按价值规律、按供求规律办事。不但要重视研究马克思主义的经济学，而且要重视研究资产阶级学者所写的经济学，要利用资本主义社会中对我们有用的经验，包括资本主义国家中早已存在并且取得经济实效的公司组织形式托拉斯等，还要学习计量经济学，研究经济活动要将定性研究和定量研究结合起来进行。

《按照经济规律办事，加快实现四个现代化》充分肯定了社会主义中国打开国门，向不同发展类型国家学习的必要性和紧迫性，而且还尝试着提出运用先进的经济建设思想，探索中国经济改革的具体办法和道路，从理论上肯定了社会主义中国打开国门、向发达资本主义国家学习先进科学技术的必要性。胡乔木尖锐地指出：社会主义制度不会自动地保证经济迅速发展，必须学习资本主义国家在管理经济方面的先进事物，"否则就要陷入爬行主义，就不可能建成社会主义"。

胡乔木的这些理论和观点，在此时被视为禁区，大家噤若寒蝉，没有人敢讲。当天，国务院务虚会简报即以"中国社会科学院、国务院政治研究室胡乔木"署名的形式刊登了这篇发言。接着，国务院政治研究室编印的内刊《调查与研究》第三期刊登了这篇文章，署名为"中国社会科学院、国务院政治研究室"。国务院将此文发给了各部委办。邓小平和李先念非常欣赏，专门指示用胡乔木的署名发表。胡乔木用一天时间修改了一遍，经国务院政治研究室转交《人民日报》。报社领导当即表示要从第一版刊登。胡乔木获悉后，特此要求他们从第二版开始刊载。于是,《人民日报》就通过胡乔木的秘书做他的工作,说这不是他个人的声望问题,而是关系为经济体制改革造声势的问题。这样,胡乔木才算接受。随后,他又在《人民日报》排出的清样上修改了一遍。于光远和马洪参与了这篇文章的起草工作。

10月6日,《人民日报》用第一版转第二和第三版的方式,隆重推出了胡乔木的《按照经济规律办事,加快实现四个现代化》,成为思想解放运动中经济理论大讨论最重要的经济理论文章之一,在国内外立即产生了巨大反响,收到读者来信150多封。在国内,一时间"按照经济规律办事,不按违反经济规律的长官意志办事"成为家喻户晓的口号;在国外,引起的轰动远远超过了中共和胡乔木本人的想象,日本、美国等西方国家的著名学者认为,胡乔木的《按照经济规律办事,加快实现四个现代化》"在经济理论上为中国吹响了改革开放的号角"。①

没有革命的理论,就没有革命的行动。理论是行动的先导。革命首先要有革命的思想和革命的理论,没有思想、没有理论的革命就如同人没有了灵魂、没有了头脑。但理论是枯燥的,是灰色的。理论是一只看不见摸不着的手,在背后推着你走。

改革开放是一场革命。改革开放同样需要理论的支撑。1978年,在真理标准问题大讨论的同时,思想理论界也悄悄地进行了这样一场经济理论大讨论。这一年,除了胡乔木等撰写和发表《贯彻执行按劳分配的社会主义原则》之外,林子力、有林在1月16日的《人民日报》发表了《"四人帮"批判"唯生产力论"就是攻击历史唯物论》;林涧青、冯兰瑞等以笔名"严实之"在2月27日的《人民日报》发表了《坚持按劳分配的社会主义原则》;罗元铮、赵履宽在《哲

---

① 丁晓平:《中共中央第一支笔(胡乔木传)》,中国青年出版社2011年版,第402—403页。

学研究》1978年第1期和第2期合刊上发表了《生产力是最革命的因素》；《人民日报》还在9月12日发表了"特约评论员"文章《马克思主义者怎样看待物质利益》，以及10月6日推出胡乔木的《按照经济规律办事，加快实现四个现代化》等重磅文章，系统科学地批驳了"四人帮"在经济理论领域的歪理邪说，拨乱反正，为中央经济政策的落实、经济体制的调整及其正确执行，为改革开放新时期做好了充分的理论准备。

国务院务虚会与听听反面意见

12

走出去了，也看到了。回来了怎么办？

答案无外乎就是——总结，思考，决策，执行。

从1978年起，党和国家领导人频频出国访问，其中邓小平马不停蹄地出访了周边八个国家，同时还派出了各种各样的代表团出国考察，取经寻宝。这些出访，不但改善了中国的对外关系，而且还使中共中央决策层对近年来国际形势的发展变化有了比较直接和全面的了解。"不看不知道，一看吓一跳"的话语，不再是一个笑话。

这个时候，在中共中央决策层，对外开放的决心已经下定。国家领导人思考的问题不是要不要开放，而是怎么搞好对外开放。为了给中国经济问题寻找出路，他们不约而同地把目光投向国外，走出国门看世界。他们看了日本，也看了欧洲，还看了周边的东南亚国家，以及港澳地区，寻找利用外部资源提升自己发展水平的可能性，决心"把世界最新的科技成果作为我们的起点"。

就这样，中央决定召开国务院务虚会，先务务虚，再实打实地干。

什么叫务虚？《现代汉语词典》的解释是："就某项工作的政治、思想、政策、理论方面进行研究讨论。"与之相对的当然是务实，其解释为"从事或讨论具体的工作"。

1978年的国务院务虚会，是中共党史上比较著名的务虚会之一。会议于7月6日召开，至9月9日结束。从炎炎夏日，开到金秋送爽，为期两个月。地点在西城区西黄城根九号院的国务院临时办公处。会议由李先念主持召开。出席会议的主要是几位副总理和各部委主要负责人及国务院直属机构的负责人，共计44个单位，加上工作人员约六七十人。从《李先念传》的表述来看，这次务虚会的主题是敞开思想，研究如何高速度发展国民经济和引进国外先进技术设备问题。它既是1975年国务院计划务虚会议精神的继续和发展，又与不断派人出国"取经寻宝"的背景密切相关。

在1978年的夏秋之季，真理标准问题大讨论已经在全国展开，国务院务虚会与会人员的思想就相对比较解放了，会议气氛热烈活泼，大会发言不是照本宣科，而是扼要地抓住重点，讲自己的话，讲真话。而且会议中间互相自由提问，各抒己见。会议简报发中央常委、在京的政治局委员和与会人员。

务虚会第一天，李先念首先发言。他在回顾粉碎"四人帮"一年零九个月以来所取得的主要成就之后，提出了这次会议的方针。他说：这次会议是总结经验，总结正反两方面的经验，为计划工作服务，充实、补充《十年规划纲要》。其中一条是引进先进技术，问题是怎么个搞法，怎样搞得快一些、好一些，究竟从哪个国家引进，要服从外交路线；要把引进技术与提高国内自己的能力结合起来，不能像有的国家那样，什么都进口；引进新技术，要把自己的机械工业带动起来，不仅是一机部，而是把整个机械工业带动起来。过去小平同志讲这是"大政策"，"四人帮"拼命攻击这一条。这是大政策，我们要吃透。无论是基础工业还是非基础工业，无论是民用还是军用都要搞快、搞好。大家要充分发言，把这次会开好，统一思想。总之，要总结经验，发扬民主。①

因为率领中国政府第一个经济代表团访问了西欧五国，自始至终参与并主持会议的谷牧，敞开思想，向与会人员汇报了考察西欧的情况，并提出了自己的意见。他回忆说：

> 我国要老老实实承认落后了，与世界先进水平拉开了很大的差距。我们怎么赶上国际先进水平，怎么搞现代化，怎么把速度搞快些？很重要的一条就是狠抓先进技术的引进、消化、吸收。国际形势提供了可以利用资本主义世界的科技成果来发展我们自己的机会，一定要抓住它。1975年小平同志就提出过加强技术引进、增加外贸出口的政策，现在应当认真组织实施，加强引进。买人家的东西，我们如何付账？除了扩大外贸出口以外，我们也可以考虑采用国际上通行的经济贸易往来方式。我说，还有劳务出口，韩国每年派10万人出国去搞建筑施工，创汇30亿美元，我们为什么不想办法也干起来。我强调，在发展对外经济关系上，必须解放思想，多想点子，开拓路子，绝不能自我封闭，自我禁锢，作茧自缚，贻误时机。②

在这次务虚会上，国务院各个部门的负责人都发了言，具体名单列表如下：

---

① 《李先念传（1949—1992）》，中央文献出版社2009年版，第1056—1057页。
② 谷牧：《我国对外开放国策的酝酿和起步》，《党的文献》2009年第1期。

1978年国务院务虚会发言情况一览表

单位	发言人	发言题目
外贸部	崔群	《关于成套设备的引进情况》
国家计委	李人俊	《关于加快引进先进技术问题》
国家建委	宋养初	《关于搞好引进项目建设工作的意见》
国家经委	马仪	《关于加快发展我国农业和农业机械化的几点建议》
农业部	杨立功	《关于加快农业发展速度问题》
国家经委	袁宝华	《提高职工水平是当务之急》
第一机械工业部	孙友余	《一定要把引进新技术同提高国内机械制造水平结合起来》
国家建材总局	白向银	《加速发展建材工业，提高施工装备水平，为实现四个现代化作出贡献》
国家劳动总局	康永和	《关于劳动工资问题的汇报提纲》
国家计委	段云	《关于积极扩大出口增加对外支付能力的意见》
冶金部	唐克	《冶金工业一定要为完成新时期的总任务多作贡献》
财政部	张劲夫	《关于加快积累建设资金的问题》
中国社科院、国务院政治研究室	胡乔木	《按照经济规律办事，加快实现四个现代化》
国家地质总局	孙大光	《关于加快地质工作现代化的几点意见》
轻工业部	梁灵光	《关于进一步加快轻工业的发展的问题》
国家物资总局	李开信	《关于挖掘库存物资潜力的问题》
国务院财贸小组	姚依林	《关于适当提高农产品价格问题》
对外贸易部	（书面）	《努力实现对外贸易大发展，为四个现代化多作贡献》
煤炭工业部	肖寒	《关于加快煤炭工业高速度、现代化步伐，为四个现代化服务》
化学工业部	（书面）	《关于加快化学工业发展速度的几点意见》
纺织工业部	胡明	《扩大纺织出口，搞好技术引进，加快纺织工业的发展》
国务院国防工业办公室	（书面）	《关于国防工业贯彻执行军民结合、平战结合方针的意见》
第四机械工业部	王子纲	《关于加快发展我国电子工业的几点意见和建议》
第六机械工业部	柴树藩	《关于加快发展我国造船工业的几个问题》

单位	发言人	发言题目
铁道部	段君毅	《关于发展我国铁路事业的一些意见》
中国人民银行	李葆华	《努力做好银行工作，为加速实现四个现代化服务》
水利电力部	杜星垣	《农业现代化中的农业用电问题》
国家林业总局	罗玉川	《林业建设必须加快》
全国供销合作总社	陈国栋	《关于发展多种经营的问题》
教育部	刘西尧	《关于加快发展我国教育事业的几个问题》
中国科学院	郁　文	《引进外国先进技术设备，加快科研赶超的步伐》
国家科委	蒋南翔	《加强技术科学，提高劳动生产率》
第二机械工业部	刘　伟	《原子能工业的汇报》
铁道部规划院	（书面）	《关于煤炭、火电工业布局的一些情况和建议》
第五机械工业部	张　珍	《高速度高质量高水平地把兵器工业搞上去》
第三机械工业部	吕　东	《关于航空工业的战略目标》
国务院副总理	谷　牧	《当前的国际形势和国外发展经济的经验》

从上面表格可以看出，各个部门的发言放在一起，几乎覆盖了我国经济建设的各个领域，触及各个专业的深层。发言的内容基本上都是围绕高速度发展经济的问题，总结历史经验教训，提出一些新的设想、见解和措施。像这样的国务院务虚会，在新中国历史上还是第一次。谷牧回忆说：

这次务虚会则是在拨乱反正的形势下，按照实践是检验真理的唯一标准的原则展开的。大家畅所欲言，认真总结新中国近30年的经验教训，认真研究国外先进的东西。各部部长都发了言。发展速度成为反复探讨的重点。大家说，日本、联邦德国两个战败国为什么能够迅速复兴？"上帝只给了太阳和水"的瑞士为什么也能跻身于发达国家行列？我们条件并不比他们差多少，许多方面还比他们强得多。一定要下决心，千方百计，把经济搞上去。因此，一系列重要思路打开了，包括正确运用价值规律，改革经济体制，坚持按劳分配，发展农村的多种经营等等。特别对如何加强技术引进，扩大外贸出口，采取灵活方式利用国外资金等，讨论得很热烈。这些意见，在务虚会后，党中央、国务院又多次进一步讨论，其成果凝聚到当年12月党的十一届三中全会作出的以经济建设为中心，实行改革开放，加速社会主义现代化进程的伟大战略决策之中。[1]

但是，在会上，大家的意见也不尽一致。关于扩大引进利用外资的问题，从中央到各部委就存在分歧：一种方案是用汇800多亿美元，另一种是500多亿美元，还有一种是400亿美元以下。国家计划委员会负责人李人俊根据当时的国力情况指出：八年内，我们要用几百亿美元引进技术和设备，如何保持外汇平衡、如何偿付是个大问题。支付能力一定要落实，"不能只管点菜，不管付款"。550亿美元的引进计划，打算由国家支付150亿美元，利用外资400亿美元。这400亿美元，如在六七年内还清，按年利率7.5%计算，每年要偿付100亿美元，共需要拿出六七百亿美元。为了保持外汇平衡，必须在一开始就有一个可靠的偿付计划，各地区、各部门、各企业要按计划偿还外汇或产品，外贸部门和银行进行监督。"冤有头，债有主。谁还不起，找谁算账。"[2]

9月9日，根据中共中央的决定，会议结束时宣布"今后十年的引进规模可以考虑增加到800亿美元"。

---

① 谷牧：《我国对外开放国策的酝酿和起步》，《党的文献》2009年第1期。
② 《李先念传（1949—1992）》，中央文献出版社2009年版，第1483页。

13

陈云没有参加这次国务院务虚会，但是他始终关注这次会议，会上的重要发言和简报，他都认真阅读。他认为，实现四个现代化是中国史无前例的一次伟大进军，必须既积极又稳重。为此，他在7月31日向李先念建议说："国务院召开的务虚会议最好用几天时间，专门听一听反面意见。我们既要听正面意见，又要听反面意见。"后来，陈云在1979年3月21日召开的中共中央政治局会议上，又谈到这次国务院务虚会。他说：

> 去年国务院开务虚会，重要发言我都看了。那个时候，我对先念同志说，也对谷牧同志说，务虚会是否多开几天，听听反对的意见，可能有些人有不同意见。出国考察的人回来吹风，上面也往下吹风，要引进多少亿，要加快速度，无非一个是借款要多，一个是提出别的国家八年、十年能上去，我们可不可以再快一点。有些同志不太好讲话，务虚会上很少有人提出反对意见。
>
> 可以向外国借款，中央下这个决心很对，但是一下子借那么多，办不到。有些同志只看到外国的情况，没有看到本国的实际。我们的工业基础不如它们，技术力量不如它们。
>
> 只看到可以借款，只看到别的国家发展快，没有看到本国的情况，这是缺点。不按比例，靠多借外债，靠不住。①

---

① 《陈云文选》第三卷，人民出版社1995年版，第252页。

1978年12月7日，谷牧在中央工作会议中南组发言时，也谈到了陈云提醒他的事："今年国务院务虚会以后，陈云同志对我讲，现在中央下决心大量引进国外新技术，是正确的，我拥护。但是，越是在这样的情况下，你们搞综合平衡的同志越要注意，不要头脑发热，要搞好综合平衡，国内工作要跟上，不然又会出现新的混乱。要听听反面的意见。中央越是支持你们，头脑越是要冷静，把引进工作与国内工作平衡好。我认为陈云同志的意见很好，这正是他一贯对党的事业认真负责的表现。"[①]

十年规划的指导思想是，1978年至1985年这八年内，"要用比过去28年快得多的速度，开展比过去28年规模大得多的经济建设"，为"四个现代化"打下牢固基础。结果，1978年基本建设投资大量增加，使得本来就失调的农轻重比例、积累与消费比例更加不协调，积累率由1977年的32.3%提高到36.6%，成为1958年"大跃进"后20年中积累率最高的年份。

中国，依然在"徘徊中前进"。

在1978年国务院务虚会上，有两篇重要讲话具有特别的历史价值。一篇是7月28日胡乔木所做的题为《按照经济规律办事，加快实现四个现代化》的发言，一篇是9月9日李先念做的总结报告。李先念的讲话综合各方面的意见，较系统地提出了一些新观点、新举措。他在报告中指出：

> 过去20多年中，我们已经不止一次改革经济体制，并取得了许多成效。但在企业管理体制方面往往从行政权力的转移着眼多，往往在放了收、收了放的老套中循环，因而难以

---

① 金冲及、陈群：《陈云传》，中央文献出版社2015年版，第1484—1485页。

符合经济发展的要求。适应四个现代化的需要，我们将改革计划体制、财政体制、物资体制、企业管理体制和内外贸易体制，建立起现代化的经济组织、科研组织、教育组织及有关管理制度。我们现在要进行的这次改革，一定要同时兼顾中央部门、地方和企业的积极性，一定要考虑大企业和大专业公司的经济利益和发展前途，努力用现代化的管理方法来管理现代化的经济，使我们的管理水平尽可能适应工农业高速度发展的需要。

在报告中，李先念指出，我们的经济是计划经济，必须从有计划、按比例的客观规律出发，搞好综合平衡，统一认识，统一政策，统一计划，统一指挥，统一行动，把中央、地方、企业的积极性有组织地、互相衔接而不是互相抵消地发挥起来。他还在讲话中提出要将计划经济与市场经济相结合，虽然没有展开论述，却引起了经济学界的重视。著名经济学家吴敬琏回忆说：

> 据我所知，第一次正式重提这个问题，是在1978年7月至9月间讨论怎样加快现代化建设的国务院务虚会上。在"四人帮"覆灭以后，面临濒临崩溃的国民经济，许多经济学家批评了要求消灭商品货币关系的"左"的观点，提出应更多地发挥价值规律的作用。例如，已经平反的孙冶方重提"千规律，万规律，价值规律第一条"；曾长期担任经济工作领导人的资深经济学家薛暮桥提出应当为长途贩运平反，要利用市场活跃流通，等等。在这种情况下，当时的国务院副总理李先念在国务院务虚会上作总结时，提出了"计划经济与市场经济相结合"的口号。从李先念后来所作的说明看，这个口号显然是从陈云1956年的"三为主，三为辅"脱胎而

来的。①

计划经济与市场经济相结合，源于陈云在1956年中共八大期间提出的"三为主，三为辅"，或称"三个主体，三个补充"，即在工商业生产经营方面，国家经营和集体经营是主体，附有一定数量的个体经营作为补充；在生产计划性方面，计划生产是工农业生产的主体，按照市场变化而在国家计划许可的范围内的自由生产作为补充；在社会主义的统一市场里，国家市场是主体，附有一定范围内国家领导的自由市场作为补充。陈云的意见在八大决议中被采纳。但后来又被"左"的理论与实践所长期否定。1979年2月，李先念在国务院领导同志听取中国人民银行分行行长会议汇报时说："我同陈云同志谈，他同意，在计划经济前提下，搞点市场经济作补充"，"计划经济和市场经济结合，以计划经济为主，市场经济是补充。不是小补，而是大补"。②

与国务院务虚会议相衔接，9月5日至10月22日召开的全国计划工作会议，讨论制定了1979、1980两年的国民经济计划。会议第一次确定了经济上必须实行"三个转变"，即把主要注意力转到生产和技术革命上来；从不计较经济效果、不讲工作效率的官僚主义的管理制度和管理方法，转到按经济规律办事，把民主和集中很好地结合起来的科学管理的轨道上来；从不同资本主义国家进行经济技术交流的闭关自守或半闭关自守状态，转到积极地引进国外先进技术、利用外国资金、大胆地进入国际市场上来。

1978年的这个时刻，中共中央政治局内部已经就全党工作重心转移到现代化建设上来，达成了共识，准备召开中央工作会议和十一届三中全会，统一全党全国人民的认识。国务院务虚会虽然受"高速度"

① 黄黎：《国务院务虚会——十一届三中全会的准备》，《党史博采》2008年第11期。
② 《李先念传（1949—1992）》，中央文献出版社2009年版，第1069—1070页。

气候的影响，但在如何实现"四个现代化"的问题上，迈出了大胆探索的历史步伐，为后来全党实现工作重心的转移，实行改革开放，在理论上和实践上都起到了积极的推动作用。

邓小平 "敢" 字当头 "到处点火"

14

"我的家在东北松花江上，那里有森林煤矿，还有那满山遍野的大豆高粱；我的家在东北松花江上，那里有我的同胞，还有那衰老的爹娘……" 抗日战争时期，一曲《我的家在东北松花江上》，让千千万万中华儿女用血肉筑起新的长城，奋起抗日，奔向民族解放的战场。

"不到东北，你就不知道中国有多大。" 这句顺口溜，就足以说明东北的广袤、博大、美丽和富饶，还有地理和地位之重要。东北，就中国革命和社会主义建设来说，是福地。解放战争还没有开始时，中共中央和毛泽东主席就做出了 "向北发展，向南防御" 的战略决策，决定抢占东北。新中国成立后，东北成为重工业基地，为国家的发展做出了重大贡献。

1978年9月13日，邓小平来到了东北。这一天，他出访朝鲜回国没有直接返京，而是在东北三省停留了大约一个星期。这是他在出访之前就决定了的事情。前一天，邓小平在平壤与朝鲜劳动党中央委员会总书记、朝鲜国家主席金日成谈到了战争与和平问题。他说：我们希望22年不打仗，我们就可以实现"四个现代化"。在谈到引进技术发展经济问题时，他说：我们一定要以国际上先进的技术作为我们搞现代化的出发点。最近我们的同志出去看了一下，越看越感到我们落后。什么叫现代化？ 50年代一个样，60年代不一样了，70年代就更不一样了。

回到祖国，在这个马年，邓小平把东北转了一个遍。他走一路，讲一路，用他自己的话说是"到处点火"，播撒思想解放的火种。我们不妨先来看看他满满的行程：

——9月13日下午，邓小平在本溪车站接见有关单位负责人，发表简短讲话，即于当晚离开辽宁前往黑龙江大庆市，途中同前来迎接的黑龙江省委、大庆油田等负责人见面，并听取汇报。

——9月14日8时抵达大庆后，视察大庆油田研究设计院地质陈列室、采油六部喇二联合站、大庆展览馆、采油一部六排十七井、大庆油田机关。当天晚上抵达哈尔滨。

——9月15日上午，听取黑龙江省委负责人的汇报。晚上，抵达长春。

——9月16日上午，听取吉林省委负责人的汇报，并发表重要讲话。当晚离开长春抵达辽宁省沈阳市，立即同曾绍山谈工作调动问题。

——9月17日上午，听取辽宁省委负责人的汇报。下午，接见沈阳军区机关及军区师以上干部，并听取李德生、傅奎清的汇报。晚上9时30分，离开沈阳前往鞍山市。

——9月18日，抵达鞍山后，视察了鞍山钢铁公司炼铁厂，接着听取了鞍山市委、鞍山钢铁公司负责人的汇报。晚上离开鞍山。

——9月19日上午，抵达河北省唐山市。听完汇报后，又视察了唐山矿绞车房、新风井、液压综合采煤机修车间和正在施工中的开滦煤矿职工宿舍建设工地，还视察了唐山钢铁公司第二炼铁厂。下午离开唐山，前往天津。

——9月20日下午，视察天津黄纬路第二建筑公司二工区。视察后，于当晚乘专列回到北京，结束了为期八天的东北之行。

真的是马不停蹄啊！秋风送爽，金色遍地。东北大地，正是一个收获的季节。邓小平，这位74岁的老人，雄心满满，壮志凌云。这也是他人生金色的秋天，他将迎来的是属于他的"黄金时代"。

东北之行，邓小平听了各地汇报，但更多的是他自己在谈，滔滔不绝，不知疲倦，谈那些思虑已久的设想，似乎如鲠在喉，不吐不快。有人计算了一下，他在哈尔滨、长春、沈阳、鞍山发表的讲话，总计约有十万多字。真够出一本书了。

邓小平在东北为什么要讲这么多话呢？他都讲了什么话呢？

现在，我们来听一听，看一看——

在黑龙江，因为省委第一书记杨易辰率中国农业代表团去美国访问还没有回来，陪同邓小平视察的是时任黑龙江省委书记李力安。因为第一站就是参观大庆油田，邓小平首先讲到的就是企业管理和体制改革的话题。

在听取黑龙江省委的汇报后，对中国经济、政治体制的弊端有着深刻了解的邓小平，提出要解决上层建筑不适应新的要求的问题，首先就是解决体制问题。他大胆地指出：从总的状况来看，我们国家的体制，包括机构体制等，基本上是从苏联来的，人浮于事，机构重叠，官僚主义发展。"文化大革命"以前就这样。一件事管的人多了，转圈子。他还举例说：大庆要进口一件什么设备，本来经过党委就可以解决，就是转圈子定不下来，拖了一年。有好多体制问题要重新考虑。

针对大庆管理中存在的问题，邓小平说：现在要加强基层企业的权力。过去讲发挥两个积极性，无非是中央和省、市，现在不够了，现在要扩大到基层厂矿。比如大庆，它引进的工厂，从头至尾应该由大庆自己负责。派人考察，同外国人来往，签订合同，每件技术怎么引进，怎么学会，都应该由大庆这个企业负责。引进的项目，要按人家定额办，就是要达到人家的定额标准。从德国引进一套5000万吨生产能力的煤矿设备，完全自动化，他们用900人。我说我们只加一个党委书记，901人，他们说少了，我说加三个人，否则落后，人多了打架，而且搞得管理混乱。我们自己并不是没有好的经验。蒋南翔当高教部部长兼清华大学校长时，从校党委、总支到支部，党委专职人员只有七个，剩下的就是教学、科研人员，他们懂行，也是共产党员。清华办得很好，学生也多，一万二三千，

1978年9月16日，邓小平在长春接见吉林省各级领导干部。

出来的学生水平高，受欢迎。

到了长春，邓小平再次指出：在引进了先进技术设备后，一定要按照国际先进的管理方法，按照经济规律来管理。要革命，不要改良，不要修修补补。要提倡、教育所有的干部独立思考，不合理的东西可以大胆改革。现在我们的上层建筑非改不行。

在鞍山，邓小平再次提出解决体制、增加地方权力的问题。他说："要加大地方的权力，特别是企业的权力。企业要有主动权、机动权，如用人多少，要增加点什么、减少点什么，应该有权处理。企业应该有点外汇，自己可以订货，可以同国外交流技术。有些事情，办起来老是转圈，要经过省、部、国家计委，就太慢了。"他强调，以后既要考虑给企业的干部权力，也要对他们进行考核，要讲责任制，迫使大家想问题。

李力安回忆说："小平同志语重心长地说，要加强党委的领导，党委要改进领导，党委领导搞不好就变成障碍，官僚主义发展了，这是一个很大的问题。总之，现在有一系列问题提到我们党委面前，首先是上层建筑同我们现在的基础不适应，水平太低。必须懂得这一点，懂得这一点就有希望。凡是老企业要逐步改造，逐步把上层建筑改造好。以那些改造好的作为样板，搞几百个样板，改造我们的企业。"[1]

长春南湖宾馆坐落在南湖湖畔的幽林深处，是座秋林环抱的漂亮建筑。作为吉林省"迎宾馆"，1978年9月16日，它一改往常的寂静，变得喧闹起来。

"上午9点，小平迈着矫健的步伐，在热烈的掌声中步入会场。从1966年到1978年，整整12年我们没有见面了，这次见面真是百感交集，我紧紧握着小平同志的手，一时说不出话来。小平同志饱含

---

① 李力安：《回忆1978年邓小平同志视察黑龙江时关于改革的谈话》，《瞭望》1999年第3期。

感情地点了一下头……"时任吉林省委第一书记王恩茂回忆说，"这是他第三次复出，也是第三次踏上吉林这片土地，并在这里点燃工作重心转移的第一把火。"

第一把火？是什么火呢？

听完王恩茂接近两个小时的工作汇报后，邓小平向会场全体人员挥了挥手，打招呼致意。随后，他就发表了长达一个半小时的讲话。他从实事求是讲起：

> 现在摆在我们面前的问题，关键还是实事求是、理论与实际相结合、一切从实际出发。这是政治问题，是思想问题，也是我们实现四个现代化的现实问题。一切从实际出发，我们的事业才有希望。理论联系实际，就是从实际出发，把实践经验加以概括。不论搞农业，搞工业，搞科学研究，搞现代化，都要实事求是，老老实实。学大庆、学大寨要实事求是，学他们的基本经验，如大寨的苦干精神、科学态度。大寨有些东西不能学，也不可学。比如评工计分，它一年搞一次，全国其他人民公社、大队就不可能这样做。取消集贸市场也不能学。自留地完全取消也不能学。小自由完全没有了也不能学。全国调整农业经济政策，好多地方要恢复小自由，这也是实事求是。所有在一个县工作、在一个公社工作的同志，都要根据一个县、一个公社的条件，在大队工作的同志也要根据一个大队的条件，搞好工作。要鼓励哪怕一个生产大队、一个生产队都要好好思考，根据自己的条件思考怎样提高单位面积产量，提高总产量，还有技术方面、多种经营方面，哪些该搞的还没有搞，怎么搞。这样，发展就快了。搞得好的，国家不要挖它的，而且要给予奖励。这样鼓励它提高技术水平、管理水平，提高生产能力。

总之，实事求是，从实际出发，因地制宜。

多少年来，就是"文化大革命"以前，我们的脑筋开动得也不够，这些年来思想僵化了。企业管理，过去是苏联那一套，没有跳出那个圈子。那时候，苏联企业管理水平比资本主义国家落后得多，后来我们学了那个东西，有了那个东西比没有好。但现在连那个落后的东西也丢掉了，一片混乱。现在要使所有的人开动脑筋，哪怕管理一个街道工厂，也要自己开动脑筋，敢于思考怎么样使生产增加，产品质量提高，成本降低，原材料消耗少，产品价格不断降低。不管大中小企业，搞得好的要奖励，不能搞平均主义，要鼓励先进。

实践是检验真理的唯一标准，这是马克思主义，是毛主席经常讲的。毛主席总是要提倡开动脑筋，开动机器。林彪、"四人帮"把我们的思想搞僵化了。思想僵化，就不可能实现四个现代化。实事求是很不简单，不是一个小问题，所有的人开动脑筋，就有希望。①

"一切从实际出发，破除现代迷信，坚持实事求是的精神"，这后来被政治观察家们评论为这次邓小平东北之行谈话的核心。其实，这部关于还原改革开放历史元年原点的书写到这里，已经不止一次地甚至重复多次地重述了邓小平关于实事求是的论述，而实际上，从邓小平1977年第三次复出开始，实事求是就成了他此后政治生涯的关键词。

1978年夏天以来，围绕着对待毛泽东思想是"高举"还是"砍旗"的争论，中国思想理论界已经被搅得沸沸扬扬，把领导层的思想路

---

① 《邓小平年谱（1975—1997）》（上），中央文献出版社2004年版，第378—379页。

线的交锋也卷入其中。在6月份举行的全军政治工作会议上，邓小平围绕实事求是问题的讲话，实际上已经为这场斗争树立了一面思想的旗帜。就如何对待毛泽东的讲话、如何对待毛泽东思想的问题，邓小平一针见血地说："怎么样高举毛泽东思想旗帜，是个大问题。现在党内外、国内外很多人都赞成高举毛泽东思想旗帜。什么叫高举？怎么样高举？大家知道，有一种议论，叫作'两个凡是'，不是很出名吗？凡是毛泽东同志圈阅的文件都不能动，凡是毛泽东同志做过的、说过的都不能动。这是不是叫高举毛泽东思想的旗帜呢？不是！这样搞下去，要损害毛泽东思想。"

在吉林，邓小平罕见地第一次公开批判了"两个凡是"，用马克思主义的历史唯物主义和辩证法把"真高举"和"假高举"加以分析和区别，把"真高举"的旗帜夺了回来。他尖锐地批判了思想僵化。他大声疾呼：要开动脑筋，不开动脑筋，就没有实事求是；不开动脑筋，就不能分析自己的情况，就不能从实际出发提出问题、解决问题。大大小小的干部都要实事求是，开动脑筋，不要头脑僵化，不要当懒汉，要来一个革命。

邓小平酣畅淋漓的讲话，确实一下子"促进了人们思想的大解放，过去有些不敢想的问题，现在敢想了；过去不敢讲的问题，现在敢讲了。这就为后来召开十一届三中全会打下了一个很好的思想基础，为实现伟大的转折点燃了光明之火"。王恩茂如是解释了他所说的这"第一把火"。

在吉林，邓小平还饱含深情地讲了要大力发展社会生产力。邓小平是一位不轻易在公开场合动感情的人，毛泽东送给他的一个外号就是"钢铁公司"。但他又确实是"绵里藏针，柔中寓刚"，在"为人民服务"这个共产党人的根本宗旨上，他就动了感情。这次东北之行，他多次情绪激动地说出这样的话：

我们太穷了，太落后了，老实说对不起人民。我们的人民太好了。外国人议论，中国人究竟还能忍耐多久，很值得我们注意。我们现在必须发展生产力，改善人民生活条件。中国人民确实好，房子少，几代人住在一个房子里，究竟能忍耐多久。我们要想一想，我们给人民究竟做了多少事情呢？

无法想象，邓小平在说这些话的时候，他自己究竟是什么样的一种心情和心境。我想，对于国家的落后、人民的贫穷，他或许也充满了深深的自责和愧疚。而这种自责和愧疚，正是中国共产党人的担当和情怀。

发展生产力，提高人民的生活水平，是粉碎"四人帮"后中共中央和中国政府面临的当务之急，在这个问题上，邓小平思考了很久，也非常成熟。他把自己对人民具体的、厚重的感情，上升到社会主义原则、目标和共产党人的宗旨、使命的高度。正是这种理性的思考，使得他超越了"两个凡是"肤浅的认知，掌握了坚持真理的话语权和带领人民前进的领导权。他说：

我们是社会主义国家，社会主义制度优越性的根本体现，就是允许社会生产力以旧社会所没有的速度迅速发展，使人民不断增长的物质文化需要能够逐步得到满足。按照历史唯物主义的观点来讲，正确的政治领导的成果，归根结底要表现在社会生产力的发展上，人民物质文化生活的改善上。如果在一个很长的历史时期内，社会主义国家生产力发展的速度比资本主义国家慢，还谈什么优越性？我们一定要根据现在的有利条件加速发展生产力，使人民的物质生活好一些，使人民的文化生活、精神面貌好一些。

亲耳聆听邓小平讲话的王恩茂，后来回忆当时的场景说："小平同志讲，社会主义的优越性最重要地表现在社会主义生产力的发展上，人民生活水平的提高上，如果我们国家生产力水平老是很低，人民物质文化水平老是很低，我们就对不起人民。'四人帮'叫嚷要搞穷社会主义、搞穷共产主义，胡说共产主义主要是表现在精神方面的，简直是荒谬至极！1978年，我国工人的月工资只有45元，农村广大地区还处在贫困状态，这叫什么社会主义优越性？所以还是横下一条心来，以经济建设为中心，集中力量一心一意搞经济建设。小平同志说出了与会同志的心声，会场上当即响起了阵阵热烈的掌声。"

9月15日，黑龙江省委书记李力安介绍七八月份工业生产下降，有原料问题，也有按劳分配方面的问题时，邓小平强调说：按劳分配政策值得研究。不能搞平均主义，平均主义害处太大了。要把按劳分配原则落到实处，就要实行奖励制度。对管理好的企业，为国家贡献大的人给予奖励，工资水平要高一些，当前差别不能太大，但是集体福利要多一些，以刺激技术的提高、管理水平的提高。

这次东北之行，邓小平把贯彻按劳分配原则同培养技术工人和以消费促进生产联系了起来。他说：提高工资水平，现在可以从改造好的企业做起，现在全国拿工资的职工一亿人，设想到1985年有2000万人平均工资到80元，起码四级工六七十元一个月。更多的是五级、六级、七级、八级，这样平均可以到80元。现代化技术水平可不简单，没有一点科学知识、科学技术不行。如果平均工资达到80元，技术水平至少平均达到六级。工厂的工作就不会差。

谈到这里，邓小平还列举大庆萨尔图仓库的"活账本"齐莉莉和她的徒弟、一年前刚刚进厂的新工人曹新云的例子，称赞道：很好，现在恐怕只有40元钱一个月，她尽管年轻，应该定八级工，至少要定七级。这样鼓励人们学习、向上，这样按劳分配，他们的收入多，给国家的贡献更大。马克思主义讲供求关系。2000万人平均80元，他们收入高一些，就要求吃得好一些，穿得好一些，住房也要宽一些。总之，生活条件要好一些。反过来就推动其他行业的发展，增加了工业、商业的市场。分配政策值得研究，不能搞平均主义。

9月20日，在听取天津市委第一书记林乎加的汇报时，邓小平指出："过去不能碰'禁区'，谁独立思考就好像是同毛主席对着干。实际上毛主席是真正讲实事求是的。我们过去吃大锅饭，鼓励懒汉，包括思想懒汉，管理水平、生活水平都提不高。现在不能搞平均主义。毛主席讲过先让一部分人富裕起来"，"好的管理人员也应该待遇提高一点，鼓励大家想办法。不合格的管理人员要刷下来。工资总额、劳动定额不能突破，这样自己调剂的能力是没有的"。

在这里，邓小平第一次提出了让一部分地区、一部分人先富裕起来的思路。他指出：在经济政策上，要允许一部分地区、一部分企业、一部分工人农民，由于辛勤努力、成绩大而收入多一些，生活先好起来，就必然产生极大的示范力量，影响左邻右舍，带动其他地区、其他单位的人们向他们学习。这样，就会使整个国民经济不断地波浪式地向前发展，使全国各族人民都能比较快地富裕起来……这是一个大政策，一个能影响和带动整个国民经济的政策。此后，邓小平又在多种公开场合强调，允许一部分地区、一部分人先富起来，以先富带动后富，最后达到共同富裕。不难想象，在一个平均主义盛行、视富裕为资本主义罪恶深渊的年代里，"让一部分人先富起来"的声音无疑是石破天惊的，由此产生的社会影响广泛而深刻。

15

东北之行的时刻，邓小平还没有达到他人生辉煌的顶点，也还没成为中共第二代领导集体的核心，他一路的讲话虽然还不能说是一言九鼎，但无疑具有极强的分量和影响力。他言人所不敢言，为人所不敢为，讲话充满着"敢"字当头的精神。他说，不合理的东西可以大胆改革；有些事情，过去不敢搞，现在可以搞，敢于闯敢于创；对于落后的东西，要革命，不要改良，不要修修补补。这正是一个大国领导人正视国家现状、敢于创新的理论勇气、实践担当和伟大胸怀，其背后正是一个伟大政治家、革命家、思想家的治国哲学。

东北是中国的工业基地，如何提高技术水平和管理水平，如何向西方学习先进技术和管理经验，这是邓小平特别关心的问题。因此，他大力宣传向西方学习，搞好教育和科学研究。

在大庆视察，邓小平问道："你们有没有计算机？"

"有！"

"每天开机几个小时？"

"两个小时。"

"那不同算盘差不多了。花那么多钱做什么。"听到每天只开两个小时，邓小平很不满意，"你们要把计算机设备利用起来。"

随后，在汇报会上，邓小平就计算机问题再次强调："计算中心要统一规划。从大到小，大大小小配套起来，形成一个网，像电网一样。必须保证每天工作24小时，谁用谁出钱。"

我的天啊！这是1978年的9月15日，邓小平当时就讲到了计算机要"形成一个网"，他完全有资格跻身世界"互联网"概念最早的发明者的荣誉殿堂。要知道，现在享有"互联网之父"的有三位科学家，其中，英国的蒂姆·伯纳斯·李1989年3月才正式提出万维网的设想，1990年12月在日内瓦的欧洲粒子物理实验室里开发出了世界上第一个网页浏览器。美国的温顿·瑟夫是互联网基础协议——TCP/IP协议和互联网架构的联合设计者之一、谷歌全球副总裁、Internet互联网奠基人之一，他在20世纪70年代曾参与互联网的早期开发与建设。美国的罗伯特·卡恩也是TCP/IP协议的合作发明者，同时是互联网雏形Arpanet网络系统设计者，1992年创立了"信息高速公路"。

更何况在这个时候，邓小平只是在这年1月份访问了缅甸、在2月份访问了尼泊尔，然后就是刚刚结束对朝鲜的访问，还要等一个月以后他才去访问日本，感受他所说的"我懂得什么是现代化了"。

在黑龙江，邓小平说：我们决心下了，体制改革得比较适应，行动比较快，有效率了，剩下的就是技术水平、管理水平问题。一个企业管理得好不好大不一样。管理也是技术。我们不注意管理。我们搞了好多年工业的同志，并不等于会管理，这个还得学呀！实现"四个现代化"，现在中央下了决心，要大量吸收国外资金，引进新的技术、新的设备。恐怕要有几百、上千个项目。问题是这些东西来了我们会不会管，我们能不能掌握，靠我们的本事。武钢1.7米轧机，是德国、日本的最新技术，现在搁在那儿不会管，逼迫我们要留一点外国技术人员，包括技术工人。现在日本工业要高中毕业生当工人，没有高中文化不行。我们技术落后，要从头学起，要大量培训年轻干部和技术工人，我相信，我们总会自己培养出合格的人才的。

视察中，对那些产品质次价高，不适合市场需要，大量积压而还在生产的工厂，邓小平毫不含糊地说："这种厂子要停，要坚决停产，不要造成更大的损失。干部、工人可以工资照发，组织学习，以提高技术水平和管理水平。"

9月18日，邓小平来到鞍钢。这是他第五次来鞍钢视察。鞍山市委第一书记兼鞍钢党委书记沈越和鞍钢经理马宾打算让邓小平先听听汇报，好好休息一下。邓小平连连摆手说："我要下去看看！"在当时全国最大的高炉——鞍钢七号高炉旁边，在扑面而来的炉体释放的滚滚热浪中，邓小平和工厂技术人员一起，谈技术改造。

邓小平关切地问道："厂里现在有几座高炉？年产量多少？"

"现在有十座高炉，年产量640万吨规模。"炼铁厂厂长夏云志回答说。

"哪座最大？"

"就是这座。"夏云志指着旁边的七号高炉回答，"容积是2580立方米。是由两座小的改建的。我们准备通过改造，把十座改成六座大的。"

"你们打算怎么改？"

"利用高炉检修期改造，原来的七号、八号高炉就是这样改的。我们的原则是不停产、不减产，还要搞改造！"

听到这儿，邓小平赞许地说："这样好！改造不减产，老企业大有希望嘛！"

随后，邓小平又向夏云志询问了工人的工作生活情况，在得到满意的回答后，他意味深长地说："你们搞改造、搞生产，不容易，不简单啊！"说完，又对沈越等鞍钢领导叮嘱说："要爱护职工的积极性和创造性，一定要把炼铁这个环节抓好。"

回到会议室，在听取鞍钢关于技术改造情况的汇报后，邓小平说："现在摆在我们面前的问题，就是鞍钢如何改造。许多工作从现在就要着手，如培训工人、干部，不然许多外国技术不能掌握。要到美国、日本考察，要引进外国的先进技术，即使是国内配套也必须是先进水平。鞍钢改造，要革命，不要改良，要以70年代最先进水平为起点，采用当代世界先进的技术、设备、工艺改造和建设鞍钢，使鞍钢成为老企业改造的样板。"

在鞍钢，邓小平还直截了当地告诉他们："你们这个地方两万多行政人员，怎么能用这么多？日本生产600万吨钢，行政人员只有600人，你们行政人员2.3万人，这个数字肯定不合理。一定要破，要下这个决心。"

在本溪停留期间，市委书记罗定枫对本钢经验做了介绍之后，邓小平说："不要自满，现在要比国外水平。"

坐在一旁的辽宁省委第二书记任仲夷说："本溪搞得还是不错的。"

邓小平说："在国内你们不错，与国外发达国家比，你们还是落后的。我们应当去看看人家是怎样搞的。"

在长春，王恩茂汇报吉林财政收入时说情况不错。邓小平也没有给予表扬，只是说："全国财政情况都不错，但这不能反映我们的本质，一不反映我们的技术水平提高多少，二不反映我们的管理水平提高多少。"

或许你会觉得邓小平这么做是在求全责备，吹毛求疵，其实不是这样的。他对中国社会经济发展中的一些深层次的问题，有着异乎寻常的洞察和思考，包括政坛和官场。他不太相信那些表面的、虚夸出来的成绩，也毫不掩饰对当时国内低下的经济技术水平的不满。他说：一个企业，一两年没有变化，亏损照样亏损，这种干部不能用；本来应该增产，你几年不增产，证明你不行嘛；为什么轻工业发展不上去，你的产品质量太差，你的产品质量为什么赶不上上海，为什么都要上海牙膏，你可以学嘛。

1978年的邓小平，有一种深深的危机感和忧患意识，甚至有着迫不及待、时不我待的心情。他感到，西方国家在科技教育、管理水平、劳动生产率等方面已经把中国远远地甩在了后面，中国若不面对现实，放下架子虚心学习，四个现代化只能是一句空话。所以，从哈尔滨一直到天津，他一路走，一路说，不厌其烦，诲人不倦，大会小会，逢会必讲西方科技和管理的先进。他从欧洲矿业企业的人均劳动生产率讲到美国的科研机制，从法国的现代化养鸡场讲到南斯拉夫的农业联合体，从人的文化素质讲到企业管理中的安全与卫生。他甚至谈到了西方企业管理中的心理学。他说，资本主义讲心理学不是完全没有道理的，一个人能把自己管理的地方搞得干干净净，表明他非常负责。在沈阳，他参照美国的经验讲起了农业国家的发展道路。他说：本世纪末，美国的社会构成，25%的工人，4%的农业人口，它还要保持现在这样多的农产品，还要出口，70%的人都搞服务行业。[①]由此可见，邓小平真是做足了功课。他开阔的眼界与他热爱学习是分不开的。

昔日北大荒，今日北大仓。东北三省是中国的大粮仓。粉碎"四人帮"后，中国的农村依然处于贫困状态。如何解决农业、农村、农民问题，解决人们吃饭的问题，同样令邓小平心急如焚。他说：中国农业的发展方向最终是要工业化、产业化。

在黑龙江，针对国营农场的具体情况，邓小平指出：全国搞机械化，我总是提倡一个地区一个地区地打歼灭战，你们黑龙江应该是第一个。黑龙江土地面积大，土质好，尽管无霜期短，要搞机械化，包括打井喷灌。不要花那么大精力搞平整土地。农场不仅搞粮食，还要变成工农联合企业。基础的搞农业加工，农业的技术改造。农场可以搞种子基地、种子公司。国家收购农场的种子，供应其他地方，价格可以高一点。农场可以搞肥料工厂，养鸡、养猪，搞复合肥料。也可以搞工业品饲料，比如按鸡的大小配料，小鸡吃什么，半大鸡吃什么，大鸡吃什么，按科学配方。有了饲料工业，可以搞大养鸡场、大养猪场、大养牛场。然后再加工，蛋品的加工，肉食的加工，奶制品的加工，加工以后再卖出去。蔬菜基地也要工业化，

---

① 王宁：《邓小平1978年东北之行》，《党的文献》1999年第2期。

可以搞脱水的工厂，就地脱水，保管起来，容易包装，容易运输，损耗低。搞工农联合企业，门路多得很，潜力非常大。不但国营农场要搞，各个大的城市周围都要选那么一些乡镇来搞。

在辽宁，当听到粮食征购任务重，相当一部分农民吃"探头粮"，农村政策落实得不够时，邓小平一针见血地指出："浮夸风害死人哪！一定要把农场政策落实好，政策落实好了，积极性就调动起来了。现在农业机械质量不高，成本高，化肥也贵，农民买不起。农民增产不增收，这是全国普遍性的问题。"

毛泽东曾说，读邓小平的报告有一种吃冰糖葫芦的感觉。邓小平讲话，从不引经据典，从不卖弄文采，全是大白话。但听起来，大道理管着小道理，小道理服务大道理，就是实用管用。

邓小平在东北考察的日子里，一直陪伴左右的还有他在二野时的老部下，时任沈阳军区司令员李德生。9月17日，邓小平在听取李德生的工作汇报后，说："我是到处点火，在这里点了一把火，在广州点了一把火，在成都也点了一把火。"邓小平说他在广州点了一把火，是指他1977年11月与叶剑英接见解放军和地方干部时，要求他们搞活广东经济；在成都点了一把火，是指他1978年2月出访缅甸回来，在成都与四川省领导讨论农村和城市改革问题。那时候，在他的家乡四川，农民养三只鸭子是社会主义，而养五只鸭子就成了资本主义。对此，邓小平非常恼火，嘲笑这种抱着僵化教条不改的人应该开开窍，他说贫穷不是社会主义。

在军队，邓小平对结束揭批"四人帮"运动提出了自己的看法。因为这个运动在全国已经开展了两年，取得了相当大的成绩。他说："批林彪也好，批'四人帮'也好，怎样才叫搞好了，要有几条标准。第一，也是最主要的，是恢复我们军队的传统。我们的传统就是老老实实，说通俗一点，就是不看风使舵，不投机取巧，忠诚老实，忠于党，忠于人民，忠于社会主义。第二，消除派性，根除派性的影响。林彪、'四人帮'把军队搞分裂了，派性侵入部队，把思想搞乱，把组织搞分裂了。第三，现在军队在地方、在人民中的印象改变了，名誉坏了。什么时候地方和老百姓看军队像老八路，像老红军，这样就行了。第四，遵守纪律，一切行动听指挥。第五，干部队伍整顿好，同'四人帮'有牵连的人和事要搞清楚。对搞运动，你们可以研究，什么叫底？永远没有彻底的事。上述问题的解决，也不能只是靠运动，还要靠日常教育，靠干部的领导。通过运动把班子搞好，把作风搞好，有半年时间就可以了。运动不能搞得时间过长，过长就厌倦了。不痛不痒，没有目的，搞成形式主义，这也不行。也不能一个号令，一天结束。究竟搞多久，你们研究。有的单位，搞得差不多了，就可以结束，可以抓训练，可以组织学习科学知识。多学些科学知识，就是转到地方，也便于工作。提拔干部，要注意人的品质，注意思想，宁肯笨点，朴实一点，不要只看他会说会写。一定要注意干部路线。作为运动搞好的标准，就是以上五条。这是我今天第一次提出来的。"[1]

的确，最早提出适时结束揭批"四人帮"运动的正是邓小平。一个月后，他在全国工会九大上致辞说：揭批"四人帮"的斗争，"在全国广大范围内已经取得决定性的胜利，我们已经能够在这一胜利的基础上开始新的战斗任务"。

新的战斗任务是什么呢？

1982年9月18日，邓小平在陪同金日成去他的家乡四川访问途中，回忆起四年前访问朝鲜归国后的东北之行，很有获得感地说道："我在东北三省到处说，要一心一意搞建设。国家这么大，这么穷，不努力发展生产，日子怎么过？我们人民的生活如此困难，怎么体现出社会主义的优越性？'四人帮'叫嚷要搞'穷社会主义''穷共

---

① 《邓小平年谱（1975—1997）》（上），中央文献出版社2004年版，第382—383页。

产主义',胡说共产主义主要是精神方面的,简直是荒谬至极!我们说,社会主义是共产主义的第一阶段。落后国家建设社会主义,在开始的一段很长时间内生产力水平不如发达资本主义国家,不可能消灭贫穷。所以,社会主义必须大力发展生产力,逐步消灭贫穷,不断提高人民的生活水平。否则,社会主义怎么能战胜资本主义?到了第二阶段,即共产主义高级阶段,经济高度发展,物资极大丰富了,才能做到各尽所能,按需分配。不努力搞生产,经济如何发展?社会主义、共产主义的优越性如何体现?我们干革命几十年,搞社会主义三十多年,截至一九七八年,工人的月平均工资只有四五十元,农村的大多数地区仍处于贫困状态。这叫什么社会主义优越性?因此,我强调提出,要迅速地坚决地把工作重点转移到经济建设上来。十一届三中全会解决了这个问题,这是一个重要的转折。从以后的实践来看,这条路线是对的,全国面貌大不相同了。从十一届三中全会到十二大,我们打开了一条一心一意搞建设的新路。"①

——这就是1978年的中国,这就是那个正在面临伟大转折的中国,她正在迎接改变自己命运的时刻!

1930年,毛泽东在红军生死存亡的关键时刻,写下了《星星之火,可以燎原》。胡耀邦说,邓小平1978年的东北之行也点燃了将使中国发生巨变的星星之火。古人云:"若火之燎于原,不可向迩,其犹可扑灭?"

---

① 《邓小平文选》第三卷,人民出版社1993年版,第10—11页。

万里走"独木桥"·18枚红手印

16

中国的改革，是从农村开始的。

农村改革，最早又是从安徽开始的。

为什么呢？先来听听这首民谣——

> 粮食垛子堆上天，累得老汉腰腿酸。
> 摘朵白云擦擦汗，凑着太阳抽袋烟。

这首在60年前的1958年曾经在我的家乡安徽闻名遐迩的民谣，现在早已被人们遗忘。1971年出生的我，记得在童年时代曾经懵懵懂懂地听大人们说起过。这首浮夸风的代表作，用一个疯狂的大幻想把中国农村千千万万的农民带进了一个大饥荒的年代，本来就自给自足的农业一下子陷入了"三分天灾，七分人祸"的大危机。

1958年，那也是共和国历史上一个极不寻常的时期，以毛泽东为代表的中国共产党人，胸怀"落后就要挨打"的忧患意识、"开除'球籍'"的危机感和"尽早改变我国落后面貌"的强烈愿望，用"多少事，从来急；天地转，光阴迫。一万年太久，只争朝夕"的豪迈气概，带领全党和全国人民接连干了几件震撼世界的大事，高举建设社会主义的"总路线""大跃进""人民公社"这"三面红旗"，辽阔的祖国大地到处是"一马当先，万马奔腾，大干快变，赶英超美"的壮阔场面。愿望是美好的，决心也是美好的，然而决策的缺陷与实际执行的巨大偏差，不但没有使这场运动达到预期的效果，反而造成了巨大的灾难性后果——全国范围内经济生活出现严重困难，各项建设难以为继，国民经济几乎到了崩溃的边缘。

为什么？

"三面红旗"过去60年了，回头看，就是犯了盲目冒进的错误。"总路线"在经济建设指导思想上盲目冒进，"大跃进"在生产力发展上盲目冒进，"人民公社"在生产关系和社会制度变革上盲目冒进。一句话：违背了客观规律。

在那个年代，安徽成为"三面红旗"指挥下受"左"倾错误折腾的重灾区。"大跃进"造成了"大破坏"，"人民公社"不仅没有架起一步登天的"天梯"，"五风"（"共产风""浮夸风""强迫命令风""生产瞎指挥风""干部特殊化风"）还把江淮大地千千万万个农村的农民刮得食不果腹、衣不蔽体，重新挎起了讨饭的破篮子。

1976年粉碎"四人帮"后，"两个凡是"出笼，安徽继续推行"农业学大寨运动"，在"阶级斗争为纲"的指导下，农业生产无法摆脱低水平徘徊的困境，广大农民的希望再一次落空。到了1977年，全省287238个生产队，只有10%能维持温饱，67%的生产队人均收入低于60元，40元以下的约占25%。大部分农民吃不饱，穿不暖，有些仍在饥饿线上挣扎。作为那个年代的亲历者，我出生的那个名叫丁家一屋的小村庄，位于安徽安庆怀宁县西部，贫穷，偏僻，落后。1977年，我6岁，虽然少不更事，但对饥饿的认识还是特别强烈，吃山芋叶、山芋渣、糠粑，一日两餐，10岁前几乎没有穿过新衣服。上了中学以后，隔壁邻居家的老奶奶总是跟我说："你妈妈生你的时候，就是喝一碗荞麦糊糊。"

穷则思变。中国农村的出路何在？

就在这个时候，万里来到了安徽，出任省委第一书记。行前，华国锋、叶剑英、邓小平找他谈话，对他扭转安徽的严峻局面寄予厚望。中共中央对安徽省委的改组，掀开了"四人帮"代理人捂了八个多月的盖子，排除派性干扰，一下子改变了安徽的面貌。

出生于山东东平的万里，1936年加入中国共产党，上过师范，当过县委书记和地委书记。动乱年代，在邓小平主持中央工作的1975年整顿期间，他临危受命出任铁道部部长，以创造性的工作制定了一套新的决策机制，扭转了铁路交通的混乱局面，得到了"安

首都群众在天安门广场举行集会和游行，庆祝粉碎"四人帮"。

全正点万里行"的赞誉。但随着"批邓、反击右倾翻案风"的开展，邓小平"靠边站"之后，他也被罢官卸职，惨遭迫害，腿部患了严重的脉管炎，左小腿比右小腿粗一寸多。1977年6月，他再次受命于危难之际，来到江淮大地，解决"四人帮"留下的烂摊子。

没有调查，就没有发言权。一到安徽，万里就坐不住了。安徽是农业大省，他在短短三个月里，就跑遍了十几个地区的县、市、工矿和农村，他要去看农村，去看农民。医生"警告"他千万不要过度疲劳，但他越走越觉得对不住农民了，他拖着病腿越走越有劲。三千里路云和月，他震惊了，他愤怒了，他流泪了……

民以食为天。现在的天，真的塌下来了。

这天，他来到了金寨县。金寨是革命老区，全国著名的将军县之一。躲在大别山的皱褶里，金寨哪里能找到一点儿金色呢，一片萧条冷落，凄凄惨惨戚戚。汽车驶进了斑竹园公社和燕子河公社交界的深山区，万里下了车，来到一户农民家里，见到了蹲在锅灶口的一位老人和两个姑娘。他走上前，亲热地同他们打起招呼："老大爷好！"

老人没有动窝。

"老大爷……"

老人木然地坐在那里，依然没有动。

万里很纳闷。

陪同的人走上前告诉老人，这是新来的省委第一书记，老人才缓缓地站立起来。就在这时，万里惊呆了——老人家竟然没有穿裤子，光着下身。

他又招呼那两位姑娘，姑娘也不肯移动半步。陪同的人说："别叫了，她们也没裤子，天气太冷，就坐在锅灶口取暖呢！"

一瞬间，万里鼻子一酸，泪水溢出了眼眶。

这天中午，万里没有吃饭。他吃不下饭哪！他感慨万千地说："我们革命这么多年了，老百姓穷得连裤子都穿不上……"

走基层的这些日子，万里访贫问苦，看到安徽农村的问题比他想象的要严重得多，比城市的问题要严重得多。在不少村庄，他看见老红军和红军烈士家属过的生活牛马不如，看到房子是土的，门是土的，甚至连睡的床、吃饭的桌、坐的凳子也都是土的，一根横在墙上的竹竿就可以放下全家的衣物。农民不仅吃不饱，有的家庭竟然全家人轮流穿一条裤子。还有一个五口之家，有夫妻俩和三个孩子，但进屋后始终没有发现孩子。在万里的再三要求下，他们只好掀开锅盖，两个小孩蜷着身子依偎在锅里取暖。他还看见，一个年迈的老人，在几乎空无所有的茅棚里，光身子裹着一件已经破得掉渣的棉袄，米缸已经露出了底；他还看见，铁路线上，成群结队的农民拖儿带女在凛冽的寒风中扒火车外流；他还看见，沿途都是低矮的草房，有七口之家只有一床被子，全部家当加起来不过30元，一根棍子就可以把这个家挑走……

在阜阳地区，正值年关，万里亲眼看见许多农民家里没有白面，吃不上一顿饺子，颇为难过地对随行人员说："我的老家山东东平县离这儿不远，在我们那里，即使在解放前，再穷的人过年也要设法吃一顿饺子。我们怎么能让农民过年的时候吃不上饺子呢？"

万里遇见一位青年农民，问他有什么要求。这位农民拍拍自己的肚子说："没有别的要求，只要填饱肚子就行了！"万里觉得这个要求有点太低了，接着问他是不是还有别的要求。这位青年再次拍拍自己的肚子，说："里面少装点山芋干子。"

离开后，万里告诉随行人员说：农民的要求并不高，这是最起码的要求，可是我们连农民这点最起码的要求，都没有满足他们！

几个月过去了，万里没有开大会，也没有发通知，更没有喊口号。他就用自己的脚步丈量着江淮大地，丈量着人心。多年后，他回忆说："我这个长期在城市工作的干部，虽然不能说对农村的贫困毫无所闻，但是到农村一接触，还是非常受刺激。原来农民的生活水平这么低。吃不饱，穿不暖，住的房子不像个房子，淮北、皖东有些穷村，门和窗子都是泥坯做的，甚至连桌子、凳子都是泥坯做的，找不到一件木制的家具，真是家徒四壁。我真没有料到，解放几十年了，不少农村还这么穷！我不能不问自己，这是什么原因？这能算社会主义吗？人民公社是上了宪法的，不能乱说，但我心里已经认定，看来从安徽的实际情况出发，最重要的是怎样调动农民的积极性，否则连肚子也吃不饱，一切都无从谈起。"①

那么如何摆脱困境？又从哪里着手呢？

万里认为：农业靠的是两只手，而人的思想又支配着两只手，只要思想积极了，两只手也就勤快了。所以，调动农民的积极性，一靠领导，二靠政策。

就在这时，万里收到了滁县地委给安徽省委的一份报告。报告的题目叫《关于落实党的农村经济政策的调查情况和今后的意见》，报告是滁县地委组织300多名干部深入全地区400多个生产队调查后起草的。

这些年，"假大空"地喊口号、报喜不报忧的报告很多，万里非常厌恶搞这种玩文字游戏的做法。但这份报告，万里看了，陷入了沉思。报告反映说："四人帮"及其在安徽的代理人歪曲篡改党的社会主义经济政策，竭力散布"只要路线对头，不怕政策过头"的谬论，把按劳分配的原则污蔑为"强化资产阶级法权"，把经营少量自留地和养猪养鸡污蔑为"给资本主义供氧输血"，把合理的规章制度污蔑为"修正主义的管、卡、压"等，把人们的思想搞乱了，弄得老干部不敢讲政策，新干部不学习政策，讨论部署工作不研究政策，检查生产不过问政策，以致经营管理混乱，社员负担过重，多劳不多得，增产不增收，广大群众的积极性严重受挫。

---

① 张广友、韩钢：《万里谈农村改革是怎么搞起来的》，《百年潮》1998年第3期。

看了这份报告，再结合自己的行走，万里觉得有道理。于是，他把省农委政策研究室主任周曰礼叫到自己的住地，两个人私聊。

周曰礼是个铁匠出身的农民，早年在苏北参加革命，辗转到了安徽。1961年曾任曾希圣的秘书，那个时候他对铺天盖地"农业学大寨"就有着罕见的清醒认识，认定"一个模式不能套全国"，就没有去大寨参观，反倒去了安徽最穷的凤阳县蒋庄大队蹲点。为此，他挨了"四人帮"代理人的点名批判："你跟我们唱对台戏！"那个时候省农委也名存实亡，成了"农业学大寨办公室"。现在，"农业学大寨"喊了这么多年，并没有给安徽带来改变，反而越学越穷。

万里得知遭受冷落的周曰礼熟悉安徽农村情况，就让他放开了说。周曰礼也不客气，满肚子的话正好需要找地方倒出去。他直言不讳地向万里反映了农村的真实情况和存在的问题。他还说了一段农村流传的"段子"（那个年代叫"顺口溜"）："男劳力上工带打牌，女劳力上工带纳鞋。""头遍哨子不买账，二遍哨子伸头望，三遍哨子慢慢晃。"周曰礼解释说：这种消极怠工的状态，实际危害比罢工还要厉害，几乎是慢刀子割肉般地毁灭，说到底是政策问题，是人和土地的关系问题。所以，农村政策不对头，农业就没有出路。那时候，在安徽的农村还流传着一首民谣："江苏政策稳，山东政策狠，安徽政策驴打滚。""驴打滚"的结果是紧箍咒套得更紧，凋敝的农业更没有前景。

"安徽农村的问题，比城市严重，'左'的问题更突出……"听了周曰礼的一席话，万里点了点头，"你赶紧给我写一个详细的报告，省委研究。"

在万里的大力支持下，周曰礼很快起草了一份揭露极左路线对安徽农村造成严重危害的材料。这份被标注"绝密"的材料真实记录了浮夸、瞎指挥、大搞形式主义带来的恶果。万里在第一时间阅读完毕，立即叮嘱周曰礼："你能不能搞个有针对性的政策意见？"

一拍即合。周曰礼答应了。随后，他带领省农委调查组到滁县地区做了调查。回来后，结合全省情况，周曰礼主持起草了《关于当前农村经济政策几个问题的规定（草案）》。主要内容共有六条：一是搞好农村的经营管理，允许生产队根据农活建立不同的生产责任制，可以组织作业组，只需个别人完成的农活也可以责任到人；二是尊重生产队的自主权；三是减轻社队和社员负担；四是落实按劳分配政策；五是粮食分配要兼顾国家、集体、个人利益；六是允许和鼓励社员经营自留地和家庭副业，开放集市贸易。

周曰礼主持起草的这个意见，后来就是著名的"安徽六条"。周曰礼把它交给万里。这个时候，万里与和他同时调到安徽的省委第二、第三把手顾卓新、赵守一及分管农业的副书记王光宇、省委秘书长袁振等，组成了一个很有战斗力的团结的省委班子。他们一起认真分析，达成共识，对"安徽六条"进行了完善修改，最后决定提交省农村工作会议讨论后下发。

11月15日至21日，安徽各地、市、县委书记和省直机关的一把手参加了农村工作会议。万里在大会上发表讲话，说：像这样的会议已经多年没有开了，这次会议的中心议题就是研究当前农村迫切需要解决的经济政策问题，把农民发动起来，全党大办农业。安徽是个农业大省，农业搞不上去问题就大了，连吃饭穿衣都没有办法，更不用说搞"四个现代化"了。

农业政策怎么搞？管理怎么搞？万里说：坚持因地制宜，因时制宜，实事求是，走群众路线，抓农业机械化、科学技术，这些都是完全对的，但是，最重要的生产力是人，是广大群众的社会主义积极性。没有人的积极性，一切无从谈起，机械再好也难以发挥作用。调动人的积极性要靠政策，政策对头农民就有积极性，政策不对头农民就没有积极性，这些年政策上不对头的东西太多了。只要政策对头，干部带头，团结一切积极因素干社会主义，群众就会积极起来，农业就能上去。我们是一个方针，就是以生产为中心；一个规定，就是《关于当前农村经济政策几个问题的规定》。

最后，万里饱含深情地说："中国革命在农村起家，农民支持我们，母亲送儿当兵，参加革命。干什么？一是为了政治解放，推翻压在身上的三座大山；一是为了生活改善。现在进了城，有些人把农民群众这个母亲忘了，忘了娘了"，"这次会议就是要想农民之所想，急农民之所急，研究如何把农业搞上去的政策"。

在台下，很多人好久没有听到这样耳目一新的讲话了，精神为之大振。"安徽六条"在大会散发后，让万里没想到的是既有赞成的也有反对的。大家唇枪舌剑，你争我吵。由于不少人顾虑重重，怀疑抵制，特别是受到当时国务院召开的北方农业学大寨会议的影响，一些原来写进去的更宽的规定，不得不暂时搁置起来，所以在某些条文中还带有"左"的烙印。对于一些人的忐忑不安，甚至怀疑省委是不是搞错了，万里解释说："有些同志思想不通，不要勉强，要耐心等待，因为具体工作还要靠下边同志去做。有些更宽的条文硬写进去，他们接受不了，反而会把事情弄糟。"

11月28日，经过修改后的《关于当前农村经济政策几个问题的规定》作为正式文件下发全省执行，立刻得到了群众的拥护。文件在各地传达时，盛况空前。有些大队通告一户派一人参加，社员听说是传达新政策，都争着来了。屋里坐不下，就到屋外开。有的听了一遍不过瘾，就让宣讲人再讲一遍、两遍，听懂之后，高兴地拍巴掌，说："省委就像到我们院里看过一样，条条都讲到了我们的心坎里。"全椒县一个60多岁的老贫农，从别人口里听到"六条"的一些内容，不敢相信，就背上干粮跑了几十里路，到县委去询问，得知确有此事，拍着手说："这就着了！"着了，就是对了的意思。①

---

① 吴象：《农村改革为什么从安徽开始》，《中国人力资源开发》1994年第2期。

17

"安徽六条"出台后，消息不胫而走。新华社记者田文喜和《人民日报》记者姚力文在北京一个层级较低（各省的处级干部）的农业会议上得知这个消息后，赶紧来到安徽采访。1978年2月3日，《人民日报》在头版头条位置，以《一份省委文件的诞生》为题发表长篇通讯，分"深得人心""当务之急""有大希望"三个篇章，介绍了"安徽六条"产生的经过和受到农民欢迎的情况。《人民日报》在"编者按"中指出："安徽省委这样深入实际，注重研究，走群众路线，认真落实党的政策，是恢复和发扬党的优良传统和作风的一个好榜样。"同时，还配发了评论员文章《尊重生产队的自主权》。

"安徽六条"的这些内容，今天看起来似乎没有什么了不起的，但在当时许多规定都涉及"原则问题"，是不能越雷池一步的禁区。比如，自留地和家庭副业，过去是要割掉的"资本主义尾巴"，文件中却规定不仅允许，还要"鼓励"；尊重生产队自主权，过去一直是批判的"自由种植"，文件中却规定要"尊重"，等等。这些现在看来再平常不过的事情，在当时，已是石破天惊！因为它的许多规定分明触犯了神圣不可动摇的"天条"。关于"安徽六条"这份文件的意义，后来许多学者普遍认为：它是对20多年来一直坚持不移的人民公社"一大二公"体制的反叛。在粉碎"四人帮"后农村农业发展仍然处于迷茫徘徊的中国，它无疑是第一份突破"左"倾禁区的有关农业政策的开拓性文件。所以说，它是拨乱反正的一个重要成果，因为它坚定、有力地揭开了中国农村改革的伟大序幕！

时任新华社驻安徽记者张广友亲身参与"安徽六条"整个出台的过程，因此跟万里就走得比较近。1977年12月，"安徽六条"下发后，万里就请张广友到农村去听一听反应，帮他打听到一些真实的声音。

"我真羡慕你们这些记者，哪里都可以去，只要深入下去，就能听到真实情况，我们这些当'官'的要想听到真实情况，很不容易。我们一下去，地、县、区、社直到村队，都有人陪同，一大群人簇拥着你，真正的老百姓到不了你跟前，听到的都是那些'莺歌燕舞'的大好形势。有时连开一个座谈会，谁参加，谁讲什么内容，早给你准备好了，有的还拿着稿子念，这能听到多少真实情况呢？你们记者不同，能够看到、听到许多我们看不到、听不到的情况。"万里真诚地说，"我曾经和你们安徽分社的记者说过：我希望你们如实反映情况，不仅要讲好的一面，也要讲有问题的一面，报喜也报忧。省委欢迎各级干部和群众对领导进行批评，希望广大干部、群众能够监督我们省委领导。作为一个领导干部不听或者听不到群众批评怎么行呢？"

万里说得实在，张广友的回答也就实实在在。他说："上有所好，下必甚焉。关键在领导，你喜欢这套，他就要投你所好。问题是我们的一些领导不是不知道，而是习以为常了，甚至喜欢你拍他。你说你羡慕记者能够看到许多真实情况，我说我们有些记者现在也和你们当官的差不多了。如果记者采访事先通知他们，他们有时也会导演出'记者到来之前'的戏剧来。我们记者下乡应当不打招呼，直接到群众中去，这样才能看到真实情况。不过，看到了是一回事，敢不敢、愿不愿意反映又是另一回事。领导同志不愿意听，你又何必去讨人嫌！我们常说，新闻工作是党的耳目喉舌，如果耳目不起作用，光起'喇叭'作用，那就太可悲了！"

遵照万里的意见，张广友去了六安、滁县地区，了解农民对"安徽六条"的反应。12月中旬的一天，他来到了六安县三十里铺公社的一个大队，正好赶上他们召开群众大会，宣讲"安徽六条"。只见广场上人山人海，男女老少好像看戏赶集似的赶来听传达文件。台上，干部拿着文件一字一句地念；台下，群众侧耳静听，鸦雀无声。文件刚念完，台下一些群众就喊："再念一遍！"每当念到了群众喜欢听的关键地方，如"允许和鼓励社员经营自留地和家庭副业"时，台下有的群众就高喊："再重念一遍这句话！""念慢一点儿！"

数九寒天，张广友就问身边的一位老汉："冷不冷？"

"不冷，不冷。"老汉笑着说，"听到新精神，天冷心里热，冷点没关系。"

"这六条，哪一条你最高兴？"张广友问道。

"我都高兴，最高兴的还是养鸡、养鸭、养鹅不受限制了。今后大概不会再来'摸鸡笼子''砍鸡头'了吧？"

在定远县严桥公社，一些生产队干部告诉张广友："'六条'规定实在好！我们最高兴的是专门写了一条'尊重生产队的自主权'，明确规定了生产队在保证完成上交任务的前提下，有权因地种植，任何人不得干涉。这下子'瞎指挥'可行不通了，今后再不会出现毁了花生种稻子，拔了瓜苗种玉米之类的伤心事了！"

回到合肥后，张广友赶紧向万里做了汇报。张广友如实告诉万里："农民和基层生产队的干部最高兴的是"允许和鼓励社员经营自留地和家庭副业"这一条，还有尊重生产队自主权和减轻农民负担等规定。但也有担心，怕说话不算数，怕政策再变。对于干部参加集体劳动这条，社员也很满意。但队干部反应就不同了，没有公开反对，可是私下都说这是官僚主义的产物，队干部每年参加集体生产劳动300天，指标太高，不弄虚作假就没法完成。对尊重生产队自主权，队干部比较满意，很多群众觉得新鲜，过去好像没听说过，不大懂。"

万里说："生产队自主权是当前农村中存在的一个大问题。强调尊重生产队自主权，是反对瞎指挥。它对农业生产影响实在太大！我看只要尊重自主权，除掉瞎指挥，就可以增产10%以上。不是说不要指挥，但与其瞎指挥，还不如不指挥。这一条，原来是在经营管理那条里提了一句，我觉得这个问题太重要了，就把它分出来单独写了一条。现在看来，很多人可能还没真正理解它的深远含义。尊重生产队自主权的内容包括：生产自主权、分配的自主权、劳动力支配的自主权等。作为基本核算单位的生产队，它种什么、生产什么本来自己有权决定，现在却要由上面来决定，生产的东西甚至吃多少口粮也要由上面来支配，那它还有什么积极性？自主权的实质是要生产者真正当家做主。这既是企业经营管理的一个最起码的条件，也是尊重农民权益最基本的内容，没有这个，还谈什么独立核算？还谈什么经营管理？还谈什么调动积极性？现在很多人对这个问题不太懂，更不理解它的深刻含义，所以应当很好地进行宣传报道。"

听了万里这番关于尊重生产队自主权的谈话，张广友茅塞顿开，就开始注意了解这方面的新闻线索。恰好新华社四川分社采编主任刘宗棠来到合肥，受四川省委的委托，不远千里，从天府之国来安徽取经来了。两位好朋友一见面，谈到生产队自主权问题，就一拍即合，决定共同研究写出关于这个方面的报道。

经过省农委主任周曰礼的介绍，他们最终选定了去定远县采访。1978年1月上旬，他们见到了定远县委书记陈宏恕和县长张洪宇，看到了他们在尊重生产队自主权后，广大基层干部和社员长期被压抑的积极性像火山一样喷发出来。在争分夺秒的抗旱斗争中，全县男女老少齐出动，大干20天，因地制宜地把70万亩空田全部种完。实践证明，生产队有了自主权，粮食增产，有望超额完成国家计划，提高了党的威信，促进了农田水利的发展。

1月中旬，张广友和刘宗棠回到合肥，向万里汇报了定远县的情况，万里十分高兴，说："这个问题抓得好，很典型，很有代表性，很能说明问题。"

接着，万里就自主权的重要性，又谈了自己的真知灼见。他说：

"尊重生产队的自主权，实质上是尊重群众的问题。种庄稼、搞农业，要讲究因地制宜，因时制宜。不同类型的地区、不同的自然经济条件，这面坡或那面坡，这块地或那块地，适宜种什么，怎么种，什么时候种，都必须从实际出发。谁最了解实际呢？当然是天天和土地、庄稼打交道的基层干部和农民群众。他们最有发言权，他们的意见应当受到尊重。尊重生产队自主权，说到底，是如何对待群众的一个态度问题，是把群众当作真正的英雄，还是当作'阿斗'的一个原则问题！"

听了万里的这些论述，张广友觉得很有道理，很有高度，就把这些话都写在了报道中。张广友还告诉万里：定远现在农民生活改善很大。新年前后，尽管连降大雪，气温下降到零下五摄氏度，但由于可以搞家庭副业，市场活跃了，集市上蔬菜和农副产品多了，价格便宜，要饭的也不见了。

听到这个巨大变化，万里感到有些惊讶。因为去年他路过定远县城的时候，那里讨饭的很多。据说，有的饭馆里讨饭的不等你吃完，就从你手里抢走，有的还往你的饭碗里吐口水。

"现在变化有这么大？"万里问道，"我想去看一看。"

"好，等我把稿子写好了，你看了，我们陪你去。"

没过几天，张广友和刘宗棠写好了稿子，送万里审阅。万里看了，没说什么。第二天吃过早饭，万里打来了电话说："我们一起去定远看看。"

就这样，万里没有和任何人打招呼，轻车简从，只带了一位警卫员和司机，由张广友陪同，开车来到了定远县。汽车到了定远县城边，怕惊动地方官员，万里他们三个人就远远地下了车，徒步走进县城。要知道，在那个年代，老百姓只要看到一辆小轿车，就知道肯定是当大官的来了。他们逛了集市，逛了商店，果真大不一样。万里再到各个饭馆转了转，确实没有看见一个要饭的。于是，万里就去了县委。正在开会的县委书记陈宏恕一看万里来了，赶紧站了起来，会场上的人都站了起来。陈宏恕一脸歉意地说："哎呀！万书记，我们不知道您来，没有准备。"

"没有准备才好，可以看个实在。"万里笑着说，"你们继续开你们的会，该干啥还干啥，不打扰你们。"

说完，万里从口袋里掏出张广友写的新闻稿，交给陈宏恕，说："我来主要是请你们好好看看这篇文章，有没有什么问题，逐字逐句地加以核实，然后，尽快退给我。"

没过几天，陈宏恕就看完了，把稿子退给了万里。新华社很快就播发了。2月16日，《人民日报》在头版头条位置，以醒目的大标题《生产队有了自主权，农业必增产——安徽省定远县改变农业生产落后状况的调查》，加"编者按"发表了，同时，把原稿中万里对尊重生产队自主权的看法，单独拿出来作为"本报评论员"文章，配合调查报告同时发表。①

微服私访，万里在定远找到了"安徽六条"的潜在魅力。1978年春天，他就开始下大气力在全省贯彻落实。2月15日，也就是在《人民日报》发表张广友报道的前一天，万里在全省地、市委书记会议上强调，不要搞形式主义，不要搞大轰大嗡。问题看准了就解决，务必使今年全省生产达到和超过历史最高水平。他说："抓生产为什么老是扭扭捏捏？主要是因为指导思想不明确，不清楚以什么为中心。农村不以生产力为中心还干什么？学校要以教学为中心，军队要以军事训练、准备打仗为中心。哪个县委耽误了生产，把生产力搞坏了，就要犯新的错误。今年秋后，哪个县再有农民外流讨饭的，就带到县委书记家里去吃饭。"

万里的话说得够狠的！

---

① 张树军、高新民：《中共十一届三中全会历史档案》，中国经济出版社1998年版，第517—518页。

18

天公偏偏不作美。一场百年不遇的特大旱荒降临了。

安徽地处江淮之间，大江入海，淮河东流，大别山群立峭壁于西墙，黄山九华山挺奇秀于南壁，北有丰富矿藏，南是鱼米之乡。"祸之大，莫过于水；祸之烈，莫过于旱。"1934年，安徽大旱，持续了80天；1966年，安徽大旱，持续了120天。然而，这两次大旱与1978年的大旱实在是"小巫见大巫"。梅雨季节也没有雨，土地龟裂，树木凋零，江河枯竭……

大旱从1977年的冬天就开始了。全省除了长江、淮河，绝大多数河川断流。受旱以来，又连续刮了三次干热风：第一次是在1978年4月，正当小麦灌浆，刮了10天，温度高达34摄氏度；第二次是在6月，正当早稻扬花，刮了15天，持续高温40至41摄氏度；第三次是在立秋前后，刮了20天，水分急剧蒸发……随之瘟疫蔓延……10个月没有下一场雨，致使6000多万亩土地受灾，400多万人用水发生困难。省委提出了"倾家荡产，奋力抗旱"的号召，广开水源，但人力在大自然的魔力面前，往往只能望而却步。到了9月，安徽农业大减产已成定局。①

1978年9月1日，中共安徽省委召开紧急会议，讨论如何战胜灾荒的问题。会上，万里表示，要全力抗旱，能多收一斤就多收一斤，能多收一两就多收一两，保不住收成，一切都是空话。农民很穷，手中无钱，就连国家供应的返销粮也买不起，这怎么行呢！我们不能眼睁睁地看着农村大片土地抛荒，那样的话，明年的生活会更困

---

① 王立新：《安徽"大包干"始末》，昆仑出版社1989年版，第6—7页。

难。与其抛荒，倒不如让农民个人耕种，充分发挥各自的潜力，尽量多种保命麦，度过灾荒。经过讨论，会议决定采取一种非常措施：把土地借给农民耕种，简称"借地度荒"。

改革要冒风险。

万里就是这样一个敢于冒险的角色。现在，他在推出"安徽六条"之后，又推出了"借地度荒"。如果说"安徽六条"已经让一些人忐忑不安，那么"借地度荒"更是令人心惊肉跳了！一些干部不论是好心的，还是胆小的，更有脑子依然是极左的，都说万里这么做违法，违反中央文件和上级指示。怎么办？

"4500万人民一人一张嘴，一天吃三顿饭，这足以看到粮食问题的严重性。减了产就是减了产，不正视不行，要实事求是，吸取过去的教训，不能打肿脸充胖子。人没有饭吃，安定团结就没有物质基础。"万里在省委常委会上说，"如果老天爷帮忙，10月份下个透雨，秋种搞好，明年会好一点；如果种不下去，有可能出大乱子。我们要按最困难的情况做准备，在新形势下采取新的方针政策，变被动为主动。在严重干旱面前，如果束手束脚，无所作为，坐失时机，就要吃大亏。我同几位主要领导共同研究非常时期必须打破常规，采取特殊措施。一是'水路不通走旱路'，除了水源确有保证的，都要下决心改种旱粮；二是'借地度荒'，凡集体无法耕种的地可以借给社员扩种小麦，明年收购时不计统购，由生产队自己支配；三是放手发动群众多开荒，谁种谁有；四是划一点菜地，要尽量保住老母猪，猪是一个肥源，也是群众收入的重要来源。"

万里斩钉截铁地说："如果不管实际情况如何，都照搬照套中央文件和上级指示，那还要你这一级领导干什么？马克思列宁主义一贯倡导的辩证唯物主义的思想方法和工作方法，根本点就是一切从实际出发，理论联系实际，实事求是。毛泽东思想就是马克思主义基本原理同中国具体实践相结合的产物。贯彻执行中央文件和上级指示，也有个同各地实际情况相结合的问题。切不可把中央文件和上级指示当作教条，不问实际情况如何，照搬照套，或硬往下灌。这不是什么组织纪律性强，而是一种对革命不负责任的表现。"

"借地度荒"一下子激发了农民抗灾的热情，不仅使全省按时完成了秋种计划，而且为农村"包产到户"提供了机遇。

第一个闯入"禁区"的是肥西县山南区的农民。在安徽省委召开紧急会议的当天晚上，山南区花溪乡小井庄黄花大队召开了党支部扩大会，23名党员全部参加，讨论贯彻省委"借地度荒"的政策。山南区委书记汤茂林主持会议。

汤茂林身宽体壮，立如松，声如钟，走起路、干起事来，都风风火火的，人称"汤大胆"。1978年是他来山南区担任书记的第三个年头。眼看着田园冒烟、塘坝干涸，早稻虽然收割，但秋耕却根本无法进行，汤茂林也急得嗓子里冒烟。秋种撂荒，等于来年卡了脖子。

会议是在一间茅舍召开的，伴着半明半暗的灯光。会议的议题就是如何实施"安徽六条"，战胜旱荒，保耕保种。

"难道秋种就种不下去了？"汤茂林率先发问。

长吁，短叹。

大眼瞪小眼。你看看我，我看看你。

天热，气闷，心也闷。

终于有人说话了，语气慢慢吞吞："汤书记，办法倒是有……"

"啥办法？快说说！"

"只有一条路可以度过灾荒……"

"什么路？"

"就像1961年那么干……"

"'包产到户'？！"

"嗯……"

"我的奶奶呀！"汤茂林一下子傻眼了，连连摆手，"不行，不行！上边不允许啊！不准'包产到户'，不准'分田单干'！"

"那就没有办法了。"

尽管嘴里说不行，心里也害怕，但脑子里知道，这是唯一的活路。这不，话匣子打开了，大家七嘴八舌鸡一嘴鸭一嘴地讨论开了，何不试试看呢？定土地，每个劳动力包5亩麦子，包5分油菜地；定产量，小麦亩产200斤，油菜亩产100斤；定工本费（种子、化肥），每亩5元；定超产奖励，每亩超产100斤，奖励60斤粮食；定惩处制度，减产100%赔偿。

最后，所有党员都异口同声：要真这样干，不到半个月秋种的任务就可以完成！

一谈到"包产到户"，大家就活力四射。汤茂林不敢表态，也不否定。他沉思良久，抛下了一句话："我回去跟区委的同志们商量商量，通通气……"

是啊！在那个谈"包"色变的年代，谁敢拍板呢？"包产到户"被批判了十几年，曾希圣、邓子恢、田家英等都是因为这个丢了乌纱帽，甚至身家性命。1974年的《人民日报》把十多年前的公案还翻出来批判过，声称"包产到户"是在"人民公社集体经济上打开了一个缺口"，随着这个缺口的扩大，"社会主义集体所有制就将变成形公实私的单干！单干了，广大农村就不可避免地出现阶级分化；单干了，广大农民就不可避免地重新陷于穷苦境地；单干了，地主富农就必然重新上台，整个农村就要改变颜色了"。不用想，"包产到户"如同洪水猛兽，"绝不是医治困难的灵丹妙药"，谁搞"包产到户"谁就是在搞"资本主义复辟"。

9月2日，恰好县委第一书记常振英来到山南区。汤茂林就把山南区的想法向他做了汇报，话音刚落，常振英一阵摇头："这个办法不行……"

"为什么？"

"我心里赞成你们这样搞，但是，不能超过政策界限，省委'六条'里也没有讲可以这样做。你们真要这么干，性质就变了！"

一时间，汤茂林愣在那里。但他还是不肯放弃，奋力争取，恳求道："我们试试看，怎么样？"

"好——吧……"常振英无可奈何地答应了。

送走常振英，汤茂林立即召开区委紧急会议。出乎意料的是，七名委员竟然一致同意小井庄黄花大队的建议。汤茂林激动了，真是"英雄所见大同"啊！会议一结束，他抑制不住激动的心情，立即赶到黄花大队，召开党群干部联席会，公布了区委的决定。

话音未落，掌声如雷。

这个决定如同一声惊雷，送来了暴雨。久旱逢甘露。9月15日至16日，黄花大队把1697亩土地中的1420亩，按照水、旱、岗三搭配，分给了农民。几乎在一夜之间，困顿多年的"大呼隆"体制就这样瓦解了。

9月18日，喜不自胜的汤茂林在黄花大队召集附近的三个公社的党委书记和九个大队的支部书记开会，推广黄花大队的做法。汤茂林说："天旱得厉害，麦子实在种不下去，怎么办？我们在黄花大队搞了'四定一奖、责任到人'的办法，你们看行不行？赞成不赞成？"

令汤茂林没有想到的是，他的建议再次获得一致通过。

但是，还有让他没想到的。两天后，一封署名"人民群众"的匿名信被送到了万里手里，有人把汤茂林告了，说："汤茂林领导'十万人'想豁出去了！""这是刘少奇路线的'翻版'！""这是曾希圣'阴魂不散'！"收到告状信，万里批转给顾卓新，顾卓新又批转给王光宇，要求交省农委调查处理。调查组来到了山南区。

9月22日，在山南区各公社党委书记会议上，汤茂林这个"汤大胆"面对调查，发表了激情洋溢的讲话，公然"造反"了："'人民来信'说我搞'倒退'，县委书记又不让我'联系产量'，说是要联系工分，实际上是一回事，不管怎样，麦子要种，照黄花大队的办法干！"也就在这一天，喜讯传到了区里：三个公社的小麦和2000多亩油菜已经全部播种完毕。到了10月5日，全区七个公社78个大队的两万多亩大麦和14万亩小麦也全部播种完毕，不仅完成了国家指令性计划，还比正常年景多播种八万亩……

1979年2月2日，省农委政策研究室主任周曰礼率领考察组来到了山南，听取了汤茂林的汇报。周曰礼仿佛看到了当年自己的影子，看到了未来土地的希望之光。他握着汤茂林的手，激动地说："这样好！不要怕！你们就这样干下去。"这个时候，十一届三中全会已经开过了，形势已经发生了根本性的变化。

5月21日，春天里，油菜花早早地开了，金灿灿的；麦地郁郁葱葱，成片的小麦在微风的吹拂下如同起伏的海浪。一辆小轿车穿过乡间的土路，直奔山南公社。车门打开，万里走了下来。午后，小井生产队的老百姓听说万书记来了，乡村一下子沸腾了，在田间干活的社员们全都放下锄头、扔下农具，赶来了。

万里开门见山地问道："这样干，你们有什么想法？随便提，随便问……"

第一个发言的是小井生产队会计李祖忠："万书记，可允许包产到户？"

"大胆干，省委支持你们！"

"我们有点怕。"

"怕什么？"

"怕变。"

"不会变！"

"'包产到户'比'大呼隆'好，多干几年就有吃的了。"

"那你们就多干几年嘛！"

"万书记，您能不能给我们个准话，到底能干几年？"

"不放心？"万里笑了，"你们就这样干！不过，仓库、牛棚要保护，用水要有秩序，不能破坏集体经济！'包产到户'的目的是增产，让群众吃饱吃好。你们只管干下去，不要有思想顾虑，秋天我来看你们的收成！"

就在这时，汤茂林大汗淋漓地赶来了。他在外面干活，是被人叫来的。万里热情地从椅子上站了起来，说："你们搞得不错！"

"噢，搞错喽！"汤茂林准备挨批。

"没错！"万里肯定道。

用手袖子擦擦额头上的汗，汤茂林开心地笑了。

春华秋实。山南区1006个生产队，在不到三个月的时间里，有776个生产队分了土地，186个生产队实行了"包产到户"。1979年，山南区小麦产量达到了2010万斤，比历史上最好的年份还多出1435万斤，增长了两倍多，当年向国家交纳公粮1000万斤。

在万里的支持下，山南人继20世纪60年代之后，重新搞起"包产到户"。20多年后，中国农村第一个"包产到户"纪念馆——"小井庄中国农村包产到户纪念馆"在肥西县山南镇小井庄开馆，小井庄作为中国农村"包产到户"的发源地之一而被载入中国改革开放的史册。

19

1978年特大旱灾与其说是一场自然灾害，不如说是一场考试。实践证明，"安徽六条"和"借地度荒"鼓舞了广大农民的积极性和创造力，广大农民抗灾的信心大增，多种形式的责任制蓬勃开展。

依靠政策的力量，安徽战胜了百年不遇的特大旱灾，夺得了接近正常年景的收成，逃荒、外流的比往年不仅没有增加，反而大大减少了，上上下下改革的劲头十足。

在这场自然灾害的考试面前，万里考了个好成绩。

但话又得从头说起。1977年底，就在万里推出"安徽六条"受到农民拥护的时候，全国还在一个劲地"农业学大寨"。中共中央召开了普及大寨经验座谈会，讨论了包括向大队过渡在内的12个问题，认为"实现基本核算单位由生产队向大队过渡，进一步发挥'一大二公'的优越性，是前进的方向，是大势所趋"。会后，中央发出文件，要求各级党委"采取积极态度"。

全国普及"大寨经验"座谈会，本应该由省委第一书记参加。万里借故没有出席，而是派一位省委副书记参加。这位省委副书记临行前，万里告诉他：你在会上只管听，什么也不说。大寨那一套安徽的农民不拥护，我们不能学，也学不起。当然，我们也不公开反对。对全国农业学大寨，邓小平1978年9月的东北之行，也同样说过不同看法，认为学大寨要实事求是，有些东西不能学，也不可能学。

万里的缺席，还是引起了参加会议的一些人不满。有人说："安徽六条"的出台就是否定"大寨经验"，矛头是对着"农业学大寨"的。

1978年1月28日至2月1日，山西省昔阳县召开了盛况空前的学大寨群英会，来自全县20个公社、400多个大队的2500人参加了会议。2月7日，也就是在头版头条刊登《一份省委文件的诞生》介绍"安徽六条"后的第四天，《人民日报》报道了昔阳县召开大寨群英会的消息。

4月21日，《山西日报》发表了6000多字的长篇通讯《昔阳调动农民社会主义积极性的经验好》，全面介绍了山西昔阳县自1967年以来学大寨的情况，声称：昔阳县干的事情数量之多，规模之大，是过去想都不敢想的。昔阳人最根本的就是学大寨人，走大寨路，推广大寨经验，既轰轰烈烈，又扎扎实实，不论斗争多么尖锐复杂，都毫不动摇。大寨人认为："堵不住资本主义的路，就迈不开社会主义的步。"要"坚决刹住资本主义的歪风，坚决打击那些破坏社会主义集体经济的阶级敌人。把农村搞歪门邪道的人治住，给大干社会主义的人撑了腰，是很得人心的事"。文章号召"大批资本主义，大干社会主义"，因为"资本主义不是光用嘴能批倒的，要真正在农民心目中把资本主义批倒，得干出社会主义的好事来才行"，这看起来是生产建设问题，"实际是一场阶级斗争，是社会主义和资本主义争夺农民的问题"。

5月13日，《人民日报》转载了《山西日报》的这篇文章。这时，新华社记者张广友等人正在安徽滁县采访。看到报纸后，他们立即打电话给《人民日报》询问情况，时任农村部主任的李庄告诉他们："《人民日报》是国际列车，谁都可以上，你有不同意见，也可以写文章，我们也可以登。"

随后，张广友把这个情况向万里做了报告。万里说："你们的报道是符合安徽实际情况的，安徽就是这样做的，有什么问题省委负责，你们就放心地搞吧。"

这个时候，听说《山西日报》准备发表12篇评论文章，不点名地批评安徽。有人对安徽的做法不满，万里心知肚明，他对张广友说："有人说我们右倾，搞资本主义。我们还是干我们的，人家爱说什么就说什么，让群众去做结论。大队核算，搞'穷过渡'，这些东西我们这里没办法学，也学不了。难道还要强迫学？你们不要自留地，不让社员养猪，也不要集市贸易，我们这里可不行。"

万里对这种动辄就给别人戴大帽子的做法嗤之以鼻，愤懑不平地说："有人认为以生产队为核算太小了，我认为生产队自主权是个大问题。我们强调这个问题，是反对'瞎指挥'的，是要依靠群众的。我看只要去掉'瞎指挥'，就可以增产10%。"

对于学大寨，万里说：大寨本来是个好典型，周恩来总理专门总结过几条，特别是自力更生、艰苦奋斗的精神，应该认真学习。但是，中国这么大，农村的条件千差万别，只学一个大寨，只念大寨"一本经"，这本身就不科学。何况学大寨，并不是学它如何搞农业生产，而主要是学它如何绷紧阶级斗争这根弦，学它如何"大批促大干"。大寨，在全国"农业学大寨"中也变得自我膨胀，以为自己事事正确，把"左"的错误发展到了登峰造极的地步。

在这种情况下，万里在与张广友的谈话中表示：既然《人民日报》是"国际列车"，别人写文章批判我们，那么我们也可以写文章进行反驳，摆事实，讲道理。很快，新华社记者就写出了一篇报道，介绍了安徽滁县地区落实农村经济政策的经验。针对外面的批评，万里自己也勇敢地站出来，大会小会上阐述"安徽六条"与"大寨经验"的根本区别。他说：

> 当前农业上的问题，究竟是学不学大寨的问题，过渡到大队核算的问题，还是首先解决好农村经济政策，调动几亿农民积极性的问题？现在农村有的地方农民吃不饱饭，口粮只有200多斤，不从政策上调动农民的积极性，使农民休养生息，反而批评农业搞不好的地区是学大寨学歪了。有些人认为，大寨搞大队核算，你也应该从生产队过渡到大队核算。大寨没有自留地，记政治工分。我们"六条"里面没有这几条，他们就说这是不学大寨，砍大寨红旗，还说"政策不能出粮食"。安徽1978年抗旱取得了成绩，尽管遭受百年不遇的大旱，全省局势是稳定的。他们却说，大寨干旱不减产，安徽为什么减产，他们就认为落实政策是没有用的。其

实，它不减产，靠的是什么？我们确实减产了，但为什么还能够做到全省范围内的局势稳定？不调查，就说落实政策没有用，这行吗？用这样的观点怎么能领导好农业？

进入1979年，十一届三中全会召开之后，全国"农业学大寨"的氛围依然不减。

在这年春天，中共陕西省委会议决定："必须继续稳定地实行'三级所有、队为基础'的制度。"这是肯定人民公社，反对包产到户。山西省委第一书记说："大寨是在毛主席指引下成长起来的，山西是坚持学大寨的。"湖南省委第一书记说："要继续坚持学习大寨的基本经验。"也许是在包产到户问题上，过去的教训太深了，心有余悸的省委书记们多数没有公开附和安徽的做法，大胆一点的也是避实就虚地说"各种办法都可以试一试"，不直接回答可不可以包产到户。然而，农民们却受不了饿肚子，纷纷行动起来了。

这个时候，四川省委推出了"十二条"，广汉县金鱼公社也实行了"分组作业、定产定工、超产奖励"的责任制，"大锅饭"变成了"小锅饭"；内蒙古自治区也冒着风险搞起了农业生产责任制，把生产经营权交给农民，给"包产到户"上了个户口；贵州省关岭县顶云公社的16个生产队也实行了"定产到组，超产奖励"的办法，实行"五定一奖惩"的措施，得到了省委的大力支持……多少年后，万里在谈到农村改革问题时，这样说："这场改革斗争太激烈了，当时不表态就算支持了。中央各部委和各省领导中有几个支持的？省委书记中，内蒙古的周惠是一个，贵州的池必卿是一个，还有辽宁的任仲夷。"

1979年春天，支持农村改革的不仅不多，反对的声音更响。寒流来袭，让安徽肥西山南区的汤茂林出了一身冷汗。万里刚刚离开，国务院某部的一位副部长就带着工作组来到了这里，调查包产到户的情况。谁知，他们不看包产到户后农民的积极性高了、庄稼长得好了，也不听农民欢迎大包干的心里话，却专门搜集大包干后出现的缺点，鸡蛋里挑骨头，戴着有色眼镜，概括了九大问题。随后，把这份带着偏见的调查报告递给了中央。

2月20日，国家农委副主任杜润生在向华国锋汇报工作时，华国锋说："应该注意总结发挥集体生产优越性的好经验、好典型，加以推广。"不久，一份《人民日报》社论"清样"送到了华国锋的案头，他在空白处做出批示，提出：一些农村出现的抢农具牲畜、闹分队的现象，影响了集体经济的巩固。华国锋当时是希望采取巩固集体经济的办法来发展生产的。[①]客观上说，这种愿望是好的，目的是稳定农村管理体制。

3月14日，当时主管全国农业的国务院副总理王任重看到华国锋的批示后，立即给《人民日报》总编辑胡绩伟写了一封信，指出要稳定"三级所有、队为基础"，决不能倒退回去，并且要《人民日报》站出来说话。上级来信，赶紧照办，《人民日报》编辑部就在一大堆来稿中选出了一封署名张浩的来信，冠以《"三级所有、队为基础"应当稳定》的大标题，并写了编者按，在3月15日的第一版显著位置发表，几乎占了半个版面。来信经过中央人民广播电台新闻联播节目作为头条播出后，在全国引起轩然大波。

张浩是甘肃省档案局的干部，原籍河南伊川，当年春天回原籍探家，听到一些缺劳力的农民对分小队作业不满，就给《人民日报》写信反映自己的意见。没想到的是，他的个人看法却被一些人拿来作为攻击包产到户的"炸弹"。

其实，张浩来信的内容无非就是反映当时从"队为基础"退回去搞分田到组，有一点像另立一级新的核算单位，会削弱和动摇队

---

① 柳建辉：《十一届三中全会前后的邓小平》，中共中央党校出版社2004年版，第221页。

为基础的制度。但是《人民日报》的编者按的语气则非常重，似乎是命令的架势，它要人们认真读一读张浩的信，不能从"队为基础"退回去，并且说："已经出现分田到组和包产到组的地方，必须认真地学习中央文件，坚决纠正错误的做法。"

明眼人都看出来这是中央农村政策的最新体现，而决不是一封普通来信。首先激起风浪的是作者张浩的故乡洛阳。中共河南省伊川县委通讯组的谢梦冠致信《人民日报》："3月15日突然发表了读者来信，一时大为震惊"，"老实农民强劳力户，原来很希望搞好责任制，一听广播在地里送的粪也不送了……还有的人乘机造谣，说什么洛阳地委犯错误了"。为了制止这种混乱局面，洛阳地委从3月18日至20日召开了各县、市委第一书记会议，会上大家议论纷纷，洛阳地委常委、地革委会副主任胡兆祥非常气愤，当场作打油诗一首："张浩不写好文章，一瓢冷水泼洛阳……"这首诗代表了县、市委书记们的情绪，一时流传很广。

一石激起千层浪。反应最强烈的自然是那些已经搞"包产到户"的地方，尤其是最早实行生产责任制的安徽，一下子炸开了锅。干部们灰心失望："坏了，上边的风向又变了，又要折腾了，没法干了。"有的农民当即停止春耕，说："报上又批评啦，算啦，不干啦！"

3月16日，从巢湖地区前往滁县地区全椒县了解春耕生产的万里，一下车，便被愁眉苦脸的县委领导团团包围了。

万里也感到吃惊。面对无所适从的干部和群众，万里不得不发表自己的看法。他表情凝重地说："甘肃档案局那位读者的来信，我是在一个内部材料上见到的，没想到能公开发表。我看那封信并不反对'包产到组'，只是反映了'包产到组'中存在的问题。《人民日报》批评的那些问题，是支流，不要怕，搞一年再说……"

可是县委和基层干部依然惴惴不安："《人民日报》编者按，说

'包产到组'是错误做法……"

"什么叫好办法？能叫农业增产就是好办法，能叫国家、集体和个人都增加收入就是好办法，适应生产力发展，叫农业上得快就是好办法。反之，就是孬办法。"万里十分坚定地说，"谁吹这个风那个风，我们也不动摇，肥西县有的生产队搞了'包产到户'，怎么办？我看，既然搞了，就不要动了，一动就乱……"

"我们这里有人说'包产到组'是三级半所有……"

"'三级半'有什么不好，这也是经济核算单位嘛！四级核算也可以，家庭也要搞核算，那不是五级了么！"

县委领导还是担心《人民日报》来头太大，怕招架不住。万里有些激动了，说："《人民日报》好比公共汽车，你可以挤，我也可以挤！究竟什么意见符合人民的根本利益和长远利益，这要靠实践检验，决不能读了一封读者来信就打退堂鼓，挫伤了群众的积极性。产量上不去，农民饿肚子，是找你们县委还是找《人民日报》？《人民日报》也不管你吃饭嘛！"

就在这一天，万里在滁县给王任重打电话，说："我们已经干开了，不宣传、不推广、不见报，保护群众的积极性。备个案，搞错了，省委检查……"

王任重说："既然省委做了决定，可以干嘛！"

3月12日至24日，由王任重兼任主任的国家农委请七省农村工作部门和安徽三县负责人在京开会。本来会上争论就很激烈的生产责任制问题，因为"张浩来信"的风波影响，变得更加敏感，并向"左"发生转变。不过，激烈争论后还是求同存异形成了《纪要》，经中央同意批转全国。这份文件的精神是"不许包产到户"，但最大的贡献是两点：一是对深山、偏僻地区的孤门独户实行包产到户，也应当允许；第二，对已经搞了包产到户的不批判、不斗争、不强制纠正，要积极引导农民组织起来。

面对这种形势，中共四川省委及时发出《关于农村人民公社生产队建立健全生产责任制和奖惩问题的通知》，稳定农村政策，稳定已经包产到组的农民的人心。万里则指示安徽省委给《人民日报》写信，反驳张浩。

　　3月30日，《人民日报》在头版发表了安徽省农委辛生、卢家丰的读者来信。这封题为《正确看待联系产量的责任制》的来信，尖锐批评了"张浩来信"和《人民日报》编者按给农村造成的混乱，批评有人"把联系产量责任制看得一无是处"和视"包"字为洪水猛兽。来信指出，应当相信大多数群众，不要硬要群众只能这样不能那样。《人民日报》也为此文加了题为《发扬集体经济的优越性，因地制宜实行计酬》的编者按，承认3月15日"张浩来信"和编者按中"有些提法不够准确"，"今后应注意改正"。同时强调：各地情况不同，怎样搞好责任制应和当地干部群众商量，切不可搞一刀切。

　　《人民日报》发表"安徽来信"反驳"张浩来信"，极大地缓解了对包产到组的压力，给了各地从事农业改革的官员和农民回旋的余地。但在当时的形势下，为了适当保持平衡，《人民日报》在同一天还登了一封赞成"张浩来信"的读者来信。由此可见，中国农村改革的斗争是多么的复杂和尖锐。直到1980年春，这种斗争依然没有结束。国务院农委主办的颇具权威性的《农村工作通讯》，在这一年第二期和第三期还分别发表了《分田单干必须纠正》和《包产到户是否坚持了公有制和按劳分配？》两篇文章，批评分田单干违反党的政策，导致两极分化；批评包产到户既没有坚持公有制，也没有坚持按劳分配，实质是退到单干。

　　全国许多农村已经兴起的"包干到户"，深深地触及了每个人的灵魂，也引起了包括中央领导参与其中的巨大争论。1979年4月份召开的中央工作会议和6月份召开的五届人大二次会议，就农村中出现的包产到户的问题再次爆发了激烈的争论，两种意见针锋相对。面对

1979 年 7 月，邓小平在安徽与万里等合影。

指责，刚正不阿的万里回敬说："你们不要强加于我们，我们也不强加于你们，'你走你的阳关道，我走我的独木桥'。"

这就是著名的"阳关道"和"独木桥"之争。万里的这句话后来也成为流行全国的名言。

中央有争议，地方也有争议。1979 年，率先搞包产到户的安徽省委是在艰难中度过的，压力不仅来自北京，还来自周边省份。

江苏与安徽相邻，一筹莫展的江苏农民看到包产到户的安徽，只能是心向往之，敢怒不敢言。反对搞改革的江苏官员们依然视安徽的包产到户为洪水猛兽，在两省交界处的路口、田头、山坡、村庄，四处都赫然刷出大标语，"坚决反对、抵制'单干风'！""坚决反对复辟倒退！""坚决批判'三自一包''四大自由'的流毒"……有的地方还用高音喇叭向安徽发起猛烈进攻……然而，高音喇叭喊得再响，吃不饱穿不暖家里穷得叮当响的农民们，不是聋子，也不是瞎子，心里跟明镜儿似的。生活有时候就像滑稽剧，有时候就爱这样捉弄人：一边是大喇叭高喊反对、抵制，一边却有江苏的大姑娘从大喇叭下往安徽跑，成了安徽人的俊俏媳妇。江苏的农民羡慕安徽农民，说"安徽人快活得腚沟沟流油了……"①

20

1978年12月16日。中国政府发表声明，宣布：中国和美国自1979年1月1日起建立外交关系；邓小平副总理应美国政府邀请将于1979年1月对美国进行正式访问。这个消息震惊了世界，惊天动地。

也就在这一天晚上，在安徽凤阳一个名叫小岗的小村庄，静悄悄地发生了一件惊天动地的事情。

要知道，三天前的12月13日，中央工作会议刚刚闭幕，邓小平发表了题为《解放思想，实事求是，团结一致向前看》的著名讲话。再过两天，也就是12月18日，中共十一届三中全会在北京召开。

当然，无论是中美建交，还是十一届三中全会的召开，对于当时的凤阳小岗生产队的农民们来说，这一切似乎离他们的生活非常遥远，他们甚至也不会关心这些国家大事，眼下他们最关心的还是他们能不能吃饱肚子。民以食为天嘛！

说凤阳，道凤阳，
凤阳本是个好地方。
自从出了个朱皇帝，
十年倒有九年荒。
大户人家卖骡马，

---

① 王立新：《安徽"大包干"始末》，昆仑出版社1989年版，第100页。

小户人家卖儿郎。

奴家没有儿郎卖，

身背花鼓走四方。

……

    这首唱遍全国的花鼓戏歌谣，就诞生在安徽凤阳这片土地上。它的闻名除了出了一个农民出身的皇帝朱元璋之外，其次就是它的贫穷了。而小岗生产队又是凤阳最穷的一个，是有名的"乞丐村""要饭村"。

    新中国成立后，凤阳的农民分到了土地，农业开始恢复，农民的生活随之好转。1955年，全县粮食产量为2.6亿斤，比1949年多1.7亿斤，人均拥有粮食800多斤。应该说，这个时候，凤阳人基本上解决了吃饭的问题。1958年之后，人民公社化运动又开始了。那个年代，作为"三面红旗"之一，人民公社被看作向共产主义过渡的最好形式，是未来共产主义社会的基层组织，呈现在人们眼前的是一幅美好的情景，以致在非常短的时间里，全国基本上实现了人民公社化。凤阳是从1958年8月开始试办人民公社的，一个月多一点时间就完成了。当时公布的《凤阳县人民公社试行章程（草案）》明文规定：公社的分配原则，以基础社为单独核算单位，在有利于生产发展和社员生活水平不断提高的原则下，在各尽所能的前提下，实行"按需分配"的半供给制和"按劳分配"的半工资制的分配办法。随着生产的发展，逐步增加供给制部分，在工农业产品极大丰富的基础上，以共产主义各取所需的分配制度代替社会主义按劳取酬的分配制度。这个章程还宣称，要把全县变成一个公社。

    可是，令人遗憾的是，人民公社并没有把人们带到共产主义的"天堂"，带来的反而是一场灾难。从1958年到1978年的20年间，实行高级社的凤阳县向国家交纳的公粮是9.6亿公斤，国家返销的粮食却达6.7亿公斤。20多年来，凤阳县吃掉国家返销粮2亿公斤。据新华社记者报道，1977年冬，凤阳男女老少扒火车外流，又出现了一片"身背花鼓走四方"的凄凉景象。1978年冬，安徽省委几乎每天都收到来自江苏、上海、福建、山东打来的电报，要安徽派人把外流人员领回去。就连中央有关部门也发过指示，要求安徽妥善处理好人口外流问题。①

凤阳县最穷的公社叫梨园公社。梨园公社最穷的生产队就是小岗。小岗生产队有1100亩耕地，自然条件非常好，可是由于农民对集体劳动缺乏积极性，大部分土地抛荒，只有100亩土地勉强还有人耕种。"算盘响，换队长。"自1966年以来，全村17个劳动力，就有15个人当过生产队长、副队长。20户农民，几乎家家都有人当过生产队的干部。尽管如此，粮食产量依然很低，最好的1969年也只有2万公斤。整个生产队全年人均口粮只有50至100公斤，人均分配收入只有15至20元，每年有大半年吃返销粮。这里曾数次进驻公社的工作组，人数最多的是1974年，一下子派来了18人，一户一个。但他们来了，不是抓生产，而是在这个没有一户地主、富农的村庄搞路线斗争。斗来斗去，人心斗散了，土地斗荒了，粮食斗少了，社员斗穷了，集体斗空了，只能"吃粮靠返销，生产靠贷款，生活靠救济"。12年来，小岗人吃掉国家供应的粮食11.5万公斤，占全村全部粮食产量的65%，国家还提供贷款1.6万多元。即使这样，小岗村的农民还是无法维持最基本的生活，每到青黄不接的时候，人们就外出乞讨，全村20户人家，只有两户没有要过饭，一户有人当教师，一户有人在银行工作。小岗就这样成了远近闻名的"要饭村"。

小岗到底是怎么啦？问题到底出在哪里呢？曾经担任过凤阳县委书记的王昌太一语道破。他说："并不是中国农民不勤劳，生产不

---

① 童青林:《回首1978: 历史在这里转折》，人民出版社2008年版，第326—327页。

出粮食。也不是中国的农民没有创造性，找不到增产粮食的道路。根本的问题在于，解放以后的近30年间，有两个禁区没有被冲破，第一个禁区就是一个'包'字。一讲到'包'字，那就害怕。'包'字就是跟社会主义相对抗的资本主义道路，'包'字就是对阶级斗争的否定。另一个禁区，就是所有制，所有制一大二公，越公越好，越大越好。所以这两个禁区，实际上是在1978年，在关于真理标准问题讨论之后，才真正地被冲破。"[①]

中国农村的改革就是在这样的禁区中匍匐前进的。"文化大革命"十年，国民经济面临崩溃，农村有2.5亿人吃不饱肚子。其实，就连小岗的农民也说："我们是庄稼人，种了一辈子地，看到该长庄稼的地大片荒着，种田人没有向国家交一粒公粮，还吃着供应粮。我们想叫地里多长粮食，政策就不允许。这些年，心里真滚油烫着一样。"农民的心情是沉重的、复杂的，农民的心也是滚烫、火热的。

吃饭问题是最大的政治，不改革没有出路。是自上而下，还是自下而上？

穷则思变。小岗人在这个时候做出了自己的抉择，向"三面红旗"之一的人民公社体制发起了挑战。

1978年10月，小岗生产队农民以投票的方式，选举严俊昌担任队长，严宏昌为副队长，严立学为会计，组成了新的生产队领导班子。在"学小靳庄"的时候，严俊昌就曾担任小岗生产队队长，那时上午赛诗，下午唱样板戏，一天农活干不了三个小时。一气之下，他撂挑子不干了。公社书记逼他上任："干也得干，不干也得干。"干来干去，结果是全队揭不开锅了。最后，他干脆一走了之，背井离乡跑到上海游荡，成了外流人员。副队长严宏昌也曾流浪到浙江当乞丐，会计严立学同样也有过要饭的经历……

---

① 《大型电视文献纪录片〈邓小平〉》，中央文献出版社1997年版，第167页。

现在，群众又把这份担子交给了他们。他们知道，当务之急就是让大伙填饱肚子。这个时候，正是秋种时节，只有留住劳动力，才能把小麦种下去，否则来年还是没有饭吃。可是，小岗的人心已经散了。怎么办？正好这个时候，万里推行了"安徽六条"，凤阳在新任书记陈庭元的支持下，也在推广马湖公社"大包干到组、联产计酬"的办法。于是，他们就乘机把生产队分成四个小组。谁知，这样一分，矛盾也出现了，农民经常为上工时间早晚、记工分多少、分工是否合理而争吵不休，甚至大打出手。为了解决矛盾，到了11月上旬，他们又把四个组再次一分为二，分成了八个小组。用小岗人的话说，这八个小组基本上是"被窝里划拳——不掺外手"，多是父子组、兄弟组。这样一来，农民的积极性确实提高了不少，劳动力不够的时候，老少全家出动。没有耕牛，甚至就用人拉。可是，好景不长，兄弟姊娌之间竟然也发生了矛盾。

从分队到分组，从分组到分到家庭，竟然都没有彻底解决问题，小岗人徘徊了，更加怀念过去那种"责任田"的办法。那个时候，男女老少都干得热火朝天，家家户户都丰衣足食，那是小岗的黄金时代。怎么办？严俊昌、严宏昌和严立学这三位当过乞丐的生产队干部就去向全村最年长的老人关廷珠请教："怎么干，才能有吃的？"

"只有一条道儿！"

"什么道儿？"

"分田到户！"

于是，三人就议论开了："如果分田到户能干好，咱们就豁出去，不然，也是饿死！"

"好，那我们就把大家叫到一起，开会！搞包产到户。"

12月16日，小岗村20户人家除了两户单身汉外流之外，18户农民家家收到了口头通知，每家户主今天晚上到严立华家开会。严宏昌悄悄地告诉他们，等太阳下山以后才去，一个一个地去，不要结伴。

这是一个高度机密的会议。

寒风瑟瑟。这是一个普通的夜晚，这是一个与日常生活没什么两样的夜晚。寂静的夜空，黑漆漆的。吃过晚饭，大家沿着闭着眼睛也能找到的路，来到了这间破旧的茅草屋中。一张漆黑的八仙桌上，一盏煤油灯闪烁着昏黄的光。大家围坐在一起，面面相觑，鸦雀无声。因为会议的议题太重大了，谁也不敢第一个开口。

过了不知多久，传出了一个苍老而低沉的声音："你们放心，这样搞下去准能搞到饭吃！不过……"大家循声望去，是年过花甲的老人严国昌打破了沉默，"不过那么倒霉肯定不轻，说不定会打成'现行反革命'，到时可就毁了。"

"你们这样搞下去，一家老小可就成问题了。"严家芝老人接着说。

终于有人说话了，说得还这么严重。没错，做一件事情，先从最坏处做好准备是最好的方案。这个夜晚，似乎也变得沉重起来。他们在干吗呢？原来，今晚他们会议的主题就是四个字：分田到户。如果用两个字来说更彻底些，就是单干。这还了得！这不是单干，这简直是跟中央的政策、跟人民公社对着干！是要杀头掉脑袋的事情。要知道，小岗村曾经就有一户人家私下种了些辣椒和生姜，养了两头猪，就被连续批斗，还上了报纸。

夜静悄悄的。屋外的寒风透过破旧的门缝，发出嗖嗖的声音，吹着这微弱的煤油灯忽闪忽闪的。灯花像一嘟噜含苞待放的花骨朵开在灯芯上，灯光更黄更暗了。既然提出了分田单干，那就得有措施保证：第一，土地分到户后，要瞒上不瞒下，不准向外人透露，包括自己的亲戚和朋友；第二，保证上交国家粮油，该给国家的给国家，该交集体的交集体，任何人不准装孬。

不仅能吃饱肚子，还能超额完成上交国库粮的任务，分田到户是最好的办法。这一点，大家东议论西议论，达成了共识。有人甚至说，只要分田到户，就是砸锅卖铁甚至讨饭也要完成任务。大家兴致高涨起来，仿佛看到希望的太阳已经升起来了。不过，他们也有一个担心：万一单干被捅了出去，生产队干部就要坐牢，这可不是吹牛说大话闹着玩的。于是，十几个农民开始赌咒发誓，保证决不向外界透露今晚决定的秘密。

这时，有人冲着严俊昌说："你们要是倒霉，我们帮助你们把你们的小孩养到18岁……"这一声呼喊再次把会议推向了高潮。

"对！全村养着。"

"好！我们大家养！"

狭小低矮的破茅屋，瞬间变得温暖起来，沸腾起来。

共和国这样一个普普通通的小村庄，走到哪里也不会被人注意的小村庄，农民们为了种地，为了养家糊口，为了活着，竟然甘愿冒着被打成"现行反革命"的极大风险，竟然甘愿轮流抚养生产队干部的一家老小，这是英雄的传奇还是悲哀呢？

三个在逃荒要饭的外流途中没有掉过眼泪的汉子，今夜，流下了热泪。

严宏昌从衣兜里掏出一张早已草拟好的"保证书"，颤抖地说："就是杀头也让脑袋掉在富窝里。为混口饭吃，死也值得，啥话没有！我们写了一个字据，对俺们小岗搞秘密'包产到户'做了两条规定，如果同意就请各户按上手印……"

"再补上一条！把你们的孩子养到18岁！"

严宏昌写好了，掏出红印泥，把自己的名字单独写一行，写在第一个，在后面的名单中又写上了自己的名字。

严俊昌挑了挑灯花，煤油灯更亮了。严宏昌坐在灯下，给大伙儿念了一遍这份"生死契约"。

全文如下：

1978年12月　　　地点　　　严立华家

我们分田到户，每户户主签字盖章，如以后能干，每户保证完成每户的全年上交和公粮，不在向国家伸手要钱要粮，如不成，我们干部作牢判头也干心，大家社员也保证把我们的小孩养活到十八岁。

严宏昌

关廷珠　关友德　严立富　严立华　严国昌　严立坤

严金昌　严家芝　关友章　严学昌　韩国云　关友江

严立学　严俊昌　严美昌　严宏昌　严付昌　严家其

严国品　关友申

现在，今晚到会的来自18户人家的20个人都站了起来，用长满老茧的手指蘸上红印泥，在自己的姓名之上按下红手印。严宏昌和韩国云盖上了自己的私章。18枚红手印，加上三枚红印章（其中严宏昌的名字出现两次，他就在两处姓名上都盖了私章）。

如今，这份按满红手印的绝密"生死契约"，已经成为国家一级文物，收藏在国家博物馆，馆藏号为GB54563。细心的读者肯定会发现，在这份字据中还有三个错别字，一个是"不在向"中的"在"字，应为"再"；一个是"作牢"的"作"字，应为"坐"；一个是"干心"的"干"字，应为"甘"。还有一个"判头"，疑为"判刑"或为"杀头"之意。

就这样，小岗生产队就悄悄地"瞒上不瞒下"地把土地给分了——分田到户，成了中国第一家搞单干的，告别了"红芋面，红芋馍，离了红芋不能活"的苦日子，也由此拉开了中国农村改革的大幕。这份"生死契约"的签订，实际上宣布了一种新的社会主义

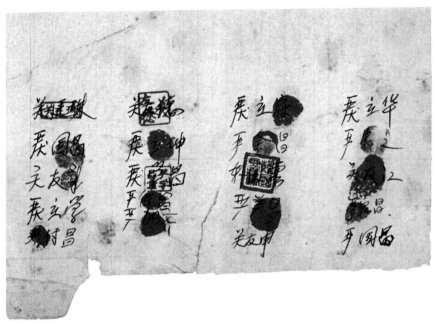

小岗村社员在签订的包干合同书上留下的手印。

生产关系的诞生。

谁也不敢想象，这份契约这一串红手印，化作一声春雷，唤醒了沉睡的大地。

在那个年代，包干到户都被看成历史的倒退受到围攻，何况分田单干。18户农民为什么冒着风险订这份生死契约呢？说白了，1978年的大旱，让小岗人被逼无奈，穷得无路可走了。大集体干不好，分到小组还是干不好，不如分到户，什么矛盾也没有了。如果公开地干，肯定干不成，所以只能偷偷地干，不声不响地干，铤而走险。

尽管小岗人严守秘密，但很快还是被周围的农民发现了——小岗村的人干活都是一家一户，明眼人一眼就看出来了——小岗把田分了。第二年春天，长势喜人的麦苗向世界透露了秘密。

小岗单干了，这个消息比风跑得还要快。大队、公社领导很快就知道了，有的公开支持，有的沉默不语，有的非常愤怒。显然，这是正常的。小岗人忒胆大了，这不是翻了天了吗？开历史倒车！上面要追究下来，谁都没有好果子吃。公社党委书记张明楼是一个老实人，勤勤恳恳，标标准准，执行政策不敢越雷池一步。这当然是可以理解的。他说："历史的车轮不能倒转。你们小岗尿得再高，还能有刘少奇的本事么！"可不是，这是政治高压线，谁也不敢触碰。作为公社书记，两头受气的张明楼当然不希望第一个吃这种螃蟹。他说："我是两头受气啊。中央红头文件不允许，下边非要干。实在难搞啊！我怎么不想包产到户呢？荒村荒地没人种，人都外流了，没有吃的那种滋味我也尝过。"没有办法，公社没收了小岗村的种子。

这时，小岗包干到户的消息也传到了县里。1979年4月的一天下午，县委书记陈庭元悄悄地来到小岗村，一探究竟。

走到村口，摆在面前的是像棋盘般整齐的花生地，如果是"大呼隆"式的集体劳动，绝不可能干得这么好。陈庭元看到有一对年轻的夫妇在地里干活，就走上前去问道："你们怎么就两个人干活呢？看样子是分到户干的吧？"

这一问，年轻的两口子不知道回答什么才好，非常尴尬地站在那里，没有话说。这是一个天大的秘密啊！小岗人战战兢兢。

面对僵持的局面，这位聪明的县委书记笑了。陈庭元佯装着恍然大悟似的说："哦，我知道了，我知道了，你们生产队都赶集去了，就剩下你们两口子干活了。"

陈庭元心里有底了。回到县里，他对小岗村给予支持，让他们试一试。他说："小岗村已经'灰'掉了，还能搞什么资本主义？全县有2000多个生产队，就算小岗生产队搞资本主义，也搞不到哪里去。已经分到户了的，就让他们干到秋后再说吧。"

陈庭元之所以说要让小岗村干到秋后再说，是因为他知道，秋后粮食产量也就出来了，那时分田到户是对是错，让事实说话。

21

1980年1月10日，夜深人静。合肥"稻香楼"宾馆，西苑平房的灯光，依然明亮。作为安徽省委第一书记，64岁的万里，还没有休息。他正伏案阅读一份来自中共凤阳县委呈送的调查报告，题目为《一剂必不可少的补药》。报告如下：

小岗生产队，原是一个小岗村。合作化前有34户，175口人，30头牲畜，110亩土地，全村正常年景粮食总产都在18至19万斤左右，好的年景可达20多万斤。那时，全村根本没有外流的、人们都把外出讨饭看做不光彩的事。1955年办初级社时，这个村没办起来。1956年加入了高级社，动员入社的黄专员说："你们一步跨入了'天堂'！"入社的第一年景况还不错，全队收了31万5千斤粮食，平均每人600斤，留下种子，其余4万斤都卖给了国家。这是小岗合作化以来的第一次，也是以后二、三十年中最后一次向国家做贡献。1957年反右扩大化反到了小岗生产队，在讨论优越性时谁要说个"不"字，不管你是贫农还是佃农都要大批一通，甚至被戴上"反社会主义"的帽子。从此，政治上鸦雀无声，上边叫怎么干就怎么干。那年冬天，小岗生产队就开始发粮票供应了。

以后几年，由于"五风"越刮越大，生产力受到严重破坏。1960年小岗只剩下10户，39人，1头耕牛，100多亩耕地。据统计，在这三年中非正常死亡（饿死的）60人，死绝6户。76人背井离乡，寻找活路。当时全村是满目断壁残垣，处处杂草丛生，很多人至今想起来还不寒而栗，简直不敢相信我们夺取了政权十多年后，还会出现那种惨状。

1961年，被社员称为"救命田"、官方批为"复辟田"的"包产到户"责任田之风吹到小岗已是强弩之末了。尽管如此，社员还是搞了"责任田"种上了小麦。种上后，上级硬要"改正责任田"，收的时候又拢了"大摊"，抢的抢，偷的偷，结果只收了965斤，还没种下去的2400多斤种子，每人分了1斤半，剩下的900斤硬留做种子了。从此，小岗队就出现了"种二十（斤），收十八（斤），不用镰刀用手拔"的说法。以后几年稍为安定，生产刚想抬头，1966年"文化大革命"又席卷了小岗……

这些落后的地方到底怎样搞，在粉碎"四人帮"前，很少有人去了解它、研究它，特别是领导很少光顾。小岗生产队在自家门口见到"北京牌""小面包""伏尔加"这是近年来的事情。有些小孩第一次见到小汽车在土路上扬起烟尘时，竟大惊失色。

今年春天，县委在贯彻三中全会决议精神和中共中央关于发展农业的两个文件过程中，根据群众要求，从实际出发，在全县有领导、有步骤地推行了"大包干"生产责任制。开始，这个20户、115口人的生产队划分为4个作业组，不行，又划成8个，还是不行，这块斗红了眼的地方，2—3户也是捣。以后，社员就"偷偷摸摸"地搞起了"包产到户"。

公社觉得这个队太难缠，有点"人心不足"。

这件事，被在农村工作几十年、尝过辛酸苦辣的县委主要领导同志知道了，他深知党的"规矩"，更同情群众疾苦。他想：全县300多个生产队，一个生产队搞了"包产到户"就是"复辟"了，也无关大局。于是，就告诉公社的同志说："算了吧，就让他们那样干吧！"小岗队"包产到户"就这样幸存下来了。

实际情况怎样呢？今年全队粮食总产132370斤，相当于1966年到1970年5年粮食产量的总和。油料作物25200斤，生猪饲养量135头，超过历史上任何一年。今年粮食征购超任务3800斤。过去的二三十年中一粒未交还年年吃供应，今年向国家交售24955斤，超7倍多。

"包产到户"对小岗确实是一剂必不可少的"补药"，他们唯一的希望是让他们这样干下去，干上三、五年，对国家有点贡献，个人积点钱，盖盖房子，添点家具，用自己的辛勤劳动，来改变这里的落后面貌。

……

小岗生产队是"偷偷摸摸"干起来的。一年来谁也没有去总结它，更没有人去宣传它。在县里整理的一些材料中偶然出现小岗的例子也都谨慎地被删去了。但是，这里的事情却在一些地方，特别是在那些穷困的地方很快传播开了。有的把这种传播叫"吸引力"。有的叫"影响"。在梨园公社那些和小岗情况差不多的生产队，已经成了群众议论的中心。他们说："同是一个政府，小岗能干，为什么不叫我们干呢？"尽管公社三令五申，讲得严厉，不准"包产到户"，可在今年秋种时，有的地方还是采取"瞒上不瞒下"的办法，群众一夜之间把田划开了，把牛分好了，鸡一叫就下地种麦了。

这种情况下，有的干部埋怨起小岗来了。他们说，都是受小岗的"影响"，没有小岗我们这里屁事没有。小岗在影响着一些地方，这是事实。但是，小岗从来未去宣传自己，更无权向其它地方发号施令，为什么小岗能吸引那么多地方，其它很多地方却"影响"不了小岗，这个问题从小岗过去出现过的一件事上可以找到最好的答案。1974年，公社下决心改变小岗的落后面貌。公社书记挂帅，人保组长坐镇指挥，一行18人进驻小岗（当时小岗是19户）。一个负责人在动员会上说："你们小岗再走资本主义道路不行了，今天我们左手牵着你们的鼻子，右手拿着无产阶级的刀、无产阶级的枪、无产阶级的鞭子，非把你们赶到社会主义道路上去不可！"18个人兴师动众"赶"了一年，结果小岗的粮食在原来很少的基础上又下降了很多。

小岗队"包产到户"目前仍是"众矢之的"。尽管人们不得不承认这种办法在长期落后的地方比其它责任制更能调动群众积极性，更能增产……

小岗的办法吸引着别人，这使小岗感到自豪，由于吸引着别人反带来了麻烦，连自己也不能搞了，心里又有难言的苦衷，这使小岗产生了一种新的矛盾心理……①

"大包干，大包干，直来直去不拐弯，交够国家的，留足集体的，剩下的都是自己的。"这就是小岗的生存之道。对外，陈庭元和小岗人不叫它为"分田到户"，也不叫"包干到户"，而是给它取了一个更响亮的名字，叫"大包干"。

这份来自"要饭村"的调查报告，让万里辗转反侧，一夜未眠。他激动地站起来，又坐下去，从头到尾再看了一遍。

第二天，万里见到了凤阳县委书记陈庭元，迫不及待地说："小岗的调查报告太好了，我像看小说一样，一口气看了两遍。"

---

① 王立新:《安徽"大包干"始末》，昆仑出版社1989年版，第133—137页。

1980年2月24日，即将赴京出任国家农委主任的万里，在告别安徽之前，来到了传说中的小岗村。

瑞雪初霁。太阳照在潮湿的大地上，明晃晃的。

偏僻的乡间土路，泥泞一片。

省委第一书记万里来了，来到了小岗村。乡村轰动了，七里八乡都轰动了。

二话不说，万里踏着泥泞一家一户地看了一遍，只见家家户户粮仓里都装得满满的，有的甚至放到屋子外面藏起来，他欣慰地笑了。在人口多、劳力差的关友江家，见到粮仓中数千斤粮食，他由衷地赞叹说："呵，这回'讨饭窝'不再饿肚子了。"

走到严宏昌家里，万里握着他的手，问他还有什么困难。严宏昌说："有人说我们小岗'包产到户'是'拉历史车轮倒转''挖社会主义墙脚'……"

万里拉下脸来，严肃地说："谁这样说，你就问问他：如果他有更好的办法，能使农民富裕，就照他的干。如果没有更好的办法，谁要说你'拉倒车''挖墙脚'，不准你们干，这个官司交给我万里给你打好了……"

一连看了十几户，最后，万里来到了生产队长严俊昌家。这时，全村的人都来了，连步履蹒跚的老太太、老大爷也都来了。

万里坐在木板凳上，像拉家常一样地说起自己小时候在农村生活的故事，讲他从小给地主放牛，讲他18岁参加革命打游击，讲他在动乱年代在大西北过着苏武牧羊式的生活，还讲起他在日本访问时看到现代化的农村、农业和农民的劳动和生活方式。最后，他说："农村落后，对这些我们了解得太少了，没想到老百姓这么苦，这么不幸。过去我知道下边有饿死人的，却没想到这么多、这么详细。中国老百姓忍耐性太强了……"

"万书记，以后我们就这样干下去吧？"严俊昌问道。

"你们这样干，形势自然会大好，我就想这样干，就怕没人敢干。你们这样干，我支持你们。"万里肯定地说，"地委能批你们干三年，我批准你们干五年。只要能对国家多贡献，对集体能够多提留，社员生活有改善，干一辈子也不能算'开倒车'。"

万里的话，说到小岗人的心里去了。大家高兴得快蹦起来了，心里一块石头落地了。

严俊昌的妻子顾不上听万书记说话，就赶紧到厨房里炒了一锅花生，端了上来，招待万里。

万里客气地摇摇手："不吃，不吃！"

"不要钱！"严俊昌幽默地说。

在场的人们都开心地笑了。

一位老太太说话了："万书记，以前想给你吃都没有，现在有了，也不在乎了……"

老太太话音未落，严俊昌就大把大把地把花生往万里的大衣兜里装。

"那好，我吃。"万里激动得热泪盈眶地说，"我就带点，让常委们也尝尝你们的'大包干'成果！"

回来的路上，万里对陈庭元语重心长地说："咱们不能再念紧箍咒了，你们说是不是？"

"别的地方要学习小岗搞包干到户可中？"

"中！"万里说，"只要对国家有利，对人民有利，哪个学都行！"

回到合肥，在省委常委会上，万里把装得满满一篮子的花生"哗"一下倒在会议桌上，欣喜地大声说："咱们先吃花生，再开会！……"

"要吃米，找万里。"安徽的老百姓如实说。而对万里来说，没有什么比这更崇高的奖赏了。

22

农民、农村和农业，也就是"三农"问题，是中国共产党执政为民的一个基本也是根本性问题。在1978年11月召开的中央工作会议上，农业问题作为一个特别重要的议题被热烈讨论并达成了共识，从而大大推动了农村改革，改变了农民的生活面貌。

根据华国锋在中央工作会议开幕式上的安排，农业问题本来是这次中央工作会议需要讨论的三个议题中的第一个议题，也是与会者普遍关心的问题——如何进一步贯彻执行以农业为基础的方针，尽快把农业生产搞上去？

中国是一个农业国，如果农村的事情没办好，中国的事情就不可能办好；农民贫困，国家就不可能富裕；农村停滞落后，中国就不可能实现现代化。

在中国，农民的生产方式和活动方式，农民们那种充满矛盾的性格，深深地影响着中国整个社会，决定着中国的政治和经济走向。中国农民是保守的、自私的；又是勤劳的、团结的。中国农民具有世界上少有的忍耐力和屈从性，同时又具有强烈的反抗性。他们的屈从与忍耐并不是无限度的，一旦超出可以忍受的限度，最神圣的权威也会遭到他们的反击。中国农民在历史上曾无数次地显示自己的性格和力量，多次导致改朝换代。中国农民具有推动历史发展的伟大力量。农民对重大事件的反应似乎是迟钝的，但最后决定整个国家命运的，还是农民的动向。毛泽东对此有着极为深刻的认识，他说："农民是中国国民经济的主要力量，是工人阶级的坚固的同盟军，农民问题是中国革命的基本问题，农民的力量是中国革命的主要力量，工农联盟是人民民主专政的基础，这是现代中国的根本规律。"中国共产党就是抓住了这个根本规律，赢得了中国革命的胜利。

1978年之前的中国，农村景象是山寒水冷，农业生产是山重水复，农民生活是山穷水尽。对于许多地区的农民来说，填饱肚子几乎都成了一种奢望。粮食总量不足，致使中国长期陷于粮食供给不足的窘境。而从全国农业人口平均年收入看，我国农村长期处于自给自足的自然经济状态，商品经济的发展水平十分低下。所以我国的农村经济也浓重地打着自然经济的烙印。改革前全国农业人口的平均年收入为70元，但这70元并不是每个农民手中真正持有的货币，它由两部分组成：其一是农民所取得的实物的折价；其二是通过集体分配或通过商品交换而获得的货币。农民手中真正握有的货币远远低于70元。即使这70元都是实实在在的货币，也就是每月不足6元，每天不足两毛钱。按照1978年的物价水平，两毛钱仅仅能买一斤白面或两个鸡蛋，买工业品顶多可购半尺白布或一个粗瓷小碗而已。农民一天只靠两毛钱支撑，生活之窘迫可想而知。这两毛钱还是平均数，相当多的贫困地区还不足两毛钱。有的劳动一年，不见一分钱。更有甚者，不但分不到一分钱，为了取得活命的口粮，反倒欠集体的债。40年前，我生活在安徽的农村，九口之家，四个大人，五个孩子，几乎年年都靠借粮度日，每到冬天都是一日两餐，过着食不饱腹的日子。

这个时候中国的农业到底落后到什么程度呢？粮食紧张到什么程度呢？根据中央工作会议所发材料："从1957年到1977年，人口增长了三亿，其中非农业人口四千万，耕地面积减少了1.6亿亩。因此，尽管单位面积产量和粮食总产量有了增长，1977年全国平均每人占有的粮食还略少于1957年（1977年我国粮食产量为5655亿斤，因受严重自然灾害的影响，比上年减产71亿斤；1978年粮食产量达到6095亿斤，比上年增加440亿斤；全国人均粮食占有量，1977年为598斤，1957年为603斤），全国农村还有一亿几千万人口粮食不足。1977年，全国农业人口平均每人每年的收入只有60多元，有三分之一的生产队社员收入在40元以下，平均每个生产大队的集体积累不到一万元，许多地方只能维持简单再生产，有的甚至连再生产也难以维持。"①

在这样一个劳动生产率低下，收入少得可怜，连吃饱饭都困难的农业社会中，生存着10亿人民，其中8亿是农民。城市居民的绝大部分虽然属于城市户口，吃着农民提供的商品粮，但实质上也属于农民，他们几乎全部出身于农民（少数出身于地主），是农民的子孙。这是中国的国情，中国就是这样一个农民国家。

11月9日，大会秘书处向每一位代表印发了《关于加快农业发展若干问题的决定（草案）》和《农村人民公社工作条例（试行草案）》。11月13日，会议转入讨论农业问题的时候，主管农业的国务院副总理纪登奎在会上就这两个文件的有关情况做了说明。他主要讲了农业的现状、以农业为基础的方针、调动农民的积极性、加快农业发展的措施、加强农业的领导五个问题。纪登奎在讲话中继续强调农业学大寨。学大寨，就是要学习大寨的根本经验。他还解释说：大寨坚持社会主义方向，坚持马列主义、毛泽东思想领先的原则，坚持艰苦奋斗、自力更生的精神，坚持爱国家、爱集体的共产主义风格，这些都是大寨的根本。学习大寨，就是要学习这些根本。他还批评说，有些地方一听说学大寨，就搞"割资本主义尾巴"，没收农民的自留地，限制农民的家庭副业，取消集市贸易，还生搬硬套大寨评工记分的做法，不从实际出发，不讲因地制宜，这就学偏了。对于如何调动农民的积极性，纪登奎提出两条措施：一是靠思想政治工作，二是靠政策。他要求各级党委，这两个关于农业的文件通过后，今冬明春要大张旗鼓地宣传贯彻。

---

① 《中共中央关于加快农业发展若干问题的决定（草案）》，中央工作会议文件，1978年12月12日。

华国锋也在会上强调，实现现代化，农业最重要。农业是国民经济的基础，只有加快农业的发展，才能为国家提供大批粮食和工业原料，还可以提供广大的国内市场。这样才能促进整个国民经济的发展。他建议用六天的时间讨论关于农业的两个文件。

但让华国锋没有想到的是，在讨论这两个文件的时候，与会的大多数人"都不满意"。会上，不仅来自地方的各路"诸侯"，就连军队和中央机关的人，讲起农业问题来，都个个忧心忡忡，滔滔不绝。大家普遍认为纪登奎的讲话和两个农业文件既没有实事求是地总结新中国成立以来农业战线的经验教训，又没有实事求是地指出当前存在的问题，一句话就是，解决不了当前的农业问题。大家批评了在1980年"基本实现农业机械化""把全国三分之一的县建成大寨县"等"左"的不切实际的指标。

习仲勋在中南组就如何加快广东发展的问题说：中心的问题是坚决把农业搞上去。近十年来，广东农业发展缓慢，农民吃不饱肚子，副食品供应紧张，可以说已经到了怨声载道的地步。他认为，对农业要解放思想。为什么这些年来我们花了很大力气，还是解决不好吃饭的问题，工作越来越被动？一个重要的原因，就是对农业的理解很片面，生产布局不当。这是一个深刻的教训。因此，一定要坚持农、林、牧、副、渔并举，五业同农副业产品加工业、商业并举，农业以粮为纲，全面发展，因地制宜，适当集中，把畜牧业、渔业提到重要地位上来。[1]

西北组讨论时，胡耀邦、李登瀛、江一真、萧华、李人俊等都做了发言。姚依林在谈到进口粮食问题时说，1978年进口了1200万吨粮食，其中100吨是转口的，1100万吨供应国内市场，可以缓解农业紧张形势。于是，他主张1979年增加进口数量，使进口粮食达到

---

① 童青林：《回首1978——历史在这里转折》，人民出版社2008年版，第368页。

1800万吨。这样一来，可以恢复棉花、油料和糖的生产，而且还可以解决饲料问题。

民以食为天。在东北组，陈云提出"在三五年内，每年进口粮食可以达到2000万吨"。他说："我们不能到处紧张，要先把农民这一头安稳下来。农民有了粮食，棉花、副食品、油、糖和其他经济作物就都好解决了。摆稳这一头，就是摆稳了大多数，七亿多人口稳定了，天下就大定了。"此前，陈云在一份内参上看到一条消息："延安还有不少群众靠讨饭过活。"他在发言中有针对性地说："建国快三十年了，现在还有讨饭的，怎么行呢？要放松一头，不能让农民喘不过气来。如果老是不解决这个问题，恐怕农民就会造反，支部书记会带队进城要饭。"

在粮食不够又要稳定农村这一矛盾的情况下，为了给农民以休养生息的机会，调动农民的积极性，陈云主张进口粮食。但在当时"左"的指导思想还没有被完全纠正的情况下，提出这种主张，尤其是要从世界最主要的粮食出口国——被中国人称作"美帝国主义"的美国购买粮食，就会被称作"修正主义"。陈云说："'吃进口粮是修正主义'，不能这么说。1961年庐山会议期间，我就请示过毛主席，可否通过法国转口购买美国粮食。毛主席说可以。现在有了中美上海联合公报，可以直接向美国购买粮食。"

东北组在讨论时，时任中共中央党校副校长的马文瑞说："报纸上每年都大叫丰收，1972年减产200亿斤还说丰收。丰收了15年，可农业还是这个样子。许多地方缺粮，有的地方甚至还有要饭的。农业为什么发展缓慢？"他建议把其中的原因搞清楚，今后的工作才能对症下药。他觉得，这个农业文件没有把过去农业生产的基本经验总结出来，不能令人满意。

11月16日，万里在华东组的发言具有很强的针对性，因为此时的安徽已经悄悄地进行了农村改革。他说：28年来，安徽农业生产，经历了三起三落的曲折过程。凡是生产增长年代，都是我们的工作比较实事求是、执行政策比较好、农民的积极性被调动起来的时候。反之，生产停滞以至下降的年代，都是农村经济政策遭到破坏、干部脱离实际脱离群众、农民积极性受到严重挫折的时候。正反两方面的经验，都是值得认真吸取的。安徽历史上的教训，是不按经济规律办事，瞎指挥，弄虚作假，浮夸吹牛，以致高指标、高征购，造成严重后果。由于农业生产起伏不定，全省人均粮食占有量至今还未达到1955年的水平。那时候人均粮食718斤，每个农业人口平均贡献商品粮175斤。而1977年人均粮食下降为652斤，人均贡献商品粮只有88斤。1977年人均粮食占有量同1949年的648斤相比，28年只增加了4斤。就连淮北那么好的地方，农民每人每年也只分得30多元，大别山老区一些农民甚至连裤子都穿不上，也没有被子盖，实在让人难过。这种情况再也不能继续下去了。

怎样才能把农业搞上去？万里认为：最根本的就是要把农民的积极性调动起来，这是当前加快农业发展的关键。为此，他提出了五点建议：一是认真落实农村各项经济政策，特别是要维护农民的正当经济利益，取消各种不合理的负担，真正尊重生产队的自主权，认真实行定额管理和按劳分配；二是抓好各级领导班子建设，改进领导作风，提高领导水平，强调从实际出发，因地制宜，按经济规律办事；三是以兴修水利为中心，大搞农田基本建设；四是贯彻"以粮为纲，全面发展，因地制宜，适当集中"的方针，实行科学种田；五是加强农业的支援，调整工农业产品的比价，缩小剪刀差。[①]

11月22日，胡乔木就农业问题又"放了一炮"。解放战争时在陇东，"大跃进"时在韶山，对农村、农业和农民问题均做过深入调查研究的胡乔木，在小组会上的发言与众不同。他说："多少年来，我

---

① 张树军、高新民：《共和国年轮（1978）》，河北人民出版社2001年版，第266—267页。

们对农业缺少认真的研究，这次会前也缺少足够的准备。因此，对农业上不去的根本原因是什么，怎么才能上去，谁也谈不出系统的意见。"因此，他建议在这次会上只搞两个关于农业的具体问题的决议，即提高农产品收购价格和增加农产品的进出口，至于加快农业发展速度的决定待会后经过认真调查研究再搞。他说："1957年以前，我们搞一次运动，生产就上升一次，而那以后，搞一次运动，生产就被破坏一次。为什么？根本原因就在于生产力没有变化，却要不断改变生产关系。"

胡乔木的发言，得到了同在一个小组的李先念的赞同和支持。但李先念补充指出：关于农业的决定还是要在这次全会上搞出来，而且建议要胡乔木来主持文件的修改和定稿工作。于是，根据中共中央的决定，在会议的后半期，胡乔木又把精力投入主持关于农业问题决定稿文件的定稿工作中。因为在认识和思路上有不同意见，胡乔木决定临时召集两个班子，各自起草一个稿子，再由自己经过比较选择好的一个。就这样，胡乔木一边参加会议，一边修改文件，直到会议快结束的时候，终于拿出了一个大家看了都比较满意的稿子。

在这个题目为《中共中央关于加快农业发展若干问题的决定（草案）》的稿子中，胡乔木大胆冲破"左"倾错误在农业上设置的禁区，既分析了农业的现状，总结了历史经验，也部署了实现农业现代化的工作目标和计划，规定可以在生产队统一核算和分配的前提下，包工到作业组，联产计酬；国家实行低税或免税政策，大力发展社队企业，发展小城镇建设等，提出了25项政策和措施。这个文件连同《农村人民公社工作条例（试行草案）》，在会议结束的当天发给了与会代表。

胡乔木主持起草的这份《决定》，对农村所有制结构做了这样的规定："人民公社、生产大队和生产队的所有权和自主权必须受到国家法律的切实保护；不允许无偿调用和占有生产队的劳力、资金、产品和物资；公社各级经济组织必须认真执行按劳分配的社会主义原则，按照劳动的数量和质量计算报酬，克服平均主义；社员的自留地、家庭副业和集市贸易是社会主义经济的必要补充部分，任何人不得乱加干涉；人民公社要坚持实行三级所有、队为基础的制度，稳定不变；人民公社各级组织都要坚持实行民主管理、干部选举、账目公开。"对分配问题的规定是："可以按定额记工分，可以按时记工分加评议，也可以在生产队统一核算和分配的前提下，包工到作业组，联系产量计算劳动报酬，实行超产奖励。"

但是与其同时下发的《农村人民公社工作条例（试行草案）》还明确规定"两个不许"，即"不许包产到户"和"不许分田单干"。对此，在安徽已经实行农村改革的万里，仍然感到不太满意。他说：文件的缺点是说"普通话"多，揭露矛盾少，不够集中有力。特别是对林彪、"四人帮"破坏农业，以及我们在农业上的教训，没有做认真分析。他建议"两个不许"可以不要。事实上，万里在安徽就是这么做的。

《中共中央关于加快农业发展若干问题的决定（草案）》尽管得到了大家的认可，但胡乔木觉得毕竟时间太短，缺少充分讨论，就建议这个《决定》草案只是在十一届三中全会上原则性通过。后来，这个《决定》连同《农村人民公社工作条例（试行）》一起下发各地进行讨论和试行，经过九个月的实践检验，在1979年9月召开的四中全会上经修改后正式予以通过。

历史实践证明，胡乔木主持撰写的《中共中央关于加快农业发展若干问题的决定（草案）》，解放和统一了广大农村干部的思想，调动了亿万农民的积极性，大幅度提高了粮食产量、增加了农民收入，确实起到了历史性的作用。据统计，1979年全国粮食和油料、棉花、蚕茧、猪、牛、羊、禽、蛋、蜂蜜、水果全面增产。全国粮食征购量比上一年同期增加103亿斤，超额完成任务。国家收购的各种农副业产品总额比上一年增加25%。林业、副业、社队企业，也都有了不同程度的发展。农村人均收入比上一年增加了十元多，比1977年增加了20元。

23

"领导要方向，群众要产量。"万里后来回忆说，"包产到户效果非常显著，农民不仅拥护，而且迫切要求。小平同志开始没有表态，我从安徽回来多次向他汇报，他表示同意，可以试验。出了成果之后，他公开表示支持。1980年5月31日小平同志的那次谈话，讲到了肥西，讲到了凤阳两个点的情况，给予了充分肯定。在斗争激烈的关键时刻，他讲了话了，支持包产到户。这个讲话对农村改革是个巨大的支持和促进。否则，包产到户即使在安徽上了'户口'，也还是会被注销的！"

万里所提到的邓小平的这次讲话，是邓小平与胡乔木、邓力群谈话时说的。具体内容如下：

农村政策放宽以后，一些适宜搞包产到户的地方搞了包产到户，效果很好，变化很快。安徽肥西县绝大多数生产队搞了包产到户，增产幅度很大。"凤阳花鼓"中唱的那个凤阳县，绝大多数生产队搞了大包干，也是一年翻身，改变面貌。有的同志担心，这样搞会不会影响集体经济。我看这种担心是不必要的。我们总的方向是发展集体经济。实行包产到户的地方，经济的主体现在也还是生产队。可以肯定，只要生产发展了，农村的社会分工和商品经济发展了，低水平的集体化就会发展到高水平的集体化，集体经济不巩固的也会巩固起来。关键是发展生产力，要在这方面为集体化的进一步发展创造条件。①

在这次谈话中，邓小平还针对一些干部在农村实行包干到户等问题上顾虑重重、思想不解放的情况，进一步指出：

> 总的说来，现在农村工作中的主要问题还是思想不够解放……现在有些干部，对于怎样适合本地情况，多搞一些经济收益大、群众得实惠的东西，还是考虑不多，仍然是按老框框办事，思想很不解放。所以，政策放宽以后，还有很多工作要做。②

邓小平的这一表态，对包干到户这种农村生产责任制的巩固、推广和整个农村改革的进行无疑具有巨大的促进作用。在安徽，当万里离开后，全省一度刮起了"冷风"，一些搞了"双包"的生产队，纷纷收回包产田，又重新拢起来。一些地方的领导虽然仍坚持包干到户的农业生产责任制，但承受着很大的压力。邓小平的谈话精神传达到安徽后，大大解除了这些干部所承受的压力，鼓舞了他们坚持包干到户的政策和继续探索农村改革措施的信心。

就在这一年，邓小平又亲自到四川、湖北、河南等省的农村进行实地调查，了解我国农村的现状和农村发展的远景，以进一步推动农村的改革。通过考察，他进一步掌握了我国农村改革和发展的情况。1980年9月14日至22日，中央在北京召开了各省、自治区、直辖市党委第一书记参加的座谈会。会议专门讨论了加强和完善农业生产责任制的问题。在邓小平的支持下，会议通过了《关于进一步加强完善农业责任制的几个问题》的通知，对农村"包产到户"

---

① 《邓小平年谱（1975—1997）》（上），中央文献出版社2004年版，第641页。
② 《邓小平文选》第二卷，人民出版社1994年版，第316页。

和"包干到户"等问题做了明确规定。这是中央文件第一次肯定包产到户政策，并使其合法化。

也是在1980年的6月18日，四川省广汉县向阳人民公社在全国第一个摘下了挂了22年的人民公社的牌子，挂上了乡政府的牌子。随后，全国各地的人民公社陆续由社改乡。

七年后的1987年6月12日，邓小平在会见南斯拉夫共产主义联盟中央主席团委员斯特凡·科罗舍茨时，说："我们的改革和开放是从经济方面开始的，又首先是从农村开始的。为什么要从农村开始呢？因为农村人口占我国人口的80%，农村不稳定，整个政治局势就不稳定，农民没有摆脱贫困，就是我国没有摆脱贫困。坦率地说，在没有改革以前，大多数农民处在非常贫困的状况，衣食住行都非常困难。党的十一届三中全会以后中央决定进行农村改革，给农民自主权，给基层自主权，这样一下子就把农民的积极性调动起来了，把基层的积极性调动起来了，面貌就改变了"，"当然，开始的时候，并不是所有的人都赞成改革。有两个省带头，一个是四川省，那是

四川省农民实行责任制后忙于春耕。

我的家乡；一个是安徽省，那时候是万里同志主持。我们就是根据这两个省积累的经验，制定了关于改革的方针政策。"[1]

诚如邓小平所言，安徽以敢为天下先的勇气，率先实行农业"大包干"，掀起了中国农业改革的春潮，这股改革风潮也吸引了众多文艺工作者纷纷来这片热土采风，他们创作出了一批脍炙人口的文艺作品，其中最著名的就是《在希望的田野上》这首歌。

1980年，时任《歌曲》月刊编辑的陈晓光，来到安徽凤阳小岗村深入生活，深切体会到改革给中国大地带来的新活力，用半天时间就写出了这首充满激情和活力的歌曲的歌词。回京后，陈晓光把歌词送给著名作曲家施光南。施光南拿到歌词后非常激动，几小时就完成了谱曲。施光南所作的曲以徽调为基础，有着非常强烈的民族色彩，但同时又用现代流行的西洋调式加以包装。这首歌曲正是通过这种具有浓厚乡土韵味和时代气息的形象描绘，将20世纪80年代农村欣欣向荣的画面表现得淋漓尽致，让人们由衷地产生自豪感。

这首歌被共青团中央向全国推广，并作为1984年新中国成立35周年国庆活动的集体舞歌曲，风靡全国，成为改革开放的经典歌曲，不仅入选20世纪华人音乐经典，还被联合国教科文组织选为亚太地区音乐教材曲目。2007年9月，《在希望的田野上》作为嫦娥一号月球探测卫星搭载播放歌曲，被送上了太空。

改革，给希望的田野带来了勃勃生机。

1982年1月1日，中共中央批转了《全国农村工作会议纪要》，简称1982年"中央一号文件"。《纪要》指出：目前，全国农村已有90%以上的生产队建立了不同形式的农业生产责任制，包括小段包工定额计酬，专业承包联产计酬，联产到劳，包产到户、到组，包干到户、到组，等等，都是社会主义集体经济的生产责任制。这个

---

① 《邓小平文选》第三卷，人民出版社1993年版，第237—238页。

文件是新中国成立后关于农村工作的第一个一号文件，反映了中央对农村问题的重视。其重大意义在于初步说明了"包产到户"不姓"资"，结束了"包产到户"30年的争论，并强调要进一步注重放宽农村政策。当时农民称中央的"一号文件"好比一颗"定心丸"。以后连续五年，中共中央每年元旦都发一个关于农村改革的文件，即"五个一号文件"。

中央一号文件引领农村改革新发展。到1982年11月底，全国实行"双包"的生产队占到78.8%，这一年的农业总产值比上年增加11.2%。1982年春节前夕，著名社会学家、人类学家费孝通到江苏吴江县开弦弓村进行社会调查。他在自己的调查报告《三访江村》中，这样写道："我觉得特别兴奋的是在这里看到了我几十年前所想象的目标已在现实中出现，而且为今后中国经济的特点显露了苗头。"

中国农村的变化是翻天覆地的。到了1983年初，全国农村实行"包产到户"和"大包干"的生产队达到93%，其中绝大多数搞的是"大包干"。到了1984年，实行了20多年的人民公社体制被彻底废除，以"包干到户"为主要形式的家庭联产承包责任制这一统分结合的农业经济新体制已经在全国范围内逐步形成。温饱，这个长期困扰中国的基本问题，经过短短几年的改革，就得到了初步解决。与此同时，乡镇企业蓬勃兴起，迅速成为国家的重要经济产业。邓小平高兴地说：乡镇企业异军突起，这是完全出乎我们意料的最大收获。"改革，从农村开始，一度议论纷纷。经过三年，解决了许多实践中出现的新问题，取得成效，认识也就比较一致了。在多年酝酿和农村改革成功的基础上，改革的重点转移到城市。"

1984年，中国的粮食产值首次突破8000亿元大关，人均产粮400公斤，达到世界平均水平。中国农民从此开始告别贫困，走向富裕。经过六年的实践之后，以城市为重点的整个经济体制的全面改革已经酝酿成熟。从此，中国的改革进入了一个崭新的阶段。

夏之卷

里程碑

夏脉如钩，南方之火，
万物茂盛，山高水长。

全党工作重心转移到经济建设

24

1978年11月10日。北京。那是一个天高云淡、秋高气爽的好日子。

这天下午，中央工作会议开幕。地点在京西宾馆。

京西宾馆始建于1958年，最初称"八一饭店"，实际是中央军委招待所，参照上海锦江饭店样式设计建设主楼（即现在的西楼），以苏式建筑风格为主。1960年5月18日正式开工，后因遇到国家经济困难停工，1964年1月8日复工。1964年6月9日，时任军委秘书长罗瑞卿根据八一饭店所处地理位置在长安街西端，将其定名为"京西宾馆"。9月1日举行了第一期工程落成典礼。1965年1月19日完成全部工程。京西宾馆曾与北京饭店、民族饭店、前门饭店、华侨大厦并称为首都"五大饭店"，主体由西楼、东楼和会议楼组成。周恩来总理确定，京西宾馆由军队管理，军政共用，同中南海、人民大会堂、钓鱼台一样属于保护单位。1967年7月，根据毛泽东主席的指示，北京卫戍区"常驻京西宾馆两个连"。这座如今已经身处京城闹市中心的建筑，其一举一动都牵动着中国乃至世界的神经。

京西宾馆会议楼三层第一会议室，是标志性的会议室，从1968年10月中共八届十二中全会开始，历届党的中央全会绝大部分在这里召开。1978年，历史再次选择了京西宾馆。12月18日至22日，中共十一届三中全会在这里召开，从此京西宾馆作为中共重大历史转折纪念地和改革开放航船的起航地，被光荣地载入史册。第一会议室可容纳400余人，如今正面墙上悬挂万里长城巨幅国画的位置，两侧悬挂的条幅"自力更生"和"艰苦奋斗"（在1978年则是"全世界无产者，联合起来"和"团结起来，争取更大胜利"）。天花板上有八座大型花瓣式乳白色吊灯，后方则是四根高大的圆柱。

在十一届三中全会召开之前，中共中央在这里召开了中央工作

京西宾馆外景。

会议。虽然是两个会议，各有各的功能，但二者密不可分。中央全会和中央工作会议在党的章程中地位、议程和作用不同。对许多重大问题，中央工作会议无权做出正式决议，必须召开全会才能使中央工作会议上提出的各种主张正式成为全党遵循的决议。1978年11月召开的这次中央工作会议，事实上是为十一届三中全会做准备，也就是说三中全会要确定的政治路线、方针任务等，在中央工作会议上都已经提出，实际上中央工作会议就成了三中全会的预备会。

故事就从中央工作会议说起——

中央工作会议预定会期为15天，结果从1978年11月10日开幕到12月15日结束，在闭幕后又开了两天，一下子开了36天。一个工作会议如此之长，在中国共产党的历史上是少有的。这次会议之所以如此引人注目，是因为中国当代历史在这里实现了大转折，邓小平、陈云等老一辈革命家、政治家发挥了关键作用，使这次中央工作会议开成了一个拨乱反正的会议。

既然是中央的工作会议，党政军各部门，各群众团体，各省、市、自治区的主要负责人就必须参加。这些代表除中央政治局委员和候补委员以上级别的领导干部外，还有中央军委常委、全国人大副主任、国务院副总理、全国政协副主席、最高人民法院院长和最高人民检察院检察长，以及各省、市、自治区党委、各大军区、中央机关、国家机关和军委直属机关的负责人。在18位中央政治局委员中，有邓小平、叶剑英、李先念、刘伯承、聂荣臻、徐向前等老资格的革命家和领导人。在参加会议的中央委员和候补中央委员中，中共十一大选出的有137人，占会议代表人数的63%；非中共十一大选出的中央委员和候补中央委员有82人，占会议代表人数的37%。非中共十一大选出的中央委员和候补中央委员中，有中共八大选出的中央委员和候补委员，包括习仲勋、宋任穷、黄火星等；还有中共八大二次会议增补的候补中央委员。会议应到219人（亦有史料说应到218人），实际到会人数为212人。

从会议代表人数和级别来看，这次中央工作会议规模不小、规格不低。更引人注目的是，会议代表当中许多人都是在"文化大革命"期间受到迫害的老资格共产党员。一位参加者说，他在看了这个会议代表名单后，立即意识到将会有一番带有严重性质的争论，从而认为这将是一次可以有所作为的会议。

东西南北中，汇聚到北京。与会者报到后，分别领到了中央工作会议秘书组印发的分组名单。按照惯例，会议按当时的地区划分为东北、华北、华东、中南、西南、西北六个组，每组指定4个召集人。中共中央主席和副主席不编入各组。

这次中央工作会议是1978年7月至9月间召开的国务院务虚会和9月召开的全国计划工作会议的继续，也是深入和扩大。国务院务虚会和全国计划工作会议，讨论了1978、1979年经济计划和相关经济政策，而这些内容都需要经过党的全会讨论，然后做出决定。依照惯例，在全会召开之前，需要召开工作会议，实现民主和集中的统一。

现在，当我们打开诸多关于研究和叙述改革开放历史原点的著述，我们会发现它们都不能不谈及1978年的这一次中央工作会议，而且都可以看到这样一段表述："会前，根据邓小平的提议，中央政治局常委会议、中央政治局会议决定，会议先用两三天的时间讨论从1979年起把全党工作重点转移到社会主义现代化建设上来的问题。"

不过，我们不妨梳理一下邓小平1977年7月复出以来的主要活动，从中可以发现诸多不应该被忽略的历史细节，而这些细节可以更好地帮助我们理解"全党工作重点"的"转移"。这里，以邓小平的六次重要讲话为线索，我们可以清晰地看到邓小平理论的经纬。

——第一次是1978年3月18日在全国科学大会开幕式上的讲话。邓小平指出："现代科学技术正在经历一场伟大的革命"，"同样数量的劳动力，在同样的劳动时间里，可以生产出比过去多几十倍、几百倍的产品。社会生产力有这样巨大的发展，劳动生产率有这样大的提高，靠的是什么？最重要的是靠科学的力量、技术力量"。邓小平清醒地看到中国与世界先进水平的国家差距越来越大，要缩小差距就必须不失时机地抓住新技术革命浪潮的机遇，解放社会生产力，提高劳动生产率，因为"不搞现代化，科学技术水平不提高，社会生产力不发达，国家的实力得不到加强，人民的物质文化生活得不到改善，那么，我们的社会主义政治制度和经济制度就得不到充分巩固，我们国家的安全就得不到可靠的保障"。这篇讲话稿概括了邓小平1975年和1977年以来对科学技术的一系列论述，深刻地阐述了科学技术的地位作用、科技队伍的建设和科研单位的领导等发展社会主义科学技术事业的一系列关键性的方针政策，针对在科技战线上被"四人帮"搞乱了的重大是非问题，从理论与实践的结合上做出透彻的分析和明确的回答，是邓小平科技思想最有代表性的篇章。

——第二次是1978年4月22日在全国教育工作会议上的讲话。邓小平指出：教育事业必须同国民经济发展的要求相适应。讲话抓住发展教育事业急需解决的关键——教师问题，强调指出：要尊重教师的劳动，提高教师的质量。并切中要害地指明：一个学校能不能为社会主义建设培养合格的人才，培养德智体全面发展、有社会主义觉悟的、有文化的劳动者，关键在教师。明确提出：要提高人民教师的政治地位和社会地位。不但学生应该尊重教师，整个社会都应该尊重教师。要研究教师首先是中小学教师的工资制度。要采取适当的措施，鼓励人们终身从事教育事业。

——第三次是1978年6月2日在全军政治工作会议上的讲话。邓小平说：我们讲要继承和发扬毛主席为我们培育的优良传统，首先就是实事求是。归根到底，这是涉及什么是马克思列宁主义、什么是毛泽东思想的问题。毛泽东思想最根本、最重要的东西就是实事求是。现在发生了一个问题，连实践是检验真理的标准都成了问题，简直是莫名其妙！《人民日报》在6月6日全文转载了新华社发表的邓小平讲话全文。

——第四次是1978年9月16日在视察东北、听取吉林省委的工作汇报时，邓小平发表了著名的题为《高举毛泽东思想旗帜，坚持实事求是的原则》的讲话。他再次强调："按照历史唯物主义的观点来讲，正确的政治领导的成果，归根到底要表现在社会主义生产力的发展上，人民物质文化生活的改善上。如果在一个很长的历史时期内，社会主义国家的生产力发展的速度比资本主义国家慢，还谈什么优越性？我们要想一想，我们究竟给人民做了多少事情呢？我们一定要根据现在的有利条件加速发展生产力，使人民的物质生活好一些，使人民的文化生活、精神面貌好一些。"

——第五次是1978年10月3日下午与胡乔木、邓力群、于光远谈话时，邓小平说："这次我在沈阳军区讲，揭批'四人帮'运动总有个底吧，总不能还搞三年五年吧！要区别一下哪些单位可以结束，有百分之十就算百分之十，这个百分之十结束了，就转入正常工作，否则你搞到什么时候？我们要把揭批'四人帮'的斗争进行到底。但是，总不能说什么都是'四人帮'搞的，有些事情还要自己负责。"

——第六次是1978年10月11日在中国工会第九次全国代表大会开幕式上发表的祝词，后来收入《邓小平文选》第二卷，题为《工人阶级要为实现四个现代化作出优异贡献》。邓小平说：揭批"四人帮"的斗争在全国广大范围内已经取得决定性的胜利，我们已经能够在这胜利的基础上开始新的战斗任务。实现"四个现代化"，是一场根本改变我国经济和技术落后面貌、进一步巩固无产阶级专政的伟大革命。这场革命既要大幅度地改变目前落后的生产力，就必然要多方面地改变生产关系，改变上层建筑，改变工农业企业的管理方式和国家对工农业企业的管理方式，使之适应于现代化大经济的需要。为了提高经济发展速度，就必须大大加强企业的专业化，大大提高全体职工的技术水平并且认真实行培训和考核，大大加强企业的经济核算，大大提高劳动生产率和资金利润率。因此，各个经济战线不仅需要进行技术上的重大改革，而且需要进行制度上、组织上的重大改革。工会要教育全体会员维护企业实行高度集中的行政领导，维护生产指挥系统的高度权威；要教育全体会员积极参加企业的管理；要努力保障工人的福利；要密切联系群众。12日，《人民日报》全文发表这篇讲话，有评论认为这是中共实行工作重点转移和改革开放政策，加快实现"四个现代化"的"动员令"。

我们可以看见，邓小平的这些讲话，虽然包含了科技、教育、军队、工会等各个方面，但都有一个共同的主题，即站在时代前沿，深入揭批"四人帮"，冲破"两个凡是"的藩篱，解放思想，实事求是，正本清源，拨乱反正，实行改革开放，调动一切积极因素和全民的积极性、创造性，为建设"四个现代化"社会主义强国而团结奋斗。这些讲话、文章以其强烈的现实针对性和深厚精辟的理论依据，灵活运用马列主义原理和毛泽东思想解决中国的重大现实问题，凸显了邓小平求真务实的改革开放精神和作风。毫无疑问，这些散发着睿智的思想光芒的文章，大大推动了思想解放运动的进程，为十一届三中全会的召开奠定了中共从思想理论建设到改革开放实践的伟大历史转折的坚实基础。

综合上述讲话，我们可以得出这样的结论：邓小平提出的全党工作的重心要不失时机地转移到以经济建设为中心，不仅代表了全党全军和全国各族人民的心愿，也代表了中国未来发展的前进方向，在中央政治局常委中得到了一致赞同。但这个赞同并非是具体地在某一次中央政治局会议上达成的，而是从粉碎"四人帮"以来，在徘徊中前进的探索和斗争中逐渐达成共识的。

邓小平所主张的工作重点的转移，是要在前阶段有所前进的基础上，特别是在真理标准大讨论、经济理论大讨论、国务院务虚会的基础上，解放思想，结束"左"倾思想路线，全面开展拨乱反正，抛弃"两个凡是"，把社会主义建设事业引上健康发展的轨道。也就是说，邓小平提出全党工作重心要转移到经济建设上来，是要从根本上转变中共中央的政治路线，这不仅意味着揭批"四人帮"运动的结束，而且更意味着"以阶级斗争为纲"的结束，意味着要彻底纠正"文化大革命"和毛泽东晚年的"左"倾错误。对于这样一个冲突和矛盾，胡乔木在1983年的全国宣传工作会议上阐述得特别简洁而清晰——

　　把党的工作重点由清查转到经济建设上来，这看起来是很简单的事情，但在当时，就是三中全会以前的中央工作会议，1978年底，就很不容易。小平同志这时坚持要转到以发展社会主义经济建设为党的中心任务，可以说是真正的开端，意义非常重大。我们不能说华国锋同志反对搞经济建设，但是他是不同意在那个时候实行这样一个转变的，他认为太早了，要继续清查。

中国共产党第十一届三中全会就是在这样一个复杂的背景下召开的。但两种思想路线在拨乱反正中的较量，则在中央工作会议上提前爆发了。

25

在1978年中央工作会议原定的三项议题中，第二项议题是讨论1979、1980两年的国民经济计划。既然全党的工作重心要转到经济建设上来，那么国民经济计划的制定当然是一件大事情。

早在1977年9月11日，华国锋在国务院领导及有关部门负责人会议上，就进一步提出："今后工业部门要开足马力，挽起袖子大干！"于是，各经济部门都"挽起袖子大干"起来，制订出各种高指标。

1978年7月，国务院提出了"组织新的大跃进"的口号。9月30日，华国锋在中共中央、国务院举行的盛大国庆招待会上致祝酒词时，明确提出了"持续跃进"："国民经济正在走上持续跃进的轨道。一个安定团结、大干快上的局面已经出现。"

1978年9月至10月，国务院召开了全国计划工作会议，制定了《一九七九、一九八〇两年经济计划的安排（草稿）》。在中央工作会议下发的会议文件中可以看到，这份计划要求：1979、1980两年的农业总产值平均每年增长5%到6%，工业总产值平均每年增长10%到12%；粮食产量平均每年增加300亿斤，钢产量平均每年增加300万吨，并为1985年产8000亿斤粮食、6000万吨钢创造必要的条件。1979年国家财政收入，计划为1260亿元，比1978年计划增加300亿元。1979年国家预算直接安排的基本建设投资计划为457亿元，比投资规模急剧膨胀的1978年又计划增加125亿元。

显然，这份计划安排，是在当时组织新的跃进、加速实现"四个现代化"的思想指导下拟定的，生产计划和基本建设计划都存在着过高过急的倾向。由于生产建设任务安排过大，在1979年计划中，物资、财政和外汇都留下相当大的缺口。其中，燃料短缺1500万吨，钢材、水泥、木材的供应满足不了457亿元基本建设投资的需要，财政收入有50多亿元落实不下去，打算借用的外债高达100亿美元。

针对经济工作中存在的急于求成的倾向和国民经济比例严重失调的问题，陈云在东北组的发言中首先谈了观察、研究和解决问题的基本方法。他讲述了1942年在延安养病时仔细研究毛泽东著作和文电的情况，认为"贯穿在里面的一个基本思想，就是实事求是"。他指出："我们要坚持实事求是，就是要根据现状，找出解决问题的办法。首先弄清事实，这是关键问题。"

怎样才能弄清事实呢？陈云说："弄清'实事'并不容易。为了弄清'实事'，我把它概括为六个字，就是'交换，比较，反复'。"对此，他做了具体解释："所谓交换，就是通过交换意见，使认识比较全面。交换意见，不仅要听正面意见，更要听反面意见。所谓比较，一是左右的比较，例如毛主席论持久战，比较了中国和日本的情况，既反对速胜论，又反对亡国论，正确的结论是持久战；二是前后的比较，例如毛主席讲统一战线，就比较了陈独秀和王明，或者是只团结不斗争，或者是只斗争不团结，正确的结论是既团结又斗争。所谓反复，就是事情初步定了以后还要摆一摆，想一想，听一听不同意见。即使没有不同意见，还要自己设想出可能有的反对意见。我们反复进行研究，目的是弄清情况，把事情办好。"

接着，陈云阐述了他对当时经济问题的看法和意见。他归纳为以下五点：（一）在三五年内，每年进口粮食可以达到二千万吨；（二）工业引进项目，要循序而进，不能窝工；（三）要给各省、市一定数量的真正的机动财力；（四）对于生产和基本建设都不能有材料的缺口；（五）要重视旅游事业的发展。[1]

陈云有着丰富的经济建设的领导经验，被誉为中共党内的"经济专家"。当年，在毛泽东发动"大跃进"时，正是陈云一次次建议降低指标，使"大跃进"的"热度"逐渐降下来。后来，陈云被毛泽东斥为"右倾"而"靠边站"。这一"靠边"，就是十多年。这一回，在中共中央工作会议上，他先是在11月12日就历史遗留和冤假错案问题放了最响的一炮，如重磅炸弹，改变了会议的方向。接着，

---

[1]　金冲及、陈群：《陈云传》，中央文献出版社2015年版，第1508页。

他又在12月10日，在东北组就经济工作做了这次重要的发言。陈云一开腔，就指出："实现'四个现代化'是我国史无前例的一次伟大进军，必须既积极又稳重。"

——"既积极，又稳重。"陈云说出了领导中国经济的方法论。

在会上，就具体的国民经济计划，陈云指出："我们要坚持实事求是，就是要根据现状，找出解决问题的办法。首先要弄清事实，这是关键问题。"随后，陈云就农业粮食进口问题、工业引进项目问题、财力下放问题、旅游事业发展问题发表了自己的真知灼见。

对于工业引进项目问题，陈云提出"要循序而进，不能窝工"。他说："我们的起点，是3000万吨钢。但是，不能光看钢铁这个指标。我们同日、德、英、法不同，工业基础不如他们，技术力量不如他们，这两点是很重要的。我们的工业基础和技术力量比解放初期有很大进步，但同日、德、英、法比，还是落后的。……我们是要建设现代化的工业体系。要循序而进，不要一拥而上。一拥而上，看起来好像快，实际上欲速则不达。项目排队，如有所失，容易补上；窝工，就难办了。"

关于财力下放的问题，陈云明确提出："要给各省、市一定数量的真正的机动财力。"他还加重语气说："我说的是真正的，不能有名无实。"说到这里，会场上响起一阵热烈的掌声。陈云接着说："要信任各省、市的领导同志，他们都是共产党员，都是高级领导干部，我想他们不致把钱乱花掉。"

那个年代，旅游还是一个新名词。陈云在东北组发言时就提出"要重视旅游事业的发展"。他说："我看了旅游局的一个材料，他们计划1983年接待300万人次，可以收入30亿美元。这是一件重要的事情。旅游项目必须优先安排，要同引进重要项目对待。但是又不要看得太容易，有大量工作要做"，"现在，旅游事业是行政管理，还不是业务管理"。他进一步强调："旅游收入，比外贸出口收入要来得快、来得多。英伦三岛每年收入54亿美元，我们中国这样大，可以收入更多。旅游收入实际是'风景出口'，而且可以年年有收入，一年比一年多。"接着，陈云又提出，反过来想一想，发展旅游事业，有无害处？他的回答是：有，但问题不大。"例如：其一，外国会派特务来侦察，现在就有嘛，只是小开口、大开口的问题。其二，可能有意志薄弱的人被收买。这个问题只要我们注意就行，没有什么了不起。其三，外国人看到了我们的落后情况。这也不要紧，我们本来并不先进，而且外国人早就知道。"①

陈云如此着重地提出要发展旅游事业，的确令人耳目一新。历史已经证明，发展旅游是长期处于封闭半封闭状态的中国走向开放的一个重要步骤和标志。

针对1979年国民经济计划中留有很大的缺口的情况，陈云指出："对于生产和基本建设都不能有材料的缺口"，"各方面都要上，样样有缺口，表面上好看，挤来挤去，胖子挤了瘦子，实际上挤了农业、轻工业和城市建设。现在采购员东奔西跑，就是由此而来的"。因此他强调，材料如有缺口，不论是中央项目或地方项目，都不能安排。

陈云在会上指出这个问题后，大约过了20天，即1979年1月1日，他在国务院关于传达《一九七九、一九八〇两年经济计划的安排（草稿）》的通知稿上批示："国务院通知中说'一九七九年有些物资还有缺口'。我认为不要留缺口，宁可降低指标，宁可减建某些项目。"这份文件是由李先念批请中共中央政治局常委审阅的。1月5日，陈云又在新华社的简报上批示："我认为有物资缺口的不是真正可靠的计划。"据这份简报反映，一些工业部门和地区的同志，对于国家计委安排1979年的生产计划和物资供应时还在留缺口表示不满。邓小平阅后也批示："请计委再做考虑。"

---

① 《陈云文选》第三卷，人民出版社1995年版，第236—238页。

1979年1月6日，邓小平同余秋里、方毅、谷牧、康世恩谈话，指出："对今明两年的计划，陈云同志提了意见，他说有物资缺口的计划不是真正可靠的计划，计划不要留缺口，宁可低指标，宁可减建一些项目。这个意见很重要，请计委再做考虑。有些指标要压缩一下，不然不踏实、不可靠。"此后，国家计委会同有关部门着手研究和调整1979年国民经济计划，原已准备下发的国务院关于传达《一九七九、一九八〇两年经济计划的安排（草稿）》的通知没有发出。[①]

　　在国民经济计划政策的制定和执行上，陈云的"稳重"取代了国务院提出的"新跃进"，这也是1978年中央工作会议的重大收获。

26

　　现在开会。时间的指针定格在1978年11月10日下午4时。

　　华国锋在开幕式上发表讲话。他在讲话中宣布了会议的三个议题：一是讨论《关于加快农业发展若干问题的决定（草案）》以及《农村人民公社工作条例（试行草案）》，二是商定1979、1980两年国民经济计划的安排，三是讨论李先念在国务院务虚会上的讲话。

　　与此同时，华国锋还代表中央政治局常委提出：在讨论上述问题之前，先讨论工作重心的转移问题。他说：中央政治局常委和中央政治局一致认为，应"适应国内外形势的发展，及时地、果断地结束全国范围的揭批'四人帮'的群众运动"，从1979年1月起，"把全党工作的着重点转移到社会主义现代化建设上来"。他还特别说明：这是一次很重要的会议。把全党工作着重点转移到社会主义现代化建设上来，动员全党同心同德，鼓足干劲，为加快社会主义现

---

　　① 金冲及、陈群：《陈云传》，中央文献出版社2015年版，第1512页。

代化而奋斗，这是关系全局的问题，是这次会议的中心思想。

在讲话中，华国锋希望会议代表们讨论"这样做适当不适当？还需要解决什么问题？各级党委的工作如何实行这个转移？随着这个转移，明年需要注意抓住几件什么大事？我们党的思想建设和组织建设，我们的农业、工业、财贸、科技、文教、军事、政法等各方面的工作，工、青、妇等群众团体的工作，怎样适应这个转移？请大家出主意，想办法，畅所欲言，以便集思广益，很好地实现这个转移"。他还宣布，这次会议头两天讨论重点转移问题，整个会议准备开半个月左右。对于经济建设问题，华国锋在这次讲话中也做了较好的阐述，提出要善于利用当前国内经济形势和国际有利条件，吸收外国资金和技术。他还批评了领导干部的官僚主义作风，以及机关存在的与现代化建设还不相适应的问题，并举例说上海申请进口一套设备居然要盖18个大印。华国锋的讲话给人的印象是："华国锋的确是一个热心建设的人，情况掌握得不错，思想也开放。粉碎'四人帮'后他的确想好好地干出一点名堂来。"①

中央实行工作重点转移，大家一致拥护，没有反对票。但是，华国锋在宣布会议议程时，没有提及"真理标准"讨论的问题、思想路线转变的问题，也没有提到当时党内外普遍关心的一系列冤假错案的平反问题，而提交会议讨论的农业文件草案，仍然坚持"文化大革命"时期的"抓革命、促生产"和农业学大寨的思路。华国锋在讲话中也没有停止使用"以阶级斗争为纲"的口号。如果这些大是大非问题没有解决，工作重点转移是不可能真正实现的。因此，许多同志希望首先解决思想路线是非和历史是非问题。

华国锋提出"一个阶段的主要问题解决了，就要发展到新的阶段"。显而易见，他要解决的是进入1979年后的工作方针问题，而不

---

① 于光远：《改变中国命运的41天——中央工作会议、十一届三中全会亲历记》，海天出版社1998年版，第78页。

是从"以阶级斗争为纲"转向社会主义现代化建设。华国锋还在坚持"阶级斗争、生产斗争和科学实验三大革命运动"的提法。在讲话中，他还谈及了党的十一次路线斗争①的问题，这实际上还是在坚持"文化大革命"的错误。

会议第一天，波澜不惊。

第二天，11月11日，分组讨论。几乎所有的发言都按部就班，对华国锋讲话中提到的中央工作重点转移也表示拥护，一边倒地给予支持。会议代表的发言，大多是准备的发言稿，内容也比较分散，有讲经济工作的，也有讲"两个凡是"的，没有什么互相插话、互相启发。尽管也发出了一些不同的声音，但这些声音还比较弱小。比如，就在这一天，谭震林在华北组讨论时说，实行工作重点转移，首先要解决思想上的一些问题，如天安门事件、"二月逆流""武汉百万雄师"等问题。与此同时，陈再道在华东组，傅崇碧、李昌在华北组发言时，也提出对天安门事件平反的问题。对于这些问题，华国锋也不是没有想过。他在讲话中，既表示"要对运动中这些来不及处理完毕的问题继续进行细致的工作和妥善解决"，又提出批判"四人帮"要用更长的时间来进行。

11月12日，会议第三天，对于华国锋在开幕式讲话中提出工作重点转移的"阶段论"问题，胡乔木还是很快发现了它的不足。这天午睡起来，胡乔木就把秘书朱佳木叫到房间，说："把工作重点的转移讲成形势的需要，这个理由不妥；应当说，无产阶级在夺取政权之后，就要把工作重点转到经济建设上来。建国后，我们已经开始了这种转移，但是没有坚持住。因此，这次的转移，是根本性的

---

① 所谓党的十一次路线斗争，即陈独秀右倾机会主义路线；瞿秋白"左"倾盲动主义路线；李立三"左"倾冒险主义；罗章龙右倾分裂主义路线；王明"左"倾教条主义路线；张国焘右倾分裂主义路线；高岗、饶漱石反党联盟；彭德怀右倾机会主义反党集团；刘少奇反革命修正主义路线；1970年庐山会议的斗争；与"四人帮"的斗争。

转移，而不是通常意义上的转移。不能给人一种印象：似乎今天形势需要，就把工作重点转过来；明天不需要了，还可以转回去。"①

胡乔木让朱佳木帮他查找几条马克思、列宁和毛泽东关于这方面的论述。

这天下午，胡乔木就在其所在的华东组小组讨论会上做了发言。他说："我们的一切革命斗争，终极目的是解放和发展生产力，这是我们党的一贯立场，是马列主义的基本观点"；"并不是任何阶级斗争都是进步的，评判其是否进步的客观标准，就是看它是否为解放和发展生产力创造条件"；"除了发生战争，今后一定要把生产斗争和技术革命作为中心，不能有其他的中心。只要我们正确处理人民内部矛盾和敌我矛盾，国内的阶级斗争也不会威胁社会主义建设的中心地位"。

在这次发言中，胡乔木还针对政治与经济的关系问题上存在的极左思潮，有针对性地论述了怎样正确理解政治与经济的关系，这也是实现全党工作重点转移必须扫清的思想障碍。他说：

> 社会主义政治的任务就是巩固无产阶级专政，发展社会主义经济。怎样理解列宁讲的政治不能不占首位和毛主席讲的政治是统帅呢？没有无产阶级政权和党的正确路线，就不能建设社会主义经济，政权要保护社会主义经济，并要保证经济发展的方向符合劳动人民的利益。列宁说过，政治和经济相比，不能不占首位。列宁同时说，我过去、现在和将来都主张少谈些政治、多谈些经济。所以，谈到政治占首位，只是为了政治上不发生危险和错误，为少搞些政治，多搞些经济创造条件。占首位不等于目的，相反，经济才是目的，

---

① 朱佳木：《我所知道的十一届三中全会》，中央文献出版社1998年版，第164页。

政治只是前提和手段。毛主席说政治和经济的统一，这是毫无疑义的，年年如此，永远如此。又说，思想工作和政治工作是完成经济工作和技术工作的保证，是为经济基础服务的。思想和政治又是统帅，是灵魂。这同列宁讲的占首位的意思是一致的。统帅和服务毫不矛盾。党能领导人民，正是因为它为人民服务。革命是历史的火车头，火车头的作用正是为列车上的乘客和货物服务。

......

政治和经济是不能分离的，这在社会主义条件下尤其如此。……如果党和国家不把经济工作放在首位，谁来对人民的劳动和生活负责呢？经济脱离政治一定会走到斜路上去，政治脱离经济也一定会走到斜路上去。

林彪、"四人帮"把政治和经济对立起来，使政治脱离经济、反对经济、破坏经济，使我国国民经济达到崩溃的边缘，也使我国人民民主的政治制度达到崩溃的边缘。政治要统帅经济，但不能凌驾于经济之上，政治应深入于经济之中，为经济服务的，而不是相反。承认政治为经济服务，才是无产阶级政治家。

胡乔木的发言实际上否定了"以阶级斗争为纲"，从理论上科学地阐明了政治与经济、阶级斗争与生产斗争的关系，论证了实行工作重点转移的必要性和必然性。他的发言很快在会议简报上全文登了出来，得到大多数与会者的赞同。他的这个发言内容后来在十一届三中全会结束时发表的《公报》中也得到了反映。

胡乔木不愧为中共中央的"大秀才""笔杆子"。从1941年担任毛泽东的秘书开始，他与毛泽东有着近20年形影不离的工作交往和个人情谊。毛泽东1949年在西柏坡就曾夸奖他说："靠乔木，有饭吃。"

周恩来也非常欣赏和佩服胡乔木的理论素养和文字功底。1977年，随着邓小平的复出，胡乔木也随之得到"解放"，并在邓小平时代达到了人生的辉煌。胡乔木是中共党内乃至中国少有的在哲学、史学、经济学和党的建设理论方面具备通才卓识和深刻造诣的理论家，又具备高度的综合概括和融会贯通的本领，不愧为"中共中央第一支笔"。

因为中共中央的政治路线问题没有得到解决，胡乔木针对转变指导思想以及如何实现这种转变的发言，成为会议的争论焦点之一。尽管"四人帮"被粉碎了，但中央领导层在纠正"文化大革命"及其以前的"左"倾错误、关于真理标准问题的讨论、天安门事件和重大冤假错案的平反、老干部工作恢复等问题上依然存在很大分歧。而这些问题能否解决，正是中共中央的工作能否真正转移到以经济建设为中心上来的关键因素。因此，参加会议的绝大多数代表和胡乔木一样，在陈云发言之后迅速把议题都集中在这类政治问题上，使中央工作会议自然而然地脱离了预设的轨道，人心所向、党心所向已经汇聚成难以阻挡的力量，不可逆转。

27

就在胡乔木发言的同一天，德高望重的陈云打响了"拨乱反正"的第一炮。

11月12日上午，陈云披着大衣，手里拿着皮包，走进了东北组的会议室，直接走到前排最右边的位置上坐了下来。今天东北组的召集人是中央军委常委、副秘书长、副总参谋长杨勇，总政治部副主任兼解放军报社社长华楠坐在他的后面。

看到陈云进来了，华楠就捅了捅杨勇，说："你看，陈云同志来了，手里还拿着皮包，应该请陈云同志先发言。"

杨勇抬头一看，看到了陈云，就转过头来对华楠说："呦，我差点儿疏忽了，你提醒得好，就请陈云同志先发言。"

陈云已经73岁，在中共中央的资历和影响举足轻重。1989年6月16日，邓小平在对中共中央领导人所做的一个内部谈话中，谈及中共领导集体形成的历史，曾说过这么一段话：

> 在历史上，遵义会议以前，我们的党没有形成过一个成熟的党中央。从陈独秀、瞿秋白、向忠发、李立三到王明，都没有形成过有能力的中央。我们党的领导集体，是从遵义会议开始逐步形成的，也就是毛刘周朱和任弼时同志，弼时同志去世后，又加了陈云同志。到了党的八大，成立了由毛刘周朱陈邓六个人组成的常委会，后来又加了一个林彪。这个领导集体一直到"文化大革命"。[①]

从邓小平的谈话中，我们可以看到，陈云是中共第一代领导集体的核心成员。到了1978年这个时候，大家都知道，中共第一代领导集体核心成员只剩下邓小平和陈云了。但此刻的陈云，还只是中央委员。在1977年3月召开的中央工作会议上，陈云为邓小平的平反和复出做了重要发言，结果遭到压制，发言没有登上会议简报。当时，他住在北长街破旧的老房子里，也没有安排工作，没有事干，处于"待命"状态。

那几天，北京的天气格外的好，蓝天白云，晴空万里。走进会议室，陈云很高兴。听到召集人杨勇邀请他第一个发言，早有准备的他，就十分和蔼又严肃地说道："我上次的发言，没有给我登简报，这次的发言希望一定给出个简报。"从这样的开场白中，大家都可以

[①] 《邓小平文选》第三卷，人民出版社1993年版，第309页。

听出陈云的确是有备而来的。

说完，陈云又转头面向东北组的几位召集人杨勇、王恩茂、杨易辰等，再次问道："你们敢不敢一字不落地送去登简报？"

王恩茂说："当然敢！"

看到这个场面，陈云笑了，点点头，拿出书面发言稿，就讲起来。

首先，陈云对"中央政治局常委、中央政治局一致主张，从明年起把工作着重点转到社会主义建设上来"表示完全同意。他认为：实现"四个现代化"是全党和全国人民的迫切愿望。安定团结也是全党和全国人民关心的事。但是，干部和群众对党内是否能安定团结，是有所顾虑的。陈云指出：华主席说，对于那些在揭批"四人帮"运动中遗留的问题，应由有关机关进行细致的工作，妥善解决。我认为这是很对的。但是，对有些遗留的问题，影响大或者涉及面很广的问题，是需要中央考虑和做出决定的，要坚持有错必纠的方针。接着，陈云列举了六个需要中央考虑和做出决定的问题：

第一是关于薄一波等所谓"六十一人叛徒集团"案。陈云指出，他们出反省院是党组织和中央决定的，他们不是叛徒。

第二是关于两份文件的问题。一份文件是1937年7月7日中央组织部关于所谓自首分子的决定，是陈云在延安任中组部部长（1937年11月）以前做出的，与处理薄一波同志等问题的精神是一致的。陈云当时还不知道有这个文件，后来根据审查干部中遇到的问题，在1941年也写过一个关于从反省院出来履行过出狱手续，但继续干革命的那些同志，经过审查可给予恢复党籍的决定。这个决定与"七七决定"的精神是一致的。这个决定也是中央批准的。陈云认为中央应当承认"七七决定"和1941年的决定是党的决定。对于那些在"文化大革命"中被错误定为叛徒的同志应该给予复查，如果并未发现有真凭实据的叛党行为，应该恢复他们的党籍。

第三是陶铸和王鹤寿的问题。陈云说，他们是在南京陆军监狱坚持不进反省院，直到七七抗战后由我们党向国民党要出来的一批党员，他们在出狱前还坚持在狱中进行绝食斗争。这些同志现在或者被定为叛徒，或者虽然恢复了组织生活，但仍留着一个"尾巴"，例如说有严重的政治错误。这些人当中，有许多是省级、部级干部。陶铸一案的材料在中央专案组。这个中央专案组是在"文化大革命"时期成立的，尽管做了许多调查工作，但处理中也有缺点错误。建议，专案组所管的属于党内部分的问题应移交中央组织部，由中央组织部复查，把问题放到当时的历史条件下去考察，做出实事求是的结论。像现在这样，既有中央组织部，又有中央专案组，这种不正常的状态，应该结束。

第四是彭德怀的问题。陈云指出：彭德怀同志是担负过党和军队重要工作的共产党员，对党的贡献很大，现在已经死了。过去说他犯过错误，但我没听说过把他开除出党，他的骨灰应当放到八宝山革命公墓。

第五是关于天安门事件。陈云说：现在北京市又有人提出来了，而且还出了话剧《于无声处》，广播电台也广播了天安门的革命诗词。这是北京市几百万人悼念周总理，反对"四人帮"，不同意批判邓小平同志的一次伟大的群众运动，而且在全国许多大城市也有同样的运动。中央应该肯定这次运动。

第六是关于康生的问题。陈云指出："文化大革命"初期，康生是中央文化革命小组的顾问。康生那时随便点名，对造成的中央各部和全国各地党政机关瘫痪状态是负有重大责任的。康生的错误是很严重的，中央应该在适当的会议上对康生的错误给予应有的批评。盖棺恐怕也是不能定论的。

"华主席讲话中要我们畅所欲言，我提出以上六点，请同志们批评指正。"最后，陈云以这样一句话结束了自己的发言。①

陈云的发言一结束，会场上就爆发了雷鸣般的掌声。

待掌声平息下来，陈云笑着用征询的口吻又说一遍："我的发言希望大会发给简报组，不知简报组是否同意一字不落地登？"

没等简报组的人回答，杨易辰回答说："他们不登也没有关系，反正我们都听到了。"

"同意！"许多人纷纷举手说，"全文照发，单独出一期简报。"

接着，在杨勇的主持下，大家对陈云的发言展开非常热烈的讨论，一致要求简报组必须一字不落地发简报。然而，陈云的发言还是遇到了阻力，过了好几天也没有登上会议简报。

这里有一个小插曲。对会议一开始有选择性地刊登发言简报，邓颖超非常生气，她在中南组第一个站出来反对，问会议工作人员："我的发言为什么不登会议简报？"工作人员不敢回答。"中央的工作会议，发言都不能登？还叫什么民主？"经过大家一吵，从那以后，会议规定：发言记录由会议工作人员整理后交给本人看，本人签字就可以登。据胡耀邦说："会议的发言简报估计有150多万字，相当于两部《红楼梦》，近三部《三国演义》。"可见，当时会议讨论局面之生动活泼。

作为中共中央的元老，陈云在这个时间节点提出这六个问题，显然是经过深思熟虑的。六个问题涉及"文化大革命"及以前"左"倾错误的重大问题。陈云的发言，也就难怪被与会代表称作"爆炸性的发言"了。与胡乔木在理论上提出的理性、抽象的批评不同，陈云提出的这六个具体的历史或现实的问题，如同扔出了六颗重磅炸弹，且每一颗都命中目标。

这一次，中央工作会议的简报果然一字不落地刊登了陈云的发

---

① 金冲及、陈群：《陈云传》，中央文献出版社2015年版，第1489—1494页。

言，立即在与会代表中产生化学反应。当年参加会议的人回忆说，看了陈云的发言，"简直令我们震惊"，但在震惊之余，"又让我们有一种痛快淋漓的感觉，因为他说出了我们很多人积存于心中多时，想说却又一时还不敢说的话"。陈云的发言真可谓是一石激起千层浪，"一下子就把我们都带起来了，大家纷纷敞开思想，畅所欲言，会议的气氛也一下子活跃起来"。①时任胡乔木秘书的朱佳木说："我和一些秘书看到简报后，也在一起议论，大家都很兴奋。这个发言是工作会议上向'左'倾错误开的第一炮，点的第一把火，它像重磅炸弹，起到了扭转会议方向的关键性作用。"

11月13日下午，中央工作会议召开第二次全体会议。华国锋发表讲话。这个时候，他已经听说或者看到陈云在12日上午的发言，也应该知道一些代表对陈云发言的反应。比如，在12日的分组讨论会上，时任第三机械工业部副部长赵健民在东北组听了陈云的发言后，就接着揭发了康生的问题。巧合的是，十年前的1968年1月，正是在京西宾馆，时任云南省负责人的赵健民被康生"相面定案"，指斥为"叛徒"，指称他执行了子虚乌有的"国民党云南特务组"的行动计划，致使赵健民入狱达八年之久，云南大批干部群众也因此案受到株连，1.7万人被迫害致死。同时，姚依林、陈国栋、陈漫远、程子华、马文瑞在华北组，吕正操在华东组，也都讲了"六十一人案"、天安门事件、康生和谢富治的问题。在13日的上午，萧克在华东组也明确表示，陈云发言讲的问题关乎安定团结，有必要加快解决。尽管听到诸多意见，但是会议从当天下午开始依然转入讨论农业问题，用六天时间。会上，纪登奎还就《关于加快农业发展速度的决定》和《农村人民公社工作条例（试行草案）》这两个文件做了说明。

---

① 于光远：《改变中国命运的41天》，海天出版社1998年版，第251页。

然而，在第二次全体会议之后的分组讨论中，大多数人自发地围绕陈云提出的问题展开了积极的讨论，而且火力越来越猛，又相继提出了一些新的问题，其中有历史遗留问题，也有对中央某些负责人的意见。从此，会议逐渐脱离了预设的轨道，开始朝着正确的方向前进。[①]

　　陈云的发言到底引起了什么样的反响呢？我们不妨摘录一些看一看。

　　——东北组：搞社会主义现代化需要一个安定团结的政治局面，陈云12日在会议上提出的几件事都是有关安定团结的问题，也是落实政策的问题，有必要加以解决。萧克在发言中要求为"二月逆流"冤案平反。聂荣臻提出要解决武汉的"百万雄师"、四川的"产业军"等问题，他还说，这类问题面相当大，各省都有。陈云紧接着插话说：这些问题不解决，党内党外很不得人心。

　　——西北组：这些重大的政治问题，中央不正式表态，干部群众有抵触情绪，最好能在党的工作重点转移到现代化建设上来之前，把这些问题讲清楚。胡耀邦说："我赞成把'文化大革命'中遗留的一些大是大非问题搞清楚。这些大是大非问题，关系到安定团结，关系到实事求是的作风，关系到拥护毛主席的旗帜。"

　　——西南组：陈云提出的几个问题影响较大，希望中央明确一下。这样有利于实现"四个现代化"和调动积极因素。

　　——中南组：陈云所提到的这些问题是当前干部讨论较多、关系全局的问题，在宣布工作重点转移的时候，中央最好能给以解决。这对调动广大干部群众的积极性，加强团结，是有好处的。

　　——华东组：万里发言说，陈云同志提出的六个问题要解决，不然人们的心里不舒畅。

---

　　①　朱佳木：《十一届三中全会及其主要文件形成的若干情况——我所知道的十一届三中全会》，《党的文献》1999年第1期。

——华北组：王首道发言说："只有把遗留的问题解决好，才能真正达到全党全军全国各族人民的团结，把党的工作着重点转到实现社会主义现代化建设上来。"康克清发言指出：我完全同意陈云同志11月12日提出的六点意见。她还建议，凡是林彪、"四人帮"强加于人的一切污蔑不实之词，都应予以推倒。

20多年后，华楠回忆在这次中央工作会议上就"两个凡是"和"纲"的转移展开的交锋时，说："陈云同志的发言对我触动很大，我觉得应该像他那样大胆地、实事求是地思考全局性的问题，要敢于在会上亮明自己的观点。虽然有些问题自己在会前进行了思考，但是没有陈云同志的启迪，我也可能不会有那样的勇气对错误的东西提出如此的批评。在小组会上，我做了多次发言，还直接要求中央对'真理标准'问题表态。记得我曾说过：如果按'两个凡是'办，那么马列主义、毛泽东思想也不需要在实践中发展了。我们讲发展马克思列宁主义，没有人提出异议，但提到发展毛泽东思想，似乎就成了问题，似乎就意味着砍旗。这恐怕是中林彪、'四人帮'的毒太深了，中'顶峰论'的毒太深了，是不是中毒不知毒，中毒不想消毒呢？"

在会议简报上看到华楠的发言后，在一次分组讨论会上，陈云一走进会议室就问："华楠同志来了吗？"

华楠站起来说："来了。"

陈云向他招招手，说："来，坐到我这边来。"

华楠就走到陈云身边坐下来。

陈云笑眯眯地握着华楠的手，说："你的发言很好，是个勇敢分子！"

"我只是按照事实讲话。"华楠笑着说。

"好！我们现在就很需要这种精神嘛！"陈云爽朗地说，声音清脆悦耳。

"两个凡是"错了

28

1978年11月14日晚，邓小平结束东南亚之行，乘专机回到北京。邓小平是从11月5日开始外出访问的，先后访问了泰国、马来西亚、新加坡。这也是新中国领导人第一次访问这三个国家。

邓小平回国的这一天，中央工作会议的议程已进入第五天。

也就在这一天，北京发生了一件大事儿。

什么大事儿呢？《邓小平年谱》是这么记载的：

> 经中共中央政治局常委批准，中共北京市委宣布：
> 一九七六年清明节，广大群众到天安门广场悼念我们敬爱的周总理，完全是出于对周总理的无限爱戴、无限怀念和深切哀悼的心情；完全是出于对"四人帮"祸国殃民的滔天罪行的深切痛恨，它反映了全国亿万人民的心愿。广大群众沉

1978年11月邓小平访问新加坡期间参观新加坡新兴工业园区。

痛悼念敬爱的周总理，愤怒声讨"四人帮"，完全是革命行动。对于因悼念周总理、反对"四人帮"而受到迫害的同志要一律平反，恢复名誉。①

理所当然，这是一件大事儿。1976年，邓小平第三次从政坛跌落，天安门事件就是其中最重要的原因之一。两天前，陈云在中央工作会议上就曾呼吁，要为天安门事件平反，响应者众多。中共北京市委为啥选择在这个时候宣布这一件事儿呢？是不是与陈云的发言有关呢？

事情还得从头说起。

①《邓小平年谱（1975—1997）》（上），中央文献出版社2004年版，第430—431页。

进入1978年后，在邓小平、叶剑英、李先念等中央领导的支持下，尤其是在胡耀邦出任中央组织部部长之后，平反冤假错案工作走上正轨，落实干部政策也走上了快车道。

这年5月下旬至6月初，中共北京市委召开工作会议，在讨论落实干部政策问题时，有人提出，对落实干部政策工作不能估计过高，因为绝大多数的干部问题并没有得到解决。有些干部虽然落实了政策，但结论还留着一个尾巴。针对这种情况，刚刚从贵州省委第二书记调任北京市委第三书记的贾庭三当即表示：要实事求是地重新把落实干部政策、为遭受迫害的干部平反的工作做起来。随后，北京市在天安门事件的平反问题上开始实现突破。

在6月至9月的这段时间里，北京市公安局、崇文区、朝阳区、第一轻工业局等先后为在天安门事件中因悼念周恩来总理而遭受迫害的人平反。尤其以8月下旬北京市工交部门对因此遭受错误处理的职工给予平反最有代表性。时任北京市委书记处书记叶林回忆说：

我们于1977年8月恢复工作，在此期间，我们首先碰到的一个最大的问题，就是工交系统和国防工业部门的职工在1976年天安门事件中受到迫害，强烈要求平反。于是，我同经委副主任张彭商议如何处理这个问题。两人觉得，这件事情非同小可，是影响职工政治生命和工作积极性的大问题，必须尽快解决。可惜，我们做不了主，只好向市委书记吴德做了汇报，说明了职工的迫切要求，希望为他们在天安门事件中受到的迫害平反。吴德说：可以啊，你们可以这么办。后来，我和张彭商议，口说无凭，应该写几句话，搞一个书面东西，最好能在吴德主持的市委常委会上获得通过。我们商议后就由张彭执笔，写了一个东西。内容大致是：1976年春天，广大职工在天安门广场悼念周总理，反对"四人帮"

的活动，被"四人帮"污蔑为反革命行动，并受到了政治上的迫害。市委认为，广大职工悼念周总理、反对"四人帮"的行动是革命行动，决定为广大职工在政治上进行平反。①

1978年8月22日，中共北京市委召开常委会议。吴德、贾庭三、叶林、毛联珏、李立功、王笑一等参加了会议。

会上，就因天安门事件遭受迫害的职工要求平反一事，叶林拿着那张写好的纸条对吴德说："你同意后，我们就写了一个书面意见，我是不是念一下？"

吴德说："好，常委都在这儿，你念一下。"

于是，叶林念了一遍。

吴德当场表示："可以吧。"

其他常委也都表示同意。叶林还告诉与会者，市仪表局第二天将要召开大会，为在天安门事件中遭到迫害的人平反，承认天安门事件是革命行动，因悼念周总理而受到迫害，市委也是有责任的。吴德再次当场表示：可以吧！②

8月23日，北京市仪表局召开万人大会。贾庭三在会上宣布：为在1976年因悼念周恩来总理、反对"四人帮"的魏传军、吕德俊等十人平反，恢复名誉。贾庭三还说，在这些人的处理上，市委是有错误的，这个责任由市委承担。他甚至表示，群众悼念周恩来总理，声讨"四人帮"，"这完全是一种革命行动"，充分反映了首都群众是有高度政治觉悟的。③

毫无疑问，在那个历史境况下，贾庭三的讲话是大胆的，也是需要巨大的政治勇气的。他公开承认人民群众在天安门广场悼念周恩来总理、反对"四人帮"的活动"完全是一种革命行动"，这与当

---

①② 傅颐：《北京市委与天安门事件的平反（上）》，《百年潮》2003年第9期。

③ 《北京日报》1978年8月31日。

年把"天安门事件"定性为"反革命事件",是完全相反的,是颠覆性的。随后,在讨论贾庭三的讲话时,有人建议,在常委会议结束之后,应该由市委直接为因参加悼念周恩来、反对"四人帮"的活动而受到迫害的同志平反;还有人提出应该把这项工作作为一件大事来抓。

11月10日,中共中央工作会议召开了。此时,北京市委常委扩大会也正在进行中。一个月前刚刚从天津市委第一书记、天津市革委会主任调任北京市委第一书记、北京市革委会主任的林乎加参加了这两个会议。作为北京市代表,贾庭三也参加了中央工作会议。显然,他们肯定看到了陈云11月12日在东北组的发言。在陈云提出需要中央解决的六件事中,天安门事件就是其中之一,并建议中央应该肯定这次运动。

11月13日,多位会议代表都在分组会讨论时,提到要为天安门事件平反的问题。其中,李昌在华北组发言时认为:群众在天安门广场悼念周恩来总理的活动,是"伟大的革命运动"。五四运动是新民主主义革命时期的启蒙运动,群众在天安门广场悼念周恩来总理的活动,也可以说是"社会主义革命时期的马克思主义的启蒙运动"。因为胡乔木的关注和幕后推动,话剧《于无声处》应邀进京演出。李昌就请北京市委大力支持"四五运动"。而林乎加正好在华北组。吕正操在分组会上也赞同"天安门事件"就是社会主义革命的"四五运动"的提法。

北京市委常委扩大会议是9月份开幕的,当时吴德是北京市委第一书记,一个月后被免职。林乎加到北京履新后,市委扩大会继续召开。中央工作会议开幕之后的11月11日,北京市委扩大会即将结束,但关于天安门事件依然没有结论。考虑到北京市各单位干部职工和与会代表对天安门事件平反问题反映强烈,北京市委常委扩大会议在拟定的会议公报中,就特意增加了一段有关为天安门事件中遭受迫害的人员平反的文字。据林乎加回忆说，北京市委常委扩大会议结束时，会议公报已经改了四五遍。会议结束前一天，中共中央召开工作会议，他和贾庭三都参加了。在拿到公报修订稿后，两人经过商量，觉得为天安门事件涉及人员平反的问题需要向中央报告。①

11月13日晚上，北京市委最后拟定了会议公报。

11月14日上午，林乎加、贾庭三给华国锋、叶剑英、邓小平、李先念、汪东兴写了一份报告，紧急请示关于天安门事件有关问题的处理意见。内容大致为：

> 北京市委常委扩大会议已于13日结束，并且准备了一篇7000字的新闻报道稿。到会同志强烈反映，要求在报道中加入一段关于天安门广场悼念周总理的话。这段话的意思是："1976年清明节，广大群众到天安门广场悼念我们敬爱的周总理，完全是出于对周总理的无限爱戴、无限怀念和深切哀悼的心情，完全是出于对'四人帮'祸国殃民滔天罪行的深切痛恨。它反映了全国人民的心愿，完全是革命的行动。对于因此而受到迫害的同志一律平反，恢复名誉。"

仔细阅读，就可以看出来，北京市委的这份紧急请示并没有提及为天安门事件平反的要求，只是对"受到迫害的同志"予以平反而已。但最重要的是，这段话中有一句"完全是革命的行动"。

随后，在京的中共中央政治局常委华国锋、叶剑英、李先念、汪东兴等在北京市委的这份紧急请示报告上画了圈。

11月14日，北京市委常委会召开新闻发布会，新华社北京分社

---

① 傅颐：《北京市委与天安门事件的平反（下）》，《百年潮》2003年第10期。

副社长周鸿书也应邀到会。新闻发布会由贾庭三主持。他按照准备好的这份7000字的新闻报道稿向新闻界通报了北京市委扩大会的会议情况。讲着讲着，他离开讲稿，从桌子边拿起一张字条，念了一段话。这段话也就是北京市委向中央常委紧急请示报告的上述那一段关于天安门事件的内容。

参加了北京市委常委扩大会的周鸿书，看到这次扩大会上争论最尖锐的一件事就是天安门事件。各单位在清查时都遇到了这个问题。与会者提出，天安门事件应该有个新说法。可是，当时谁也不敢说出"平反"两个字，因为这两个字太敏感了。周鸿书记得，开会的头一天，与会者都没有回家，关起门来议论。① 现在，听到贾庭三代表北京市委终于为天安门事件给出了"平反"的说法，作为一名老记者，周鸿书听出了弦外之音，敏感地意识到贾庭三所念的这段话，表面上看是在直接为因天安门事件"受到迫害的同志一律平反，恢复名誉"，但其背后也可认为是在间接地为天安门事件平反。于是，一散会，他就抓紧赶到新华社，找到国内部主任杜导正，汇报了会议情况，问他是不是可以将这一段内容单独发一篇新闻。杜导正说了一句："争取吧。"随后，他急匆匆地赶回北京分社自己的办公室，琢磨很久之后，决定先写一篇2000多字的长篇消息，把涉及天安门事件的这部分内容放在文中，同时再写一条短消息，争取单发。写好后，他把两篇稿子迅速传给北京市委常委，请他们做最后审核。

11月14日晚上10时，周鸿书接到了北京市委书记毛联珏打来的电话，说："老周，你送来的会议消息我看过了。如果照这样发，我这里通过了。关于天安门事件那一段拿出来单发，我定不了，这得请示乎加同志。"紧接着，他又补充一句："恐怕他也定不了。"

------

① 傅颐：《北京市委与天安门事件的平反（下）》，《百年潮》2003年第10期。

怎么办？夜已经很深了。新华社国内部的编辑们谁也不敢自作主张，心里不踏实。于是，他们就找时任新华社总编辑穆青，请他把关拿方案。我们来听听穆青怎么说：

11月14日晚，周鸿书拿来一个稿子，其中提到了天安门事件的问题。国内部的同志觉得应该突出天安门事件的平反，搞成一个短新闻。当年我是副社长兼总编辑，主管国内部。他们向我请示。我把这个东西看了以后，很赞成他们的想法。就说，你们摘，现在就摘出个二三百字的短新闻，其余的通通不要。我当时想，这是个大事，这样做有点风险。但是，这是全国人民都非常关心的事情，我们从政治上来考虑应该这么做。方案就这么定下来了。

本来，我是主持工作的，稿子我定了后就可以发了。但是，涉及为天安门事件平反这么一件大事，为慎重起见，我必须同曾涛商量，他是一把手。当时曾涛正在京西宾馆参加中央工作会议，我在电话里把这个意见告诉了他，还说，你现在正好在会上，可以征求其他同志的意见，听听可不可以这么做。

新闻稿的标题加上之后，把这件事情的政治意义完全突出了。我们决定下来后，把稿子送给了曾涛。此后，我和曾涛通了10多次电话。曾涛还告诉我，他已同杨西光、胡绩伟、于光远等同志商量过这件事情。曾涛还给我透了个底，这次中央工作会议上，陈云和很多同志都提出来应该为天安门事件平反。看到这么多老同志这么高的呼声，我们想，这么做没有错。

到15日晚上7点钟左右，临发稿了，曾涛又打电话给我，问：怎么样？下决心就这么发好不好？

我说：好啊，我们大家都同意这么发。

曾涛半开玩笑地对我说：如果这篇稿子出了问题要坐牢，你可得陪着我一块儿去。我说：行，我跟你一块儿去。[①]

从穆青的回忆来看，11月14日当天，新华社并没有发出这个消息。15日一早，周鸿书就被叫到总社，在国内部主任杜导正的办公室，大家开会研究怎么突出报道这则天安门事件的消息。讨论了半天，依然拿不定主意，最后，杜导正说："咱们做两个方案，一个是把天安门事件平反放在导语里，把稿子整个调整一下；第二个方案是拿出来单发，最后由穆青来定。"

稿子写完后，他们在这则短消息上面加了一个标题"中共北京市委宣布一九七六年天安门事件完全是革命行动"，然后送到了穆青那里。穆青又将稿子发给了在京西宾馆开会的新华社社长曾涛。

曾涛就把《人民日报》总编辑胡绩伟、《光明日报》总编辑杨西光找到自己的房间里商量，大家看了这篇消息非常兴奋，认为这是一条能够引起轰动的头条新闻。为了慎重，胡绩伟又把中国社科院的于光远叫来，征求意见。于光远将这篇消息与《北京日报》在15日已经发表的那篇长达7000字的新闻报道进行了比对，感到"市委的那几句话虽然没有写明天安门事件的性质如何如何，实质上是为事件平了反。只是因为中央没有表态，不敢明白地写出来。现在新华社发出一条新闻，加上他们拟的那个标题，把市委几句话的实质点破，也许可以促使这个问题的彻底解决"。[②]于光远对新华社发布这则消息，也投下了赞成票。

1978年11月15日，新华社向全世界发出了《中共北京市委宣布天安门事件完全是革命行动》这则消息，全国报刊、广播电台随之

① 傅颐：《北京市委与天安门事件的平反（下）》，《百年潮》2003年第10期。
② 于光远：《1978年"北京市委为天安门事件平反"真相》，《百年潮》1998年第3期。

纷纷转载、转播。

11月16日，《人民日报》在头版头条位置加框发表了这则消息。内容如下：

11月16日，当参加中央工作会议的代表们在京西宾馆看到《人民日报》的时候，举座皆惊。许多代表见到新华社社长曾涛，都兴奋地向前走上一步去跟他握手。

这天晚上吃饭的时候，江西省委书记白栋材和新疆维吾尔自治区党委第一书记汪锋，都对曾涛说：如果你因此在新华社待不下去了，欢迎你到我们那儿去。

也在这天晚上，曾涛接到了林乎加的电话，问他新闻稿的那个标题是怎么加上去的。曾涛没有正面回答他，而是反问道："这条新闻报道北京市委会议的话与事实有无出入？"

"没有。"林乎加说。

曾涛说："加标题发稿是我们新华社的惯例，这事由我们负责，你不必管了。"

后来，穆青回忆说："那天，我整整担心了一夜。但是，第二天也没有什么事，而且是一片欢呼。11月19日，华国锋为人民文学出版社即将出版的《天安门诗抄》题写的书名发表后，我们心中的一块石头才落了地。"

11月19日，《人民日报》在第一版报眼位置刊登了题为《华主席为〈天安门诗抄〉题写书名》的消息，并且附了华国锋的手迹。在这条消息的下面，还刊登了一则新华社的电讯："天安门事件中被捕的388人没有一个反革命分子，全部彻底平反，恢复名誉。"

11月21、22日，《人民日报》连续发表了《天安门事件真相——把"四人帮"利用〈人民日报〉颠倒的历史再颠倒过来》。

11月21日，《中国青年报》发表了评论员文章《伟大的四五运动》。

11月22日，中共北京市委发出《关于抓紧解决为天安门事件中受迫害的同志彻底平反及有关问题的通知》；同日，《北京日报》发表了评论员文章《"四五"精神永放光芒》。

29

中央工作会议进行到这个时候，因为陈云的发言，会议主题发生了方向性的转变。

11月19日，华国锋与湖北省领导座谈时，非常中肯地说："会议开得很好，畅所欲言。六十条（即《人民公社工作条例》，引者注）比较成熟，农业决定差一点。三种意见，主张大改的是多数。会议时间要延长，不能按预期完成任务。"然后，华国锋又讲了"六十一人案"和陶铸、杨尚昆、"二月逆流"问题平反；彭德怀骨灰放八宝山，但不登报；康、谢民愤很大，对他们揭发批判应该；还讲了对几位政治局委员犯错误问题的处理意见。

华国锋与湖北省委领导的这次谈话，李先念参加了。"从谈话内容可以看出，小平同志回国后，中央常委就这些问题开过一次会，并且作出了上述决定，后来政治局又开会加以确认。"①

随后，根据与会同志的强烈要求，中央政治局常委经过讨论，认为有必要对陈云等代表提出的平反冤假错案、解决历史遗留问题做出决定。

11月25日，中央工作会议召开第三次全体会议，华国锋代表中央政治局发表讲话。华国锋说："当讨论全党工作重点转移这个问题的时候，同志们提出天安门事件和'文化大革命'中在中央和地方遗留下来的比较重要的若干问题。这些问题，中央政治局常委过去多次议论过，准备加以解决。这几天，中央又研究了大家的意见。"

接着，华国锋代表中央政治局宣布以下决定：

一、关于天安门事件问题。中央认为，天安门事件完全是革命的群众运动。应该为天安门事件公开彻底平反。今年11月14日，中央政治局常委已批准北京市委宣布天安门事件是革命行动。对因悼念周总理、反对"四人帮"而受迫害的同志一律平反，恢复名誉。

二、关于所谓"反击右倾翻案风"问题。中央认为，反击右倾翻案风是错误的。中央政治局决定，有关反击右倾翻案风的文件全部

---

① 朱佳木：《十一届三中全会及其主要文件形成的若干情况——我所知道的十一届三中全会》，《党的文献》1999年第1期。

予以撤销。贯彻执行这些文件的党委和个人，不承担责任，责任由中央承担。

三、关于所谓"二月逆流"问题。中央认为，所谓"二月逆流"，完全是林彪、"四人帮"颠倒是非，蓄意陷害。其目的是打倒当时反对他们的几位老帅和副总理，进而打倒周总理和朱委员长。因所谓"二月逆流"一案受冤屈的所有同志，一律恢复名誉，受牵连和处分的，一律平反。

四、关于薄一波等六十一人的问题。现已查明，这是一起重大错案。中央组织部的调查报告说，大量事实证明，薄一波等同志在狱中的表现是好的。中央决定为这一重大错案平反。

五、关于彭德怀同志的问题。彭德怀同志是老党员，担任过党政军重要职务，有重大贡献。历史上有过错误，但过去怀疑他里通外国是没有根据的。其骨灰应放到八宝山革命公墓。

六、关于陶铸同志的问题。陶铸同志是老同志老党员，在几十年工作中对党对人民是有大贡献的。经过复查证明，把他定为叛徒是不对的，应予平反。

七、关于杨尚昆同志的问题。过去把他定为阴谋反党、里通外国是不对的，应予平反。对杨尚昆同志要分配工作，恢复党的组织生活。

八、关于康生、谢富治的问题。他们有很大民愤，对他们进行揭发批判是合理的。

九、撤销中央专案组，全部案件移交中央组织部。今后不再采取成立专案组审查干部的做法。

十、关于一些地方性重大事件的问题。对于地方性重大事件，中央决定一律由各省、市、自治区党委根据实际情况实事求是地予以处理。对于曾经分裂为两大派的群众组织，要妥善处理，不能引起派性斗争。要引导群众向前看，消除资产阶级派性。此外，对于

"三支两军"工作。中央认为要历史地看。成绩要肯定，出现的错误由中央承担责任。①

在宣布上述几条决定之前，华国锋说："从明年1月起，把全党工作的着重点转移到社会主义现代化建设上来，大家一致赞成，认为中央的这个决定是正确的，适时的。"

因为大家关心，所以大快人心。华国锋代表中共中央政治局发表的这个讲话，正面回应了以陈云发言为中心的关于平反冤假错案的问题，也没有回避历史遗留问题，代表们听了非常兴奋，感受到中央会议有了一种久违了的民主气氛，思想解放了，实事求是了，畅所欲言了。华国锋的讲话赢得了代表们热烈的掌声。

陈云听了，非常高兴。他第二天上午出席东北组的小组讨论时，在发言中表示完全同意华国锋的这个讲话。他说："维护安定团结，正确实现四个现代化是全党、全国人民的迫切愿望，也是我党、我国目前的大局，我们必须维护这个大局。"同时，他指出："在复查干部中，被复查的干部将有充分申诉自己意见的机会。应该相信，党对于所有被复查的干部，无疑将实事求是地做出合乎事实的结论。全党干部团结起来，为实现安定团结，为实现四个现代化而斗争。"②

然而，就在中央工作会议为华国锋宣布的十项决定一片叫好的时候，会场外面却出现了一些过激的现象。受天安门事件平反的影响和鼓舞，北京和上海都出现了群众集会、游行活动。在北京，不仅"西单墙"上出现了大、小字报，要求追究阻挠平反冤假错案的领导的责任，甚至有人乘机全盘否定毛泽东，群众之间也爆发了争吵，以致发展到有一部分人到天安门广场自发集会演说；在上海，一些人冲击报社，要求报纸刊登群众集会的消息，等等。

---

① 汤应武:《改革开放30年重大决策纪实》(上)，中共中央党校出版社2008年版，第45页；童青林:《回首1978——历史在这里转折》，人民出版社2008年版，第356—358页。
② 金冲及、陈群:《陈云传》，中央文献出版社2015年版，第1499页。

怎么办?

11月25日下午，中央政治局常委华国锋、叶剑英、邓小平、李先念和汪东兴，听取了北京市委林乎加、贾庭三和共青团中央负责人韩英、胡启立汇报天安门事件平反后群众的反映和北京市街头"大字报"的情况。在这次汇报会上，邓小平指出：

> 天安门事件平反后，群众反映强烈，大家很高兴，热烈拥护，情况是很好的。当然也出现一些问题。我们的工作要跟上去，要积极引导群众，不能和群众对立。我们一定要高举毛主席的伟大旗帜。毛主席的旗帜是全党全军全国各族人民团结的旗帜，也是国际共产主义运动的旗帜。现在，有的人提出一些历史问题，有些历史问题要解决，不解决就会使很多人背包袱，不能轻装前进。有些历史问题，在一定的历史时期内不能勉强去解决。有些事件我们这一代人解决不了的，让下一代人去解决，时间越远越看得清楚。有些问题可以讲清楚，有些问题一下子不容易讲清楚，硬要去扯，分散党和人民的注意力，不符合党和人民的根本利益。
>
> 现在报上讨论真理标准问题，讨论得很好，思想很活泼，不能说那些文章是对着毛主席的，那样人家就不好讲话了。但讲问题，要注意恰如其分，要注意后果。迈过一步，真理就变成谬误了。毛主席的伟大功勋是不可磨灭的。我们不能要求伟大领袖、伟大人物、思想家没有缺点错误，那样要求不是马克思主义者的态度。外国人问我，对毛主席的评价，可不可以像对斯大林评价那样三七开？我肯定地回答，不能这样讲。党中央、中国人民永远不会干赫鲁晓夫那样的事。
>
> 现在中央的路线，就是安定团结，稳定局势，搞社会主

义现代化。国际上也十分注意我们国内局势是不是能够保持稳定。引进新技术，利用外资，你稳定了，人家才敢和你打交道。安定团结是实现四个现代化的必要政治条件，不能破坏安定团结的局面。这是中央的战略部署，这是大局。我们处理任何问题，都要从大局着眼，小局服从大局，小道理服从大道理。不搞什么新运动，不要提中央没有提的什么运动。要引导群众向前看。平反工作，中央和各地都在抓紧处理，都是有领导、有步骤地进行的。林彪、"四人帮"破坏造成的一些遗留问题，都可以逐步解决。解决这些问题是为了创造一个安定团结的稳定局势，把各种积极因素调动起来。①

11月26日下午，胡乔木在华东组讨论时说："政治局宣布了对天安门事件等一系列重要问题的决定，是完全正确的。中央希望从今年到明年上半年，尽可能解决历史和'文化大革命'中的遗留问题，是非常必要的，有利于全党全军全国人民的安定团结，有利于'四个现代化'的建设沿着正确的方向前进。当然也要估计到，可能还有一些问题，在明年上半年还不能解决，有些问题要等待时机成熟，时机不成熟不宜勉强解决。但是很多问题需要也能够早些解决。这些问题解决了，一方面会巩固安定团结，另一方面也有利于中华人民共和国历史和党的历史的宣传，有利于毛泽东思想的完整准确地宣传。"

针对北京、上海等地出现的"大字报"和街头运动，胡乔木在小组会上说：有些群众在外面贴"大字报"，其中大多数的动机和愿望是好的，但考虑总有不周到的地方，一些说法也会在国内外产生不

---

① 《邓小平年谱（1975—1997）》（上），中央文献出版社2004年版，第435—436页。

好的影响，需要我们加强在群众中的思想工作。

邓小平等中央领导的指示要点传达贯彻后，北京参加街头活动的绝大多数群众回到了单位和家中，全国其他城市的局势很快得到了控制。

11月28日，《人民日报》发表消息《邓副总理会见美国、日本朋友时指出：马列主义、毛泽东思想是实现四个现代化的指导思想，肯定天安门事件为革命行动是党中央的决定》。这是中共中央第一次对外宣布天安门事件的平反是经中共中央批准的。邓小平是在26日和27日，分别会见日本民主社会党委员长佐佐木良作率领的民社党访华团和美国专栏作家罗伯特·诺瓦克的，与他们讲了同25日大致相同的话。这些话他后来在中央工作会议闭幕会上的讲话中又讲，并在改革开放的过程中反复地讲，成为邓小平理论的重要内容。

12月21日，《人民日报》发表特约评论员的长篇文章《人民万岁——论天安门广场革命群众运动》。文章的第一句话是："天安门事件的彻底平反，如同一声春雷，响彻了祖国的千山万水……"

30

11月26日，中央工作会议已经开了整整16天。

这一天，原本应该是会议结束的日子。对于华国锋来说，他已经代表中央政治局宣布了十项决定，正面回答了陈云提出的平反冤假错案和解决历史遗留问题的问题，且得到了与会代表的热烈掌声。现在，会议总应该回到原本的部署上来。因此，华国锋前一天在第三次全体会议上宣布完十项决定之后，再一次提出："请各组召集人和同志们商量一下，对今天讲的这些问题，再讨论一天，即转入讨论1979年、1980年经济计划和李先念同志在国务院务虚会议上的讲话。"

这一天下午，胡乔木在华东组又放了一炮。

尽管华国锋在11月25日代表中央政治局宣布牵动亿万人心的天安门事件完全是革命行动，平反薄一波、彭德怀、陶铸等人的历史冤案，"二月逆流"问题和杨尚昆问题也被平反，并明确对康生、谢富治的错误进行揭发批判，但他在讲话中对会议上大家最为关注的"热门"问题——"两个凡是"和"真理标准"问题，避而不谈。而在小组会上坚持"两个凡是"的代表们认为"真理标准"问题是党内存在的思想分歧问题，不是政治问题或路线问题，因此对报刊上提出的"来一次思想解放运动""反对现代迷信"的口号表示"担心"，觉得这样做会导致否定毛泽东、怀疑毛泽东思想。

作为党的理论家，胡乔木认为，真理标准问题大讨论不仅是一个理论问题，而且是一个政治问题。针对当时党内在指导思想上依然模糊不清、思想未能统一的现象，胡乔木在谈了安定团结的必要性之后，话锋一转，说："这个问题本来是理论问题，但在两个意义上也是政治问题：一方面，搞清楚这个问题，对于解放思想，搞好当前工作，加速四个现代化建设，正确处理遗留的各种案件，等等，都具有指导意义；另一方面，对这个问题的讨论，绝大多数省、市和大军区负责人都表了态，这也就不是一般的理论问题。在这种情况下，华主席如能对这个问题谈一下，对于统一全党思想，巩固安定团结，澄清国内外各种猜测和不正确的传说，将有很大好处。"

胡乔木的话可谓一语中的，使得会议代表在这个问题上的观点越来越趋于一致。大会不得不暂时停止讨论经济问题，而转向讨论思想路线问题。大多数代表认为，不解决"真理标准"和"两个凡是"这两个思想理论领域的"热门问题"，就无法拨乱反正，纷纷要求中央领导同志对此表态。

轻工业部部长梁灵光分在东北组，在小组会上，他对主张"两个凡是"、反对"真理标准"讨论的同志进行了严肃的批评。他说："如果按照'两个凡是'的观点去做，其结果必然是：不能进一步分清路线是非，全面地正确地总结我国社会主义革命和社会主义建设正反两方面的经验；无法解决许多重大遗留问题。因而难于落实党的政策，妨碍安定团结；不能解放思想，打破林彪、'四人帮'造成的形而上学猖獗，思想僵化的状态，解除干部心有余悸的问题；也不能迅速恢复和发扬党的实事求是和群众路线的优良传统和作风。"①

辽宁省委第一书记任仲夷，作为东北组的召集人之一，在11月24日下午主持小组会议时，也同样提出了这个问题。他回忆说："建议中央对当前理论上的一个重大讨论，即实践是检验真理的唯一标准问题，也讲一讲，否则不利于安定团结。"因为"有的部门、有的会议传达下来的精神，却是完全针锋相对的另一种说法。两种截然不同的精神，传到干部和群众中去，会引起什么后果，那是不堪想象的。有些人听了以后就猜测上边发生了重大分歧，相当多的人看到这种情况更加心有余悸。我们在地方上工作感觉到，这种思想混乱，当前已成为影响大治、影响团结的大问题。这个问题本来是不难讲明白的。因为它是马克思主义的基本知识，并不是什么不能做出结论的学术问题。完全应当而且完全可以把这个问题讲清楚。"②

解放军总后勤部部长张震也分在东北组，他在小组会上再次谈了自己对"真理标准"讨论的认识。他说："我们跟随毛主席南征北战几十年，对毛主席有着极其深厚的感情，在革命实践中深切地认识到，毛主席是伟大的马列主义者，他的历史功绩是不可磨灭的。但并不是说毛主席没有缺点和错误，我们不能要求他的每条指示都

---

① 梁灵光：《一次划时代的中央会议》，《广东党史》1998年第5期。
② 杨胜群、陈晋：《历史转折（1977—1978）》，生活·读书·新知三联书店2009年版，第239页。

百分之百正确。在战争年代，毛主席作出战略决策，从来都是根据实际来决定的。当情况发生变化时，他总是及时改变决定、修改计划，作出合乎客观实际情况的决定。就是在社会主义建设时期，毛主席发现自己的决定与实际情况不相符合时，也能够及时改变，这样的例子也不少。"[①] 为了说明这个观点，张震还结合自己的经历，专门讲了1948年毛泽东决定组成东南野战军第一兵团，以及随后是不是马上打过长江的讨论。毛泽东最终还是接受粟裕等同志的建议，改变了作战策略。张震之所以举这个真实的事例，就是为了说明，"两个凡是"的观点不符合毛泽东思想，因为在1978年知道这一段历史的人还是不多的。

和东北组一样，其他五个组的会议代表就"真理标准"问题和"两个凡是"也纷纷发表了意见。

——国务院副总理、分管外交工作的耿飚，在发言中公开说：1977年2月7日《人民日报》发表题为《学好文件抓住纲》的社论完全是奉命行事，我反对"两个凡是"的提法。

——商业部部长、党组书记金明说："两个凡是"是"按既定方针办"的变种。

——北京军区政委秦基伟说：思想不统一，行动很难统一，例如"两个凡是""真理标准"问题，中宣部、《红旗》杂志至今仍然不表态，群众有猜测、有议论、有忧虑。

——第二炮兵政委陈鹤桥说："真理标准"问题，不仅《光明日报》发了文章，邓副主席也有讲话，《红旗》不表态不正常，中宣部部长持什么态度，令人难以理解。

——《人民日报》总编辑胡绩伟在西南组说：对"两个凡是"的提法我们不同意，但至今没有公开批评。

---

① 《张震回忆录》，解放军出版社2003年版，第139页。

——四川省委书记杜星垣回忆说："支持'两个凡是'的大将、《红旗》杂志的主要负责人在我们这个组。大家批判'两个凡是'，有的长篇大论做理论分析，有的随时插话，一针见血，但这位负责人要么不说话，要么自己辩护。后来虽然迫于压力作了检查，但只是表面文章，思想问题没有真正解决。"①

主持广东省委工作的习仲勋发言时指出："关于实践标准的问题，是个思想路线问题，对实际工作关系很大，是非搞不清，就不能坚持实事求是。"

安徽省委第一书记万里发言时指出："当前实践是检验真理的唯一标准和'两个凡是'的争论已经公开化了。这是党内一场严肃的政治斗争和路线斗争，是关于如何按照马列主义、毛泽东思想搞四个现代化的斗争。这不只是一个理论之争，也不是发生在下面，而是发生在共产党的核心层。这个问题解决好了，大家才无后顾之忧。"

徐向前元帅说："实践标准，是马克思主义的根本观点。这个问题不搞清楚，对我们的工作影响很大，它关系到我们究竟执行什么路线的问题，马列主义、毛泽东思想要丰富、要发展，不能把革命导师的每句话永远不变地照搬下去。"

就在中央工作会议期间，《红旗》杂志坚持"不参与、不卷入"的态度，拒绝发表谭震林撰写的纪念毛泽东的文章《井冈山的斗争实践与毛泽东思想的发展》，不但引起了中央工作会议代表们的不满，也引起了《红旗》杂志社内部的不满。邓小平对此也曾表态："为什么《红旗》不卷入？应该卷入，可以发表不同观点的文章。看来不卷入本身，可能就是卷入。"

关于"真理标准"问题，邓小平在11月25日的谈话中，再次明

---

① 杨胜群、陈晋:《历史转折（1977—1978）》，生活·读书·新知三联书店2009年版，第246页。

确指出："现在报上讨论真理标准问题，讨论得很好，思想很活泼，不能说那些文章是对着毛主席的，那样人家就不好讲话了。但讲问题，要注意恰如其分，要注意后果。迈过一步，真理就变成谬误了。"

11月27日晚上，中央政治局常委华国锋、叶剑英、邓小平、李先念和汪东兴，集体听取中央工作会议各组召集人彭冲、王恩茂、秦基伟、段君毅、汪锋、安平生的汇报。大家分别反映了代表们在发言中提到的一些问题，比如"二月兵变""一月风暴"、对毛泽东的评价等。邓小平重申了他在25日的谈话精神。

对要不要召开十一届三中全会的问题，邓小平马上用肯定的口气说："会议要开紧凑一些，不要开得太长。对计划，这个多少，那个多少，不要多去讨论，大体差不多就行，主要把体制、大政策定下来就行了。全会开三天就可以了。"

关于对中央几个有错误的领导人如何处理的问题，邓小平说："现在世界上就看我们有什么人事变动，加人可以，减人不行，管你多大问题都不动，硬着头皮也不动。这是大局。好多外国人和我们做生意，也看这个大局。"

这是邓小平在中央工作会议期间第一次对外讲政治局要加人的问题。此前，曾有会议代表提出过增加政治局委员的建议，此后提议加人的逐渐增多。

12月1日，鉴于代表们的兴奋点仍然没有离开历史遗留问题和几个中央领导的错误问题，中央政治局常委又召集部分中国人民解放军大军区司令员和省委第一书记开会，通过他们向会议打招呼。这个会议还是以邓小平为主导，他实实在在地讲了四个方面的问题。内容如下：

一、历史问题只能搞粗，不能搞细。一搞细就要延长时间，这就不利。算我一个请求，要以大局为重，道理在你们，在群众。外国人对其他事没兴趣，主要看中国安定不安定。我是有意识地和稀泥，只有和稀泥是正确的。我们想同美国在明年1月1日达成建交协议，等全会公报出来再同他们谈，不然他就要翘尾巴。

二、对中央的人事问题。任何人都不能下，只能上。对那几个同志要批评，但不能动，实际上不止他们几个。现有的中央委员，有的可以不履行职权，不参加会议活动，但不除名，不要给人印象是权力斗争。对那些大家有意见的人，过关算了。检讨没有全过关的，我们过去也没全过关嘛。

三、关于"上"的问题。至少加三个政治局委员。太多，也不恰当，不容易摆平。加上几个什么人？陈云兼纪委书记、邓大姐、胡耀邦。够资格的人有的是，如王胡子（指王震），也够格。两个方案，一个三个人，一个四个人。党章规定，中央委员会不能选中央委员，想开个例，补选一点，数目也不能太多。有几个第一书记还不是中央委员，如习仲勋、王任重、周惠，还有宋任穷、韩光、胡乔木、陈再道。将来追认就是了。

四、对"文化大革命"问题，现在也要回避，不能追，追到底不利。清华大学青年贴大字报说："反周民必反，反毛国必乱。"这个话，水平很高。1957年反右派斗争是正确的，但后来扩大化了。①

其实，邓小平之所以这么说这么做，目的是为党的工作重心的转移营造一个安定团结的政治局面。11月27日，他在回答美国专

---

① 朱佳木：《十一届三中全会及其主要文件形成的若干情况——我所知道的十一届三中全会》，《党的文献》1999年第1期。

栏作家诺瓦克时说：

> 粉碎"四人帮"，群众高兴。百分之九十九以上的希望安定团结。
>
> 党中央和地方领导，正在为实现四个现代化而努力。没有安定团结，是不可能实现四个现代化的。
>
> 对四个现代化全党百分之百赞成。不是百分之九十九。对安定团结，领导人百分之百赞成，全国百分之九十九赞成。这并不是表面现象。[①]

12月8日晚，中央政治局召开会议，汪东兴在会上做了检查。

12月13日，中央工作会议召开第四次全体会议，汪东兴再次向大会做出书面检查。

在全体会议上，华国锋也接受代表们的意见，在会上做了检查。他说："今年5月11日《光明日报》发表、5月12日《人民日报》和《解放军报》转载的《实践是检验真理的唯一标准》这篇文章，我由于当时刚刚访问朝鲜回来，有许多事情亟待处理，没有顾上看。6、7月间，中央常委几位同志先后给我谈过他们听到的有关这方面的一些情况，我才知道这篇文章有些不同的看法"，"'两个凡是'的提法固然是从捍卫革命领袖的旗帜出发的，但说得绝对了，考虑不够周全，在不同程度上束缚了大家的思想，不利于实事求是地落实党的政策，不利于活跃党内思想，当时不提'两个凡是'就好了。这个责任应该主要由我承担。我应该做自我批评，也欢迎同志们批评。"

---

① 杨胜群、陈晋：《历史转折：1977—1978》，生活读书新知三联书店2009年版，第277页。

华国锋的表态，宣告了"两个凡是"①的终结。他不仅坦诚地做了自我批评，还主动承担了责任，同时还表示按照叶剑英的建议，在十一届三中全会之后，专门召开理论工作务虚会，进一步解决这个问题。

---

① 著名党史学者、现任中央党史和文献研究院副院长黄一兵在其著作《转折：改革开放启动实录》中分析认为："'两个凡是'不是华国锋的创造。早在1972年，中央在解决一个省级领导人问题时，中共中央办公厅秘书长汪东兴就说过：'凡是经过毛主席批示的文件，凡是毛主席的指示，都不能动。'1976年10月26日，华国锋在听取中央宣传口的汇报时，也讲了凡是毛主席讲过的、点过头的，都不要批评这样的话。后来，中共北京市委书记吴德顺承了汪东兴、华国锋等人的意见，于1976年11月30日，在四届全国人大常委会第三次会议上也讲了类似的话，说：'凡是毛主席指示的，毛主席肯定的，我们要努力去做，努力做好。'1977年1月下旬，一篇按照华国锋的意图为他起草的讲话稿中，也糅进了'两个凡是'的精神。这篇讲话稿写道：'凡是毛主席作出的决策，我们都必须维护，不能违反，凡是损害毛主席的言行，都必须坚决制止，不能容忍。'1976年以后的这种'凡是'精神，连同后来'两报一刊'社论中的'两个凡是'思想，虽然大多不是出自华国锋的手笔，但这种思想精神却都是华国锋首肯的，应该说，他完全接受了这个思想，并大力推动和贯彻执行了这个思想。"黄一兵认为，"两个凡是"给中国共产党和中国社会主义事业带来了严重危害：第一，它延续了混淆两类矛盾的错误，制造了一些新的冤假错案。第二，它的提出和推行，形成了迈向新时期的严重阻碍。第三，它的实施，使"文化大革命"的理论和政策得以延续，严重影响了新时期各项工作的开展。参见《历史转折：1977—1978》，生活·读书·新知三联书店2009年版，第5—6页。

邓小平发表改革开放"宣言"

31

1978年中央工作会议第四次全体会议是在12月13日下午举行的，也是闭幕会。

从11月10日开幕算起，这次中央工作会议已经整整开了34天。

在闭幕会上，邓小平、叶剑英、华国锋先后讲话。邓小平的讲话就是著名的《解放思想，实事求是，团结一致向前看》。这篇讲话之所以在当时、现在，也将在未来的中共党史上被人们不断提及和广受赞誉，就是因为它不但提出和回答了在历史转折关头党面临的根本性问题，明确了党在今后的主要任务和前进方向，而且也为即将召开的十一届三中全会确立了指导方针，实际上成为十一届三中全会的主题报告和开辟新时期新道路、开创建设中国特色社会主义理论的宣言书。

回望历史，我们来看看邓小平的这篇雄文是如何诞生的，可以帮助我们更好地了解改革开放的历程。

邓小平的讲话是从10月底开始起草工作的。胡乔木秘书朱佳木回忆说："早在1978年10月下旬，我随胡乔木在天津、上海搞调研期间，邓力群就打来电话，说小平同志从日本访问回来后，要找乔木谈在中央工作会议上的讲话稿问题，要他29日回北京。"[①]

邓小平也是10月29日晚上从日本大阪乘专机回国的。由此可见，胡乔木应该是在10月30日或31日到邓小平家里谈话的，当时确定的讲话主题是党的工作重心转移问题。此前，邓力群已经组织国务院政治研究室国内组负责人林涧青等同志，按照邓小平的意见着手起草讲话稿。邓小平和胡乔木谈话后，胡乔木就向林涧青等人进一步交代了思路，决定自己写一个部分，请他们起草另外两个部分。因为邓小平在11月5日又要开始访问东南亚三国，在这之前只有四五天时间，胡乔木很是着急。后来知道邓小平决定从国外回来后再谈讲话稿的事情，胡乔木才松了一口气。11月8日，也就是中央工作会议召开前两天，讲话稿的初稿全部搞完，发给了邓办。

11月14日晚上，邓小平结束访问返回北京。16日上午，邓小平约胡乔木谈在中央工作会议闭幕会上讲话稿的修改。19日，胡乔木按照邓小平的意见把稿子改好后，交给秘书朱佳木抄写，再次发给邓办。这个修改稿，主要阐述了工作重心转移的意义和怎样实现转移的问题，其中提出要解放思想，调动一切积极因素，改革不适应生产力需要的生产关系和上层建筑。

就在这个时候，中央工作会议上，中央政治局根据会议代表的强烈要求，对包括天安门事件在内的重大历史遗留问题做出了决定，并由华国锋在25日全体会议上予以宣布，再加上天安门事件公开平反后在党内和社会上引起的巨大反响，整个会议的形势发生了急剧

---

① 朱佳木：《十一届三中全会及其主要文件形成的若干情况——我所知道的十一届三中全会》，《党的文献》1999年第1期。

1976年清明节前后，200余万京内外群众连续几天聚集在天安门广场人民英雄纪念碑前，深切悼念周恩来，愤怒声讨"四人帮"。

变化。会场内外形势的变化，使工作重心转移的问题已经变得不那么突出了，比较突出的是解放思想、开动脑筋和团结一致向前看的问题。在这种情况下，邓小平觉得原来起草的讲话稿不适合新的形势任务，决定重新调整自己讲话的内容。

12月2日，中央工作会议进入后期。邓小平再次约见胡乔木。此时，胡乔木正在集中精力修改关于农业问题的决定，所以去邓小平家谈话之前，叫上了于光远，准备让于光远组织林涧青等人先搞出一个初稿。这一天上午，邓小平在家中与胡耀邦、胡乔木、于光远三个人谈了在中央工作会议闭幕会上讲话稿的问题，提出讲话稿的主要内容要转到反映"真理标准"问题、发扬民主问题、团结一致向前看和经济管理体制问题上。

这一次，邓小平在深思熟虑之后，亲笔拟出了"讲话提纲"。这份提纲是用铅笔写在16开白纸上的，共三页，约500字，列出了七个方面的问题。内容如下：

一、解放思想、开动机器。理论的重要。实践是检验真理的标准——争论的必要。实事求是，理论和实际相结合，一切从实际出发。全党全民动脑筋。

　　二、发扬民主，加强法制。民主集中制的中心是民主，特别是近一时期。民主选举，民主管理（监督）。政治与经济的统一，目前一时期主要反对空头政治。权力下放。千方百计。自主权与国家计划的矛盾，主要从价值法则、供求关系（产品质量）来调节。

　　三、向后看为的是向前看。不要一刀切。解决遗留问题要快，要干净利落，时间不宜长。一部分照正常生活处理。不可能都满意。要告诉党内外，迟了不利。安定团结十分重要，要大局为重。犯错误的，给机会。总结经验，改了就好。

　　四、克服了官僚主义、人浮于事。一批企业做出示范。多了人怎么办，用经济方法管理经济，扩大管理人员的权力。党委要善于领导，机构要很小。干什么？学会管理，选用人才，简化手续，改革制度（规章）。

　　五、允许一部分先好起来。这是一个大政策。干得好的要有物质鼓励。国内市场很重要。

　　六、加强责任制，搞几定。从引进项目开始，请点专家。

　　七、新的问题。人员考核的标准。多出人员的安置（开辟新的行业）。[1]

写完这份提纲之后，邓小平又在第一页纸的左侧补充了一条"对

---

[1] 《邓小平年谱（1975—1997）》（上），中央文献出版社2004年版，第445—446页。

会议的评价"，并画了一条箭头线，意思是将这一条排在最前面。

邓小平的这份手稿，明确地表达了他想要在中央工作会议闭幕会上讲的话的主旨思想。他的女儿邓榕后来看到这份手稿也十分惊奇地说："我父亲很少写提纲，像这样长的提纲，更是十分少见。"①

从邓小平家谈话回来后，胡乔木立即要求于光远和林涧青等人先组织人起草。

两天后，按照邓小平所拟的"讲话提纲"和12月2日谈话精神，于光远和林涧青起草了一份讲话稿。这份讲话稿，没有标题，抄清稿用8开稿纸抄写共30页，约1.2万字。其结构与邓小平的"讲话提纲"基本一致，分为八个部分：一是对这次会议的评价；二是解放思想，开动机器；三是发扬民主和加强法制；四是讲讲向前看；五是克服官僚主义；六是要使一部分地区、一部分企业、一部分社员先富起来，生活好起来；七是加强责任制；八是要研究新情况，提出新问题，采取新措施。收到这份抄清稿后，胡乔木没有做什么修改，只是在读稿子的时候，随手做了十几处文字的校改。

对这份讲话稿，邓小平不满意。

12月5日上午，邓小平又约见胡乔木、于光远、林涧青。谈话一开始，邓小平就说了总的意见：语言过多，砍掉一半。全文组织不贯穿。不要过于锋利，不要用论战语言。然后他又就讲话稿的主题、内容、文字和结构发表了意见。这几天，邓小平一边开会，一边接见外国友人，又有了一些新的想法、新的观点。他说：要解放思想，开动机器，一切向前看，否则"四个现代化"没有希望。应该允许出气，出气是对没有民主的惩罚。有了正常的民主，"大字报"也就少了。建立健全民主与法制，实行经济民主，用经济的办法管理经济，责任到人，做到有职有责有权。没有民主培养不出人才。

----

① 《光辉的历程：从一大到十五大》，中共党史出版社1998年版，第252页。

邓小平在这次谈话中，基本明确把12月2日列举的七个问题，改为只讲四个问题。朱佳木回忆说：

> 邓小平说，这次别的问题他都不讲了，只讲四个问题。第一，解放思想。真理标准问题的讨论，的确是一个思想路线问题，是一个重大政治问题，是关系到党和国家前途命运的问题。第二，发扬民主。当前最迫切的是扩大厂矿企业和生产队的自主权。民主选举范围要逐步扩大。第三，向前看。对于过去搞错了的要纠正，也要给犯错误的同志认识和改正错误的时间。对毛泽东同志和"文化大革命"的评价，要从国际国内的大局出发，从历史的角度来看。第四，研究和解决新问题。要用经济办法管理经济，要特别注意加强责任制。要用先让10%至20%的人富裕起来的办法，扩大国内市场，促进生产发展。①

按照邓小平新的意见，参加讲话稿起草的人员当天就抓紧修改重写，并立即把文稿铅印出来。这份铅印稿被加上了一个标题——《在中央工作会议上的讲话（一九七八年十二月五日稿）》。讲话的主题进一步得到了明确："今天，我主要讲一个问题，就说解放思想，开动机器，一切向前看。"整个讲话的结构也按照邓小平的意思确定为四个部分：一、解放思想是当前的一个重大政治问题；二、民主是解放思想的前提条件；三、向后看是为了向前看；四、研究新情况，解决新问题。这份稿子对邓小平的谈话理解得已经非常到位，对涉及的重要问题——做了深刻、明快的剖析和论述，与后来的定稿已经差别不大了。随后，写作班子对此稿又进行了讨论、修改，

---

① 《我所知道的胡乔木》，当代中国出版社1997年版，第533页。

印出了两稿。

12月7日晚饭前，修改后的讲话稿又送到了胡乔木手中。朱佳木回忆说："记得那天晚上，乔木同志并没有动笔，但第二天早饭后，他却把改过的稿子交给了我。原来，他是半夜两点爬起来，用了两个多小时改好的。"在这份稿子上，胡乔木做了20多处文字修改，并写了30多条批语，说明这些地方还需要修改、加工。

在讲话的开头部分，胡乔木补充了有关中央工作重心转移及其意义的内容，使整个讲话扣住了会议的主题：这次会议讨论了把全党工作的重心转移到现代化建设上来的问题。这是一个历史性的伟大转变，它反映了新时期的本质特征。在讲话正文部分，胡乔木对思想不解放的原因、充分发扬民主、扩大自主权、加强责任制、民主与法制、正确对待犯错误同志的政策、改革后面临的新情况等问题都做了重要的修改和补充。胡乔木还把第三部分的小标题改定为"处理遗留问题为的是向前看"。邓小平看了经胡乔木仔细修改过的稿子，比较满意。

12月9日上午，邓小平约见胡乔木、于光远、林涧青，认为讲话稿基本上可以了，但还需要加工，并讲了具体修改意见。随后，写作班子按照邓小平的意见再次进行了修改完善。邓小平看了修改稿后，又于11日上午约见谈话。其时，胡乔木因正在召集人员起草农业问题文件，无法前往，遂由胡耀邦带于光远、林涧青前往。事后，胡乔木把参加起草的人员召集在一起，按照邓小平的意见，主持研究了讲话稿的最后修改。当天，邓小平的讲话稿基本完成，铅印稿的标题改为《在中央工作会议上的讲话（一九七八年十二月十一日稿）》，下面署上了邓小平的名字。之后，他们将修改稿送给华国锋阅。

中央工作会议闭幕会定于12月13日下午4时举行。邓小平将在叶剑英、华国锋之前发表讲话。午饭后，66岁的胡乔木没有休息。

他关起房门，对邓小平的讲话稿进行最后的修改、完善和润色，直到下午2时才脱手，立即让秘书朱佳木坐着他的车送到邓小平家。在这一稿上，胡乔木又做了不少修改。

在最后改定的讲话稿中，有些地方胡乔木只改动了一个字或增加了一个词语，但表述却更加准确更加严谨。比如在讲话稿中，用经济方法管理经济中提出了今后衡量领导好不好的标准，胡乔木加上了"政治路线已经解决了"这个前提，又把"这就是今天主要的政治"中的"今天"改为"今后"；在"为人民造福，为发展生产力、为社会主义事业作出积极贡献，这就是政治标准"这一句中的"政治标准"前面，加上了"主要的"三个字。为了保证全部讲话用语一致，胡乔木将原稿中的"应当"大都改为"应该"；原稿中"先好起来"和"先富起来"混用，胡乔木按照邓小平本人所写"讲话提纲"的提法，统一为"先好起来"。

这篇讲话稿的修改过程，我们可以从一个侧面看到邓小平在1978年中国历史转折的重要关头，对国家、民族的未来发展所做的战略思考，明确了实现伟大转折的发展路径和政治方略。邓小平把解放思想、实事求是、民主法制、处理遗留问题是为了向前看、让一部分人生活先好起来等思想突出地提到了全党的面前，将历史使命化作现实行动，最终形成了"解放思想，实事求是，团结一致向前看"这个理论与实际结合得极其紧密的、完整的历史主题。这个讲话充分反映了邓小平自1977年复出以来的思想发展轨迹，是他在这个历史转折时刻理论思考的结晶，展现了他在中国向何处去的划时代的历史关头开辟新时期新道路、开创新阶段新理论的雄才大略和远见卓识。而胡乔木在协助起草的过程中，竭忠尽智，忠实于邓小平的思想理论而又有引申、拓展、完善和发挥，使得邓小平的思想理论表述臻于完美，又与邓小平的风格相协调、相适称，发挥了他理论家、辞章家的作用。

邓小平《解放思想，实事求是，团结一致向前看》这篇讲话，尽管是中央工作会议的总结讲话，却历史性地成为后面即将召开的中共十一届三中全会的"主题报告"。这个讲话提纲挈领地抓住了历史转折中最根本的问题，重新确立了中共马克思主义的思想路线，不仅对推动拨乱反正起到了关键作用，而且对后来的改革开放和中国的现代化建设提供了长期的营养，可谓是开创建设中国特色社会主义新理论的宣言书。

我们再来重温邓小平的这篇不到8000字的讲话，依然能感受到其蕴含的真理力量；这篇讲话，依然值得今天的我们好好学习。

历史已经证明，邓小平的这篇讲话正是中国改革开放的"宣言"。其中的许多思想，对现代的人们来说或许只是一种常识，还有一些思想甚至能从中国1949年以前和1950年初到1960年初新中国成立十年的中国共产党的政策中找到来源，也能从1977年邓小平复出后各种会议、视察、出访和与国内外各界人士的谈话中找到出处。诚如傅高义在《邓小平时代》一书中所言："对于1978年领导国家的人来说，邓小平这些思想代表着从根本上摆脱毛泽东时代。与会者有理由期待，那个由大规模群众运动、阶级斗争、僵化的意识形态、英雄崇拜、高度集体化和全面计划经济所构成的时代终于结束了，中国开始进入可控状态。"①

现在，改革开放已经40年了，在这个历史进程中，中国已经发生了日新月异、翻天覆地的变化。但在未来发展的道路上，同样又会面临新的矛盾、新的挑战，我们同样还需要不断地解放思想，坚持实事求是，继续团结一致向前看，研究新情况，解决新问题。比如，对"让一部分人先富起来"这个口号，社会上就曾有过很多质疑。其实，我们现在回过头来原原本本地看一看邓小平的这篇讲话，

---

① ［美］傅高义:《邓小平时代》，冯克利译，生活·读书·新知三联书店2013年版，第245页。

就发现社会上流传的这句口号，以讹传讹，与邓小平的讲话存在着很大的误差。邓小平的原话是这样的——

> 在经济政策上，我认为要允许一部分地区、一部分企业、一部分工人农民，由于辛勤努力成绩大而收入先多一些，生活先好起来。一部分人生活先好起来，就必然产生极大的示范力量，影响左邻右舍，带动其他地区、其他单位的人们向他们学习。这样，就会使整个国民经济不断地波浪式地向前发展，使全国各族人民都能比较快地富裕起来。

一部分人"生活先好起来"，再共同"富裕起来"。

——改革开放40年的历史进程已经证明了这一点。2021年2月25日，习近平总书记在全国脱贫攻坚总结表彰大会上庄严宣告，经过全党全国各族人民共同努力，在迎来中国共产党成立一百周年的重要时刻，我国脱贫攻坚战取得了全面胜利，现行标准下9899万农村贫困人口全部脱贫，832个贫困县全部摘帽，12.8万个贫困村全部出列，区域性整体贫困得到解决，完成了消除绝对贫困的艰巨任务，创造了又一个彪炳史册的人间奇迹！千年梦想，今朝梦圆。消除贫困、改善民生、逐步实现共同富裕，是社会主义的本质要求，是我们党的重要使命。党的十八大以来，习近平总书记站在全面建成小康社会、实现中华民族伟大复兴中国梦的战略高度，把脱贫攻坚摆在治国理政突出位置，提出一系列新思想新理念新观点，作出一系列新决策新部署，推动中国减贫事业取得巨大成就，困扰中华民族千百年的绝对贫困问题得到历史性解决。放眼今日神州大地，从华北平原到西南边陲，从大别山区到秦巴腹地，从土家苗寨到雪域高原，曾经的贫困县、贫困村里，产业兴了，出行易了，房子新了，环境美了，人气旺了……一个个山乡巨变，汇聚成脱贫攻坚的亮丽答卷！

32

　　1978年中央工作会议在12月13日开完了闭幕会，但会议并没有马上结束，而是应代表们的要求，又开了两天会，分组讨论邓小平、叶剑英、华国锋的三个讲话。所以这次中央工作会议满打满算一共开了36天。

　　闭幕会上，邓小平发表题为《解放思想，实事求是，团结一致向前看》的讲话之后，叶剑英发表了讲话。叶剑英高度评价了中央工作会议，认为这次会议的重大成果就是把全党工作的重点转移到了社会主义现代化建设上来，会议整个过程，恢复和发扬了党的群众路线、民主集中制、实事求是的优良作风，通过充分讨论，解决了全党和全国人民共同关心的一系列重大历史问题和现实问题。他着重强调：要顺利地进行社会主义现代化建设，首先要有好的领导班子，特别是中央要有好的领导班子。他同时指出：中国经历了两千

　　1978年12月13日，邓小平在中共中央工作会议闭幕会上做题为《解放思想，实事求是，团结一致向前看》的讲话，这个讲话实际上是随后召开的中共十一届三中全会的主题报告。

多年的封建社会，资本主义在我国没有得到过充分的发展，我们的社会主义是在半殖民地半封建社会的基础上开始建设的。所以我们解放思想的主要任务之一，就是要注意克服封建主义思想残余的影响。列宁说过：不仅要宣传科学社会主义思想，而且要宣传民主主义思想。我们要破除封建主义所造成的种种迷信，从禁锢中把我们的思想解放出来。[①]

闭幕会最后由华国锋发表讲话。和邓小平、叶剑英一样，他对中央工作会议给予了高度评价，认为这次会议自始至终坚持民主集中制的原则，运用团结——批评——团结的方法，充分发扬民主，大家畅所欲言，集思广益，取得了四个方面的重大成果：

第一，一致赞同中央政治局关于从明年1月起，把全党工作的着重点转移到社会主义现代化建设上来的重大决策；决定在今年内结束全国范围内的大规模地揭批"四人帮"的群众运动。

第二，为天安门事件彻底平反，解决了"文化大革命"遗留下来的几个比较重要的问题，确定了进一步解决好这类问题的方针政策和做好群众思想工作的办法。

第三，讨论修改了关于农业问题的两个文件，原则上确定了明后两年国民经济计划的安排。

第四，酝酿讨论了中央政治局关于人事问题和中央纪律检查委员会人选的意见。

12月13日，华国锋在中央工作会议闭幕会上除了就"两个凡是"做出检讨外，还提出今后"文件抬头不要写华主席、党中央，只写党中央就可以了"；"也不要提英明领袖，称同志好"；"希望文艺作品多歌颂党、歌颂老一辈革命家与工农兵英雄事迹，不要宣传我个人"。

---

① 《叶剑英选集》，人民出版社1996年版，第493—502页。

12月15日，是中央工作会议的最后一天。在华东组，胡乔木做了第三次发言。这次发言，长期在中共中央核心和毛泽东身边工作的胡乔木，就着华国锋的话头，结合国内、国际的历史经验教训和现实情况，就党内政治生活特别是党内民主问题，发表了自己的意见。

和邓小平、陈云一样，和绝大多数会议代表一样，胡乔木首先为这次中央工作会议在恢复党的民主传统方面所取得的成绩点赞。他说："这次会议确实是我们党内生活的一个伟大进步。这是一次多年来没有开过的、解决了许多多年来没有解决的问题的会议，不但解决了许多具体问题，而且恢复了党的一些基本制度、基本原则。它恢复和发扬了我党的优良民主传统。我们感到党和国家的前途无限光明。"

接着，就华国锋所谈个人与组织的关系，胡乔木做了理论上的阐述和发挥。他说：

> 华主席在讲话中提到对他个人的提法问题。这在党的生活里面看起来是件小事，实际上是件很大的大事，所涉及的不简单是个形式问题，而是党的生活的准则和秩序问题。毛主席在生前多次讲过这个问题。毛主席解放初期曾在中央政治局会议上说，如果要提个人，一定要把个人放在党组织之后，个人无论如何不能超过党。就是说，要讲党中央毛主席，不能把次序颠倒过来。
>
> 就我记忆所及，"文化大革命"前似乎一直是这样做的。后来变了，在一段时间里甚至不存在党中央，至少不存在党中央政治局，只有毛主席了。文革小组代替了政治局，因此党中央实际上不存在了。这样，党的生活完全乱了，党中央的制度也不存在了，虽然并没有听说过曾经开会决定和明文

规定。

华主席这次提出不讲华主席党中央，以后只讲党中央或以华国锋同志为首的党中央，这样讲完全符合党的原则，符合马列主义，是拨乱反正，恢复党的生活的正常状态。摆正个人和党的位置，摆正各级第一把手和各级党组织的位置，在政治上有极其重要的意义。把个人摆到党之上，摆到国家和人民之上，在党内和国家生活里都是违反马克思主义，违反历史唯物主义，违反毛泽东思想的。个人无论怎样伟大，不能超过人民、阶级和党。

从1941年担任毛泽东秘书开始，胡乔木就协助毛泽东编辑校对《两条路线》《六大以前》和《六大以来》等党史文献，对中国共产党的历史经验有着深刻的感悟。新中国成立后，他又在毛泽东的指导下，参与了"中苏论战"和批判赫鲁晓夫，因此他对共产国际和苏联共产党的历史也十分熟悉。所以，在发言中，胡乔木实事求是地分析了苏联和斯大林处理个人和党的关系的教训和经验，批评了我们党内以往的一些不恰当的以至错误的做法和错误的观念，在总结历史经验的基础上，提出应该怎样建立健全党内民主制度，在日常工作中处理好个人与党和人民的关系。胡乔木说：

苏联在斯大林时期对个人和党的关系没有处理好，值得我们鉴戒。但他们有些方面的做法还是有分寸的。例如斯大林的学术文章，一般是在刊物上发表，如《马克思主义与语言学问题》是在刊物上发表半个月以后，《真理报》才应读者要求转载（其他报纸不转载），而且从第二版开始，也不用大字大标题。苏联报纸第一版专登政治新闻、政治评论，这是他们的报纸规格，从不因个人关系而改变。

我们在报纸上只要是毛主席写的东西，不管什么文章，甚至诗词家信，还有各种手迹，非登第一版不可。有一个时期常常在第一版几乎用整版篇幅来登领袖照片。这些都是在世界上很少见的。把个人这样毫无限制地极端突出出来，这不是我们党成熟的表现，而是不成熟的表现。搞一些不成熟不自然的做法，这不能提高领袖在群众、党内和国际上的威信，适得其反，只能起不好的作用。

把个人突出到党和人民之上，这不是偶然的次要的现象，需要认真地分析形成的历史条件，总结教训，不好匆忙地说什么。我想指出一件事，就是1958年成都会议上，柯庆施同志提出一个口号："信仰毛主席要信仰到迷信的程度，服从毛主席要服从到盲目的程度。"这种说法根本违反共产党员的世界观，没有一点马列主义气味。但是提出的时候竟没有人反对，这是一个引起了不良后果的值得注意的事实。我当时听了很不满，但也没有表示反对，应当作自我批评。①

说到这里，胡乔木又举了中共党史上两个真实的事例，来说明健全党内民主制度的重要性。这两个例子，一个是1959年7月14日彭德怀在庐山会议期间写给毛泽东的信，一个是"文化大革命"初期强加给杨尚昆的"录音器问题"罪名。胡乔木说：

庐山会议，彭德怀同志写信事件，也可以当作教训来研究。会议本来是反"左"，因彭德怀写了信，就转而反右，从而造成了经济上的混乱，而且造成了政治上的混乱。这在党的历史上是一件很大的不幸。这说明我们党的制度不健

---

① 《胡乔木传》，当代中国出版社、人民出版社2015年版，第590—591页。

全。否则，可以不发生这样的事。本来反"左"，因为一件偶发事件就变成反右。中央的领导带上了主观随意性，党的工作离开了客观基础。这是一种不正常的现象。

为了使中央制度逐步健全，还有些问题可以研究。如录音器问题。毛主席既然决定不要用，继续使用当然是违反了中央内部的工作纪律。但对会议录音，这不能说原则上有什么错。《列宁全集》的不少文章就是根据速记记录。会议有速记记录是正常的，必要的，没有理由反对。中央会议有很长一段时间没有任何正式记录，只能依靠个人的一些很不准确的笔记，这非常可惜，是党的工作的很大损失。为了保存准确无误的档案，建议中央正式决定录音。

胡乔木清醒地认识到，中国共产党如果要取得更加伟大的进步，今后还要解决许多制度问题和理论问题。不解决这些问题，依然是危险的。

制度建设是根本的建设。关于制度问题，胡乔木主张"要有一定制度，中央也得受制度限制。社会就是互相限制的组织。一个人不受任何限制只会堕落和毁灭。相反，受合理的限制才会使人进步，使社会进步，使党和国家进步。这是好事而不是坏事"。

"没有革命的理论，就不会有革命的运动。"这是列宁的话，也是经过实践检验的真理。关于理论问题，作为理论家的胡乔木，自己首先解放思想、破除迷信，对中共党内长期形成的观念和做法进行了重新审视、思考和研究，并大胆地进行了批判，提出了自己的新观点、新认识、新方法。他说：

例如讲党领导一切，这在一定意义上是完全正确的，今后应该坚持。但这句话的宾语不完全。一切什么东西？月亮、太阳，党当然不能领导，就是中国的一切，也不可能都由党来领导。党只能领导国家生活中的大政方针，也就是大权独揽。但是，什么是大权，什么是小权，应该有个杠杠，画个圈圈，不然就必然造成过分集权的官僚主义。效率不能提高，也就不能实现现代化。这是小生产者缺乏社会分工的事实在党内的反映。一定要有职有权有责，不能事事靠开会。会议多、会议大、会议长，还有各种公文多、检查多、汇报多、参观评比多，已经成了今天的"苛政"。学大庆、学大寨的全国大参观大评比，应该说已经完成了历史使命，建议今后不必再搞了。只有改变不适应新时期需要的工作方法，才能使大家有时间学习、钻研、调查研究、解决问题，成为内行和专家，才能对现代化做出积极贡献。

在1978年，正道直行的胡乔木敢于抓住机会，说出这些现在读起来依然值得深思和警醒的真知灼见，是需要巨大的政治勇气的。这是胡乔木对中央工作会议的一个贡献，也是中央工作会议对十一届三中全会的一个贡献，更是十一届三中全会对改革开放的一个贡献。

李先念在会议简报上看到胡乔木的发言后，批了三个字："讲得好！"

邓小平看到胡乔木的发言后，说："把这个写进公报。"

中国迈进"邓小平时代"

33

1978年，北京的冬天气温比较低，走在大街上，风吹在脸上的那种感觉，就叫凛冽。

12月18日，星期一，阳光灿烂，寒风瑟瑟，寒气逼人。中共十一届三中全会，就在这寒冬中召开了。

度过了一个周末，在上周五刚刚参加完中央工作会议的中央委员们，又回到京西宾馆，继续开会。不过，大多数代表并没有离开京西宾馆。更重要的是，还有不少"新面孔"搬了进来。参加十一届三中全会人员的基本情况是：1977年8月中共十一大选出的十一届中央委员，共333人，其中中央委员201人，候补中央委员132人；十一大到十一届三中全会期间，逝世的中央委员候补中央委员有6人；经中央批准，不参加十一届三中全会的中央委员、候补中央委员有25人；经中央批准，9位准备在会上增选为中央委员的同志列席全会。这样，应参加十一届三中全会的共311人。因病因事请假没有出席全会的中央委员、候补中央委员21人，实际出席的中央委员169人，候补中央委员112人，列席9人，共计290人。这个人数，比中央工作会议实际出席人数整整多78人。

三中全会依然像中央工作会议一样，除了中央主席、副主席外，共分六个组，各组召集人也几乎没有变化。具体名单如下：

——华北组51人，召集人是林乎加、刘子厚、罗青长、秦基伟，列席会议的有内蒙古自治区第一书记周惠、国家建委主任韩光，会议地点在京西宾馆的第九会议室；

——东北组47人，召集人是王恩茂、任仲夷、唐克、杨勇，会议地点在京西宾馆的第十一会议室；

——华东组64人，召集人是彭冲、万里、白如冰、聂凤智，列席会议有中国社会科学院的胡乔木、铁道兵司令员陈再道，会议地点在京西宾馆的第十三会议室；

——中南组56人，召集人是段君毅、毛致用、黄华、杨得志，列席会议的有广东省委第二书记习仲勋，会议地点在京西宾馆的第十四会议室；

党的十一届三中全会会场。

——西南组44人，召集人是赵紫阳、安平生、张平化、梁必业，列席会议的有中央军委顾问黄克诚、最高人民法院院长黄火青，会议地点在京西宾馆的第十五会议室；

——西北组44人，召集人是汪锋、霍士廉、胡耀邦、萧华，列席会议的有全国政协的宋任穷、山西省委第一书记王任重，会议地点在京西宾馆第十六会议室。

考虑到中央工作会议已经开了36天，而且解决了一些重大问题，所以中央政治局决定，十一届三中全会只开五天。

36比5，这不仅仅是一个数字上的对比，人们都能从这个对比中看到历史。因为，历史是慢慢地让人知道的。

星期一上午8时，一辆红旗轿车驶进了京西宾馆的车库，这是第一个到达会场的车辆。从轿车里走下来的是华国锋，他穿着大衣，径直向电梯走去。没过多久，邓小平、叶剑英、李先念等中央领导同志也相继进入京西宾馆。

不过，这一天的上午和下午，会议并没有安排全体大会。没有参加中央工作会议的中央委员和候补委员们在会议正式开幕之前，聚在三楼的第一会议室，一起阅读邓小平、叶剑英和华国锋在中央工作会议上的讲话，以及《一九七九、一九八〇两年经济计划的安排（草稿）》等会议文件，以便能够统一认识。六个组还分别传达讨论了昨晚（12月17日）中央政治局会议提出的议程、时间安排和会议开法。

三中全会的开幕式是在12月18日晚上举行的。

开幕式由华国锋主持，他发表了一个十分简短的讲话。他宣布这次全会的主要任务是：讨论通过中央政治局提出的从明年1月起，把全党工作着重点转移到社会主义现代化建设上来的问题，同时审议通过农业问题的两个文件和1979、1980两年国民经济计划的安排，讨论人事问题和选举成立中央纪律检查委员会。

12月19日，代表们继续看文件。这一天，代表们除了收到会议印发的《中共中央关于加快农业发展若干问题的决定（草案）》，还收到了秘书处印发的汪东兴、纪登奎、吴德、陈锡联的书面检讨。当天，中央政治局决定，中央专案组没有结案的案件，全部移交给中央组织部，各专案组从即日起停止专案工作；已经结案的档案移交给中央组织部；各专案办公室的文书档案一律封存，等中央处理。

12月20日、21日，会议分六个组进行讨论。代表们讨论了会议印发的几个文件，其中包括《关于中央纪律检查委员会组成问题的第三次报告》。会议期间，与会者还对全会增补的中央委员、中央政治局委员、中央副主席候选人选表了态，对工作重点的转移、实践是检验真理的唯一标准、平反冤假错案，以及康生的问题发表了意见。

为了借鉴和吸收国外的有益经验，开阔大家的思路和眼界，会议专门印发了《苏联在二三十年代是怎样利用外国资金和技术发展经济的》《香港、新加坡、南朝鲜、台湾的经济是怎样迅速发展起来的》《战后日本、西德、法国经济是怎样迅速发展起来的》等参考材料。与会同志认真研究了这些材料，并在解放思想、实事求是的号召鼓舞下，从中国的实际情况出发，提出了实行改革开放的思想主张。

比如，有的同志在讨论时提出，可以向外国借款，外国人可以到中国来合办工厂。我们赚外国资本家的钱，为人民服务，为什么不行？要研究日本、西德、南斯拉夫等国经济发展的情况，很好地吸取它们的经验。还有的人提出，我们的上层建筑有两个方面不合理，一是用行政的办法管理企业，不讲经济核算，不讲经济效果，吃大锅饭；二是体制不合理，制度繁琐，不能调动各方面的积极性，也提不高办事效率。这些都严重阻碍我们经济的发展，必须下决心改革。有人在讨论中提出，现在我们的经济管理，一方面存在分散主义、无政府主义，另一方面不少管理办法、规章制度还是统得过死，从中央到省、市、地、县都不同程度存在这些问题。还有人提出，在利用国外先进技术方面，我们要采取各种方式，能合资的就合资，能和外国合作生产的就合作生产，能买专利就买专利，能请专家就请专家；要改进管理体制，减少层次，简化手续，扩大企业权力，以便调动各级企业的积极性。在大组讨论中，有人提出建议：从福建的实际出发，充分发挥地区特点和有利条件，利用侨乡这一特殊条件，大量吸收外资，引进先进技术和设备，放手大搞出口贸易，通过外贸和轻工业积累资金，然后搞基础工业，搞农业机械化，以轻养重，以重促农，从而为发展福建经济闯出一条路子来。

根据上述意见，三中全会做出了对经济管理体制和经营管理方法着手认真改革，在自力更生基础上积极发展同世界各国平等互利的经济合作，努力采用世界先进技术和先进设备的决策。这些决策在三中全会后逐渐明确为改革开放的总方针。[①]

如果从会议的议程和主题来说，非常清楚，三中全会的主要议题就是全党工作着重点，或者说是重心，或者说是中心，从1979年起转移到社会主义现代化建设上来，这是个关系全局的问题，是贯穿全会的中心思想。会议认为：这是"关系国家命运的战略决策"，体现了中国历史进程的客观要求，反映了全党全军全国各族人民的迫切愿望。它同中国共产党"历次至关重要的历史转变时机所做的伟大决定一样必将极大地推进我们事业的发展，使我国政治、经济、军事、文化等各个领域出现突飞猛进的崭新局面"。

关于工作重点转移的问题，我们可以在会议下发的《一九七九、一九八〇两年经济计划的安排（草稿）》中找到答案。这份文件说，为了适应工作重点的转移，适应加快现代化建设的需要，在经济工

---

① 张树军、高新民：《中共十一届三中全会历史档案》，中国经济出版社1998年版，第529—530页。

作上必须实现三个转变：一是从上到下都要把注意力转到生产斗争和技术革命上来；二是从那种不计经济效果、不讲工作效率的官僚主义的管理制度和管理方法，转到按照经济规律办事、把民主和集中很好地结合起来的科学管理的轨道上来；三是从那种不同资本主义国家进行经济技术交流的闭关自守或半封闭自守状态，转为积极地引进先进技术，利用国外资金，大胆地进入国际市场。为此，需要在全国范围内进行一次思想大发动，大张旗鼓地进行实现"四个现代化"的宣传教育，统一认识，纠正各种保守的、错误的观念，解放思想，调动一切可以调动的积极因素。

12月22日上午和下午，代表们继续讨论。

这一天，会议通过了《中共中央关于加快农业发展若干问题的决定（草案）》《农村人民公社工作条例（草案）》和《一九七九、一九八〇两年经济计划的安排（草稿）》。前两个文件先传达到县一级征求意见，然后上报中央，再下发正式文件；后一个文件将由国务院下发，并建议国务院在修改后提交五届人大二次会议讨论通过。同一天，会议还讨论了中共十一届三中全会公报，中央政治局根据与会者提出的意见进行了修改。

34

12月22日晚，三中全会举行闭幕会。

在闭幕式上，华国锋发表讲话，着重谈了实现工作重点转移需要解决的几个问题。他说，全会结束后，从中央到地方的各级党组织，在较短的时间里如何顺利地实现工作重点的战略转移，把全国人民的智慧和力量集中到现代化建设上来，是我们首先必须解决好的一个十分重要的问题。在谈到思想路线时，他承认，全国开展的关于"真理标准"问题的大讨论，对于解放思想，开动机器，砸碎林彪、"四人帮"的精神枷锁，进一步发扬实事求是、一切从实际出发、理论联系实际的学风，起到了积极作用。

在讲话中，华国锋还谈到了如何正确对待毛泽东的问题。他说，中央工作会议和十一届三中全会解决了若干重要历史问题。这些问题有许多是同毛泽东有关系的，许多问题的错误处理是经毛泽东同意的。他估计在公报宣布和会议内容公开之后，党内外肯定会有很多人围绕毛泽东的评价问题发表议论。对此，他表示，全会公报和邓小平在中央工作会议期间的谈话，已经指明了对待这个问题的正确态度。

在12月22日三中全会的闭幕会上，邓小平没有发表讲话。这一天，他在阅改华国锋在闭幕会上的讲话稿时，做了一处修改。修改的地方为：在"甚至严重错误的同志，既要帮助他们认识和改正错误，取得群众的谅解，又要鼓励他们继续大胆工作，不要挫伤他们的革命积极性"一段话中的"既要"之后，加"做恰当的处理"，同时将"不要挫伤他们的革命积极性"，改为"在工作中继续认识和改正自己的错误"。

在会议期间，几位犯过错误的同志尽管不同程度地做了自我批评，表示要改正错误，而且还要做进一步的检查，但是与会者还是不满意。华国锋认为，大家的不满是有理由的，但认识错误总得有一个过程，我们要善于等待，所以对他们的自我批评应该表示欢迎。他表示，全会闭幕之后，中央政治局委员和政治局常委，将对与会者提出的批评和建议进行认真研究，妥善加以处理，并向下次中央全会做出报告。

室外寒风凛冽，室内暖气融融。梳着齐耳短发、端庄大方的女服务员们提着2.5升的大暖瓶，每隔20分钟给会议代表们续一次水。负责主席台倒水的服务员名叫张丽华，出生于天津的她却天生长了一双大眼睛，眼窝很深，让祖籍广东的叶剑英元帅以为碰到了"小老乡"，就给她取了一个绰号叫"小广东"。但她同时发现爱开玩笑的叶剑英，表情却没有那么轻松，和大多数人一样十分严肃。

作为京西宾馆会议科的服务员，记号杯是她们的必修课。参加三中全会的领导人，都有自己专属茶杯，号码是用红漆写在茶杯把下方的，小小的，看上去很精致，从1排一直到44。张丽华清楚地记得，邓小平的茶杯是12号，叶剑英是3号，李先念是13号。开会期间，爱思考的邓小平喝水比较多，每一次续水的时候，杯子都快见了底。

当然，会议也有轻松的画面。中间休息时，爱抽烟的邓小平就会从口袋里掏出他爱抽的"小熊猫"，塞给叶剑英、李先念。因为他们的随员已经限制他们的烟量，每天也就三两根。

作为新任中央政治局常委，陈云在闭幕会上发表了简短又特别意味深长的讲话。他说：

> 我认为三中全会和在此以前的中央工作会议，开得很成功。大家在马列主义、毛泽东思想的基础上，解放思想，畅所欲言，充分恢复和发扬了党内民主和党的实事求是、群众路线、批评和自我批评的优良作风，认真讨论了党内存在的一些重大问题，增强了团结。会议真正实现了毛泽东同志所提倡的"又有集中又有民主，又有纪律又有自由，又有统一意志又有个人心情舒畅、生动活泼，那样一种政治局面"。而且全会决定，一定要把这种风气扩大到全党、全军和全国各族人民中去。这一次是在中央开会，要扩大到全党、全军和全国各族人民中去，还要做很多工作，还可能遇到这样那样的问题。毛泽东同志在延安整风时，首先集中了几十个高级干部，连续开了几个月的会，大家面对面地指名道姓地批

评和进行自我批评，认真总结建党以来的经验教训，在这个基础上写出了《关于若干历史问题的决议》。以后就开党的七大，全党同志团结一致，取得了抗日战争和解放战争的胜利。1957年毛泽东同志又提出了要求全党实现这种"心情舒畅、生动活泼"的政治局面，由于种种干扰，很多年没有实现。九大、十大党章中也写了这一要求，但是没有实现。这一次党中央带了个好头，只要大家坚持下去，就有可能在全国实现。这对于安定团结、实现四个现代化一定会起重要的作用。

现在三中全会选举我为中央纪律检查委员会第一书记，中央政治局委员、常委，中央委员会副主席，我感谢工作会议和中央全会同志们对我的信任。

但是我的身体情况是很差的。我将尽我的力量来工作。我只能做最必要的工作，就是说量力而行。[1]

与任何一次党的重大会议一样，对普通的百姓来说，最最关心的还是人事的任免，而中央高层的人事变动，也是党的政治路线的一个风向标。三中全会除了增选陈云为中共中央政治局委员、政治局常委，中央副主席之外，还增选邓颖超、胡耀邦、王震为中共中央政治局委员；补选黄克诚、宋任穷、胡乔木、习仲勋、王任重、黄火星、陈再道、韩光、周惠九人为中央委员，将提请中共十二大追认。其实，这补选的九名中央委员，也是恢复"文化大革命"之前的资格。全会选举产生了中央纪律检查委员会，陈云为书记，邓颖超为第二书记，胡耀邦为第三书记，黄克诚为常务书记。

关于三中全会的人事任免工作，早在12月10日就开始了。这天

---

[1] 《党的文献》1988年第6期。

晚上，中央会议秘书处就通知各组酝酿讨论上述人事的增补问题。大家在讨论中，一致同意这些同志进入政治局和中央委员会，认为是众望所归。但也有个别代表认为进入政治局的这几位同志，除胡耀邦外，年龄都有些偏大。为了弥补这一不足，有的同志提出设立中央书记处的建议。

12月11日上午，习仲勋在发言中说："我完全同意设立中央书记处协助常委、政治局处理日常事务，使中央政治局、常委真正考虑一些决策的大事。如果一下子搞不起来，也可以先考虑成立一个处理日常事务的工作班子，设一个秘书长，由胡耀邦任秘书长，再设几个副秘书长。有了这个工作班子，就能够把中央的日常工作全部承担起来，使政治局、常委，特别是常委完全摆脱日常事务。希望这次中央全会能够解决这个问题。"对于习仲勋的这一建议，"许多同志鼓掌表示同意"。中央确实采纳了习仲勋的这个建议。①

12月25日，中央政治局召开会议，对中央领导层又一次做了若干调整和分工。陈云主管中共中央纪律检查委员会、公安、检察、法院民政等政法部门；邓颖超负责工会、共青团、妇联等群众团体；王震主管第三、四、五、六机械工业部；胡耀邦主管中共中央日常工作和宣传工作。在这次会议上，中共中央重新设立秘书长和副秘书长岗位，相当于后来的书记处。胡耀邦出任中共中央秘书长，胡乔木任中共中央副秘书长兼中共中央毛泽东主席著作编辑出版委员会办公室主任，姚依林任中共中央副秘书长兼中共中央办公厅主任和党委书记。同时，会议还决定，汪东兴不再兼任中共中央办公厅主任、党委书记、中央警卫局局长、8341部队政委、中共中央毛泽东主席著作编辑出版委员会办公室主任和党委书记、中共中央党校第一副校长、中央专案组组长等职务。胡耀邦调任中宣部部长，其

---

① 《习仲勋传》，中央文献出版社2013年版，第421页。

中组部部长的职位由宋任穷接任，免去张平化的中宣部部长职务，调任国家农业委员会副主任。

1978年11月27日，邓小平在会见美国专栏作家诺瓦克时，就人事问题尤其是他个人在中共中央的领导职务问题，就曾做过十分坦率的回答。他说：

> 可以告诉你一个背景材料。在确定中央领导成员时，有人要我当总理，我就首先表示反对。倒不是说我不可以当。当总理是累死人的工作。那时我已73岁，现在74岁了。搞不了啦。还是年轻一点的搞好，如华主席就比较适当。

对于第二代领导核心的形成，邓小平自己是这么说的："党的十一届三中全会建立了一个新的领导集体，这就是第二代的领导集体。在这个集体中，实际上可以说我处在一个关键地位。"这里的"关键地位"，其实也就是"核心"。

党中央为什么要有核心呢？邓小平说："任何一个领导集体都要有一个核心，没有核心的领导是靠不住的。第一代领导集体的核心是毛主席。因为有毛主席做领导核心，'文化大革命'就没有把共产党打倒。第二代实际上我是核心。"①

关于华国锋的个人命运，在这里有必要做一个交代：1980年9月，华国锋不再兼任国务院总理；1981年6月，在党的十一届六中全会上，他辞去中共中央主席、中央军委主席职务；从十二大到十五大，他继续当选中央委员，并且是中共十六大、十七大特邀代表。2008年8月20日，华国锋去世，享年87岁。2011年2月19日，《人民日报》发表中共中央党史研究室撰写的纪念文章《为党和人

---

① 《邓小平文选》第三卷，人民出版社1993年版，第310页。

民事业奋斗的一生——纪念华国锋同志诞辰90周年》，高度赞扬了华国锋的一生，他在老一辈无产阶级革命家的支持下，拨乱反正，恢复党和国家政治生活的正常秩序，动员和组织广大干部群众积极投入经济建设各项工作，应干部群众要求，开始复查、平反冤假错案。尤其是他在粉碎"四人帮"这场关系党和国家命运的斗争中起了决定性作用。他强调千方百计把经济搞上去，支持改革开放，推动教育科学文化工作走向正轨，外交工作取得了新的进展。

"天时人事日相催，冬至阳生春又来。"

1978年12月22日，十一届三中全会闭幕的这一天，恰好是农历二十四节气中的冬至。古人云：阴极之至，阳气始生，日南至，日短之至，日影长之至，故曰"冬至"。"冬至大如年"，冬至又被称为"亚岁"，一是说明年关将近，余日不多；二是表示冬至的重要性，意思是仅亚于过年。自冬至起，白昼一天比一天长，代表下一个循环开始，因而冬至被看作大吉之日。

就在这一天，三中全会一致通过了《中国共产党第十一届中央委员会第三次全体会议公报》。

十一届三中全会公报写得高屋建瓴，气势磅礴，从政治、外交、经济、组织、思想和作风五个方面高度概括和准确表达了中央工作会议和三中全会所取得的丰硕成果，指出："实现'四个现代化'，要求大幅度地提高生产力，也就必须要求多方面地改变同生产力发展不适应的生产关系和上层建筑，改变一切不适应的管理方式、活动方式和思想方式，因而是一场广泛、深刻的革命。"要"对经济管理体制和经营管理方法着手认真改革，在自力更生的基础上积极发展同世界各国平等互利的经济合作，努力采用世界先进技术和先进设备"。会议高度评价了关于实践是检验真理的唯一标准问题的讨论，认为这对于促进全党同志和全国人民解放思想，端正思想路线，具有深远的历史意义。公报引用邓小平的话，振聋发聩地说：

中共十一届三中全会公报。

　　一个党，一个国家，一个民族，如果一切从本本出发，思想僵化，那它就不能前进，它的生机就停止了，就要亡党亡国。

　　十一届三中全会公报实际上向全党全国人民擂响了新长征的战鼓，吹响了"团结一致向前看"的号角，实际上也为后来大规模的经济调整拉开了序幕。

　　随着无线电波，十一届三中全会胜利召开的消息传遍了大江南北、长城内外。

　　"夏尽秋分日，春生冬至时。"冬天来了，春天还会远吗？

　　从某种意义上说，十一届三中全会已经超越了中共党的全会这种会议形式的本身，它完全可以说是前一周刚刚结束的中央工作会议的"庆祝会"，是向中国民众和外部世界宣布新路线得到正式批准的"仪式"。正因此，这一届三中全会与过去并且与未来的任何一届党的三中全会都不同——只要一说起"三中全会"这四个字，人们就会自然而然地想到它是1978年的十一届三中全会。更形象地说，"十一届三中全会"在中国人眼里和心中，甚至在中共党史和当代中国史上，已经固化为一个象征或者符号，既是改革开放的标志，也是"邓小平时代"开启的标志。

1978年12月24日，《人民日报》发表特约评论员文章《伟大转变和重新学习》，宣传贯彻三中全会的精神。文章说：

> 现在，我们可以向全世界宣告：中华人民共和国举国上下，团结一致，同心同德向四个现代化的伟大进军开始了！
>
> 这是我国革命道路上又一个历史性的转变。
>
> 四十年代末，我们党的工作重点曾经经历过一次历史性的转变。那是从农村到城市的大转变。那次转变，全党经历了一次严峻的考验。我们学会了管理城市，管理工商业，学会了同资产阶级作斗争，从而恢复了国民经济，巩固了无产阶级政权。当前，我们面临的是一个更深刻的转变。比起前一个转变，它的意义更伟大，工作更艰巨。它将开拓出一条崭新的途径，推动我们去完成前人没有做过的宏伟大业。
>
> 四个现代化，是党内党外，上上下下，老老少少，人人关心的头等大事，是全党全国必须全力解决的主要矛盾。共产党人是顶天立地的英雄，是翻天覆地的好汉。我们干了五十八年。天，我们是把它翻过来了。现在中国的天，已经是蓝蓝的天，革命的天。但是，中国的地，我们还没有把它覆过来。我们还穷得很，落后得很。我们翻了一个天，我们还要覆它一个地。把着重点转移到现代化建

设，就要动员全党全国的力量，全力以赴，向自然开战，在本世纪内，把中国贫穷落后的面貌彻底改变过来。这就是高举毛泽东思想的伟大旗帜。谁不为建设现代化的社会主义强国而奋斗，那就是讲空话，说大话。达不到这个目的，我们就对不起毛主席、周总理、朱委员长，对不起千千万万先烈，对不起全国人民和子孙后代，我们还算什么中国共产党人！

文章的结尾引用毛泽东的话，作为中国共产党人带领中国人民进行新的伟大革命——改革开放的铿锵誓言：

历史终将证明，"我们能够学会我们原来不懂的东西。我们不但善于破坏一个旧世界，我们还将善于建设一个新世界"。

改革开放的实践已经历40年，真理已经得到了实践的检验，历史也已经做了最好的证明——中国共产党人善于建设一个新世界！

秋之卷

梦想者

秋脉如浮，西方之金，
万物收成，否极泰来。

向世界打开了中国的大门

35

1979年1月1日，新年的第一天，北京。美国驻中国联络处主任伍德科克官邸外面的场地上忽然响起了一阵噼里啪啦的鞭炮声。圣诞节已经过了，美国人这是在庆祝新年吗？

走进来看看吧！在官邸一楼的客厅里，150多位中国人和美国人济济一堂，在响亮的鞭炮声中正用香槟酒碰杯，庆祝中美两国历史永远值得铭记的时刻——半个月前的1978年12月16日上午10时（华盛顿时间12月15日晚上9时），这对于世界来说也是一个值得铭记的时刻——中美这两个东西方大国结束了30年的冷战和热战，终于在一份《关于建立外交关系的联合公报》中走到了一起——1979年1月1日，中华人民共和国和美利坚合众国建立外交关系，开始了合作的新时代。

今天，在北京的美国人迎来了他们最尊贵的中国客人——邓小平和夫人卓琳应邀参加美国驻中国大使馆的升旗仪式，出席伍德科克和夫人为中美建交举行的招待会。

今天，在华盛顿的中国人也迎来了他们的美国客人——美国副总统蒙代尔代表卡特总统和美国政府参加了中国驻美国大使馆的升旗仪式，并出席柴泽民大使为庆祝中美建交举行的招待会。

今天，身穿藏青色中山装的邓小平，胸前佩戴着一枚中美国旗交叉在一起的金属小徽章，频频举起香槟酒与美国客人碰杯。这枚胸章是美国众议员约翰·拉法尔斯从美国特地带来，亲自给邓小平别上的。要知道，拉法尔斯从制造商那里也仅仅只拿到12枚，带到了北京。拉法尔斯是以众议员阿什利为首的众议院银行委员会的七人访华代表团的成员之一。阿什利在简短的致辞中说，在他动身来中国之前，卡特总统给他打了两次电话，要他向邓小平转达"他对在元旦采取的这个重大步骤感到非常非常高兴，这个步骤将使我们在和平合作方面向前迈进"。

伍德科克当然更加高兴，从今往后，他这个美国驻中国联络处主任也名正言顺，成为美利坚合众国驻中华人民共和国第一任大使。因此，他兴奋地举起酒杯，提议为"人类历史上伟大的一天"干杯！说完，他走到邓小平的身边说，希望他不会在意走到扩音器前祝酒。

邓小平举起酒杯致辞：中美两国关系正常化，这是两国关系中的历史性事件，也是国际生活中有着深远影响的大事。卡特总统在宣布中美建交的消息时说，美国并不是出于暂时的策略的原因或权宜之计而采取这个重要步骤的。我赞赏这个富有远见的见解。中国政府一向是从长远的政治和战略观点来看待中美关系的。不久我将应卡特总统的邀请，对美国进行正式访问。我希望通过与美国领导人和美国人民的直接接触和会谈，进一步促进中美两国人民的了解和友谊，以及两国在科学技术、经济、文化等多种领域的友好联系与合作。

没错！75岁的邓小平把1979年元旦称为"一个不平凡的日子"，并且他还为这一天概括出三个特点：一是全国工作的着重点转移到四个现代化建设上来了，二是中美关系实现了正常化，三是把台湾归回祖国、完成祖国统一大业提到具体的日程上来了。这一天，全国人大常委会还发表了《中华人民共和国全国人民代表大会常务委员会告台湾同胞书》。

这一天，邓小平被美国《时代》周刊评为1978年度世界新闻人物，从而成为自1927年以来该刊评选的第52位新闻人物，再次登上《时代》周刊的封面。这一期《时代》周刊的序言以《一个崭新中国的梦想者——邓小平向世界打开了"中央之国"的大门》为题，高度评价了邓小平复出后拨乱反正，迅速把党的工作重心转移到四个现代化建设的举措，以及中美建交。在这篇长达8000字的新闻评论，一开头就这么写道：

> 这是人类历史上气势恢宏、绝无仅有的一个壮举！试想，自人类社会有史以来，有哪一位豪杰能率领占世界人口1/4的10亿民众迅速拨乱反正，从教条主义的禁锢中解放出来，从而融入20世纪末的世界大舞台？在因为本能的"外部恐惧症"而闭关自守多年之后，中华人民共和国终于在1978年开始向外部世界迈出了一大步，拿北京的宣传家们的话来说，中国开始了新的长征。虽然中国的经济极为原始落后，近乎一穷二白，并且经过毛泽东发动的"文化大革命"的浩劫，人民的士气一落千丈，但中国仍希望能在2000年实现一种相对的现代化，成为世界经济、军事强国。对此目标，他们或许能够、也可能不能如期达到，但这种万众一心朝前进

的举动本身，就令人感到不同凡响。①

　　而在1978年12月26日出版的《时代》周刊，封面上就曾刊登了邓小平的大幅照片，标题处则含蓄地写着一行字：与中国打交道。

　　1979年1月28日至2月5日，邓小平开始了他的美国之行。无论对于中国，还是对于美国，这都是一次历史性的访问。当然，这也是新中国领导人第一次对这个太平洋东海岸国家进行国事访问。

　　邓小平访问美国的消息一公布，暗杀的警报就从大洋的那一边不断传来。台湾地区的、美国的特务组织声称要"给一点颜色看看"，还扬言已经收买"意大利枪手"，"要做一些使邓永远难忘的事情"。

　　新中国成立以来，在领导人出访安全保卫工作上是有过成功的经验和像"克什米尔公主号"总理专机爆炸的惨痛教训的。为了邓小平的安全，中美双方进行了周密的布置和安排，美方甚至还派出了"空军一号"总统专机进行前期的专门考察。卡特总统在听说中方只派七名安全人员到美国来时，不禁吃了一惊。后来他又听到中方同意把邓小平访美的安全责任问题交由美方负责，他又感到受宠若惊，感到这是中国对美国最大的信任，既深受感动又感责任重大。他明确指示联邦安全局负责邓小平的安全，要动用各方力量采取一切措施，确保邓小平访美的安全"万无一失"。

　　这天晚上，华盛顿正下着雪。从未与邓小平见过面的卡特，在思考着如何与邓小平会面，会面后第一句话又该怎么说。尽管中美建交的谈判一直是由他和邓小平两人亲自全程掌握的，但那感觉似乎有"遥控"的味道。虽然在北京任职的伍德科克曾建议他访问中国，但卡特已经做出决定："在中国的一位最高领导人对尼克松总统和福特总统的正式访问进行回访之前，我不准备去。"眼看着邓小平

---

　　① 丁晓平、方健康：《邓小平印象》，中国青年出版社2011年版，第279页。

就要来了，但邓小平到底是怎样的一个人呢？夜深人静，卡特仍在仔细阅读美国情报专家为他准备的厚厚的一份对这个能在政坛上奇迹般再生的政治家的分析材料。像邓小平这样的一个政治家在三次打倒后又三次重新站起来，他的大落大起在许多西方的评论家眼里简直是不可思议。不仅如此，卡特在三个星期前就审阅了所有接待计划的细节，包括国宴的菜单在内。美国国务院则发出了多达2000余张的特别记者证，以使两国关系史上这一具有划时代意义的大事能够最充分地为世人所知晓。

邓小平访美，这是新中国成立30年来第一次有国家领导人访问美国。而且邓小平把这个日子选择在一个中国人特别的节日——春节，大年初一（北京时间1979年1月28日），按中国文化传统和中国人的生活习惯，这一天可是吉日良辰，农历新年的第一天嘛！万象更新，或许邓小平是有意这么选择的吧。

因此在欢迎仪式的致辞上，卡特又特此加上了一句颇有宗教意味的话："新年之际，你们向慈善的神灵打开了所有的门窗。"他甚至为加上这句话感到满心欢喜。为了准备和邓小平会谈，卡特还对电视记者发表了专题谈话，为的是在中国广播。后来他在回忆录中说，他的这个电视讲话曾经在中国反复播放，因此他后来访问中国时，街上的人们一见面就认出了他。他为此感到高兴。

大年初一这天，北京很冷，一大早就下起了小雨。早上8时，邓小平和夫人卓琳与前来送行的李先念、王震、余秋里、耿飚等一一握手告别，并在拥抱了他的小孙女后，登上了波音707飞机。按预定时间，飞机将于8时30分起飞。送行仪式结束后，飞机在跑道上徐徐滑行。然而就在这个时候，气象部门传来上海虹桥机场有大风大雨天气的预报，称能见度将下降到1000米以内，根本不符合飞行起降的1500米能见度标准。飞机不能起飞，而李先念等领导人仍站在那里向已经滑行的飞机挥手。怎么办？

有人建议让李先念等领导人回屋与邓小平一起休息，等起飞条件符合了再搞一次送行。看着窗外风雨中送行的老战友们，邓小平觉得不能让他们一起在这里等下去了，就说："我们的飞机先滑行出去，让他们都离开后，我们在跑道上转一圈，再回停机坪来等候。"

等送行的人们走后，邓小平说："我们就不下飞机了。"等了半个多小时后，上海方面的消息说，气象条件还不够。但若再长时间这样等下去就会影响既定的访美行程。怎么办？

一方面是领导人的安全，一方面是第一次访美的计划安排不能取消。大家犹豫着。

最后，邓小平斩钉截铁地下了命令："起飞！"到了上海后，能见度仍然只有1000米。而上海是必须要降落加油的地方，要不然就没法飞越太平洋。再说，还有两个美方派来的空军飞行员要在上海登机领航。飞机在经验丰富的徐柏龄机长的操作下徐徐降落了。可就在轮子放下快接近跑道的时候，徐柏龄发现有一只轮子偏出了跑道，如果这只轮子落到草地上，飞机就会发生事故。就在即将着地的一瞬间，徐柏龄迅速将飞机拉了起来。第一次降落失败了。大家更为小平同志担心。但小平同志系着安全带，非常沉着。飞机在机场上空盘旋了一圈后，徐柏龄镇静自如地操作指挥着第二次降落。这一次，终于成功了！

飞机原定在上海停留一个小时，但由于天气原因耽误了时间，飞机加满油后，邓小平就要求机组抓紧起飞赶路。经过15个小时的飞行（中途在阿拉斯加的安科雷奇空军基地停留一个小时），于29日凌晨4时半（美国当地时间28日下午3时半）飞抵华盛顿安德鲁斯空军基地。窗外，白雪皑皑，彩旗猎猎，五星红旗和星条旗在欢迎的人们手中挥舞，飘扬。

在机场，邓小平受到美国副总统沃尔特·蒙代尔、国务卿赛勒斯·万斯的欢迎。当晚，邓小平出席美国总统国家安全事务助理兹比格涅夫·布热津斯基举行的家宴。

　　1979年1月29日上午10时整，白宫迎来了来自东方的最尊贵的客人。美国总统卡特和夫人陪同邓小平和夫人卓琳登上了铺有红地毯的讲台。军乐队奏响了中美两国国歌，鸣礼炮19响。接着，邓小平和卡特并肩走过长长的红地毯，一起检阅三军仪仗队。显然，邓小平享受着政府首脑的礼遇。由于当时邓小平担任的职务是国务院副总理，因此美国的记者大发感慨说：一个国家的总统举行正式仪式，如此隆重地欢迎另一个国家的副总理，这在世界外交史上是极其罕见的。

　　舆论普遍认为，在邓小平访美之前，还没有一个外国贵宾受到过美国政府如此隆重的接待。1946年，丘吉尔访美时受到了美国朝野的空前欢迎，但隆重程度远不及此次邓小平访美。其原因在于，美国人把丘吉尔当作英雄崇拜，但在二战已经结束、其已经卸任首相的情况下，他并不代表国家。1959年，赫鲁晓夫访美时也曾受到了隆重的接待。当时，美国政府为他安排了访问节目，其高潮是游览迪士尼乐园，鸟瞰公路上密如蚁群的私人轿车，以及享受一天纯粹美国式的农村生活。邓小平的情况却与此不同——他富有传奇般的政治经历，他是一位名副其实的大国代表和雄心勃勃的现代化事业的开拓者和领导人。

　　天公作美，就像访问日本时一样，这天，之前一直是雨雪天气的华盛顿突然放晴了。湛蓝的天空，明媚的阳光，白宫南草坪旁的树丛上还挂着雪花。五星红旗第一次在白宫前与星条旗并排迎风飘扬，显得格外的鲜艳夺目。而在十年前的这片土地上，竟然连五星红旗的印刷品都很难找到。

　　令人难以忘记的是，就在1971年10月25日联合国大会第26届会议以压倒多数通过了恢复中华人民共和国在联合国的一切合法权利的提案（即2758号决议），代表蒋介石国民党政权的青天白日满地红的旗子在当天降旗之后，联合国大厦门前第23根悬挂中国国旗的旗杆由于没有五星红旗而整整空置了六天。联合国秘书处在纽约全城四处寻找，竟然找不到一面五星红旗。后来有人说是从印度驻联合国使团的一本印度出版的《世界知识手册》里，有人说是从联合国某个华裔职员贡献出的自己在法国巴黎旅行时购买并秘藏的北京出版物上，终于找到了五星红旗的印刷样品。这样，直到11月1日，一面和其他成员国国旗一样尺寸的长1.8米、宽1.2米、用尼龙材料做成的五星红旗，终于在联合国升起来了。但这面五星红旗做得仍然很不标准，旗帜上的那颗大五角星和四颗小五角星的比例和排列位置都不正确，很不规范。但这已经很不容易了。美联社常驻联合国总部记者威廉·奥蒂斯在《纽约时报》上发表文章说："共产主义中国的五星红旗，今天（11月1日）第一次在联合国总部升起。这是一个具有历史意义的时刻。颇有意思的是升旗的是两个美国黑人：24岁的威拉德·博迪和28岁的乔治·鲍德温。"11月8日，新华社记者高梁以代表团秘书的身份率领中国先遣小组到达纽约，将从北京带来的标准的五星红旗交给了联合国礼宾司官员。此后，中国人自己制作的五星红旗在联合国飘扬。

由此可见，在邓小平访问美国之前，这两个国家的"敌对"隔绝状态是个什么样子。中国在美国被"妖魔化"，中国的出版物在美国被当局当成"敌国宣传品"。

其实，访问美国，是中国领导人的夙愿。毛泽东曾多次表达希望到"美国一游"。早在抗日战争时期的1944年，毛泽东就曾对当时驻延安的美军观察组组长戴维·包瑞德和他最喜欢的外交官约翰·谢伟思谈过：他愿意为促使美国在中国战后的和平民主进程中发挥积极作用，飞赴华盛顿拜访罗斯福总统。但后来由于种种原因，罗斯福没有下定决心。新中国成立后，毛泽东在会见美国记者埃德加·斯诺时也表示愿意去美国密西西比河里游泳。据说，毛泽东在和安娜·路易斯·斯特朗和黑人朋友杜波依丝夫妇会谈时，也曾半认真半玩笑地表达过类似的想法。

对邓小平来说亦是如此。1978年11月29日，邓小平在人民大会堂会见日本公明党第七次访华团时，就对竹入义胜说："我现在还有一个愿望，就是想到华盛顿去，不晓得能否实现。美国人总是说，你为什么不到华盛顿去，那里有台湾的大使馆，我怎么能去呢。"邓小平认为，这关键取决于美国政府和卡特总统的决心。

但对邓小平来说，这是他第二次踏上美国的土地。第一次到美国是在1974年4月，他作为中国代表团团长，在纽约出席联合国大会第六次特别大会，首次向世界介绍了毛泽东关于"三个世界"划分的理论，引起了全场轰动。这次访美，是邓小平复出后推进中国走上现代化建设道路的重大举措。在国内，他要大力改革，实行经济体制和政治体制的调整和整顿；对国外，他要大力开放，寻求和平友谊之外，还要寻求资金、人才、先进技术和管理经验，以及极为重要的国家安全。

36

这是卡特和邓小平的第一次见面。在检阅仪仗队后，卡特总统在致辞中说："副总理先生，昨天是旧历的新年，是你们的春节的开始，是中国人民开始新的历程的传统的日子。我听说，在这新年之际，你们向慈善的神灵打开了所有的门窗。这是忘记家庭争吵的时刻，也是团聚与和解的时刻。对于我们两国来说，今天是团聚和开始新的历程的时刻，是久已关闭的窗户重新打开的时刻。"

紧接着，邓小平致答词。这是中国领导人首次在白宫致辞。邓小平说："中美关系正常化的意义远远超出两国关系的范围。位于太

1979年初，邓小平对美国进行正式访问。

平洋两岸的两个重要国家发展友好合作关系，对于促进太平洋地区和世界和平，无疑是一个重要的因素……世界人民的当务之急，就是要加倍努力维护世界和平、安全和稳定。我们两国有不可推卸的责任，要通过共同的努力对此做出应有的贡献……中美关系正处在一个新的起点，世界形势也在经历着新的转折。中美两国是伟大的国家，中美两国人民是伟大的人民。两国人民的友好合作，必将对世界形势的发展产生积极深远的影响。"

　　欢迎仪式结束后，卡特和邓小平并肩走进白宫。他们俩站在白宫的阳台上向人们挥手致意，摄影记者们纷纷抢拍下了这个经典的历史镜头。

　　路上，卡特和邓小平谈笑风生。

　　卡特说："1949年4月，我作为一名年轻的潜艇军官，曾在青岛待过。"

"是青岛吗？当时我们的部队已经包围了那座城市。"邓小平笑着说，不愧是机智过人。

跟在身后的总统安全事务助理布热津斯基开玩笑说："那你们早就认识了。"

大家都笑了起来。

走进内阁会议室，双方进入实质性谈判。双方代表在内阁会议室的一张长桌边落座。美方参加的有卡特、蒙代尔、万斯、布热津斯基、伍德科克、里查德·霍尔布鲁克和米歇尔·奥克森伯格。中方参加的有邓小平、方毅、黄华、柴泽民、章文晋、浦寿昌、彭迪、卫永清和外交部美大司副司长朱启祯、国际条法司副司长冀朝铸。

宾主间的谈判是在幽默中开始的。卡特说："我们已经有14位领导人访问过中国，你是第一位访问美国的中国领导人，在这方面美国占了便宜，14比1。"

邓小平说："有好客传统的中国欢迎你们多占便宜。我现在就邀请阁下、副总统蒙代尔、国务卿万斯和安全事务助理布热津斯基以及其他美国朋友访华。"

卡特风趣地说："如果所有这些人都接受你的邀请，我这里就没人工作了。作为总统我首先表示接受邀请，让其他人等一等，以后再去。"

会谈一开始，喜欢抽烟的邓小平就从口袋里掏出了一包香烟，礼貌而又幽默地问道："白宫可不可以吸烟？美国国会有没有通过一条在会谈中禁止吸烟的法律？"

卡特正在整理会谈的发言提纲，听邓小平这么一说，就笑起来了，说："没有。只要我当总统，他们就不会通过这样的法律。你知道吗？我的佐治亚州种植了大量的烟草。"

听了这一回答，邓小平开心地笑了，悠然地点着一支"熊猫"香烟抽了起来，然后对卡特说："你准备好了，你先讲。"

卡特开始按照准备的提纲小心谨慎地讲起了关于世界事务的观点，讲到了亚洲和世界的稳定，讲到了苏联军事力量的迅速增长以及美国在世界事务中的作用。卡特回忆说："邓身材矮小，坐在内阁会议室的一把大椅子上，几乎看不到他这个人了。他在出神地听我讲话。他接二连三地抽着烟，睿智而明亮的眼睛常常东转西看。当译员把我的话译给他听时，他时而发出爽朗的笑声，时而对其他中国人员频频点头。"

卡特讲完后请邓小平谈谈他的看法。

邓小平指出：我们的看法是，整个世界局势是不安宁的。如果要创造一个有利于和平、安全、稳定的世界，就应认真对待国际局势。就中国来说，我们不希望打仗。我们的目标是实现四个现代化，这就需要有一个比较长的和平环境。

第一次会谈进行了1小时20分钟。会后，邓小平在国务卿万斯的陪同下用完工作午餐后，来到白宫外交接待厅。这时，守候已久的记者们蜂拥而上，纷纷询问邓小平与卡特谈了些什么问题。邓小平没有像有些领导人拒绝记者时说"无可奉告"之类的话，而是以他特有的诙谐幽默的语气对记者们说：

"我们无所不谈，上至天文，下至地理。"

记者们对新中国的领导人如此鲜明而又高明睿智的回答感到震惊，并对邓小平如此的幽默和灵敏发出由衷的赞叹。

这天下午，卡特和邓小平的第二次会谈继续进行。他们着重谈的是与苏联有关的国际局势问题。在对方提到朝鲜问题时，邓小平指出：最近朝鲜民主主义人民共和国提出重新恢复南北对话，并提出了具体建议，他们也希望同美国谈判。鉴于上次南朝鲜政府拒绝谈判的经验，他们希望南北朝鲜对话不只是政府参加，双方各政党、民间代表人物、社会团体也参与。我们认为，中美双方，包括日本，可以推动朝鲜双方和平商谈。中国的立场是支持朝鲜提出的自主和平统一祖国的立场，但我们不干涉他们的内部事务。在谈到美苏限制战略武器协议时，邓小平说：我们不反对美苏签订这种协议，这种协议甚至是必要的，但我们认为重要的是要做扎扎实实的工作。

会谈持续了两个半小时。

珍贵的云石雕刻的大壁炉，四壁装饰着英国橡木镶板，豪华，典雅。这就是号称白宫第二大厅的宴会厅。虽然它的规模跟能容纳5000宾客的中国人民大会堂的宴会厅相比，是小了些，只有140个舒适的座席，但今天，就是美国的一些知名政治人士和社会名流、大企业家和明星也没有资格走进来参加这个宴会。这次宴会由中国中央电视台和美国三大电视网同时实况转播，被人们称为"全世界大多数人都睁大眼睛注视的宴席"。

这次卡特总统和夫人为邓小平和夫人举行的盛大国宴上，特别令人吃惊和注目的是，在华盛顿寒冷的冬天里，宴会厅四周里竟然盛开着红色和粉红色的山茶花。这一别致的装饰使宴会厅里充满了春天的气息。原来，卡特为这次宴会是颇花了一番心思的。这1500株山茶花是从他的故乡佐治亚州特意运来的。宴会桌上还特意摆放了中国竹筷，菜单和座位牌也是由精通中国书法的美籍华人用中英文书写的。这些细致的安排，显示了主人的匠心独运，反映了卡特总统及其政府对邓小平的高度敬意。

卡特首先祝酒。他说："在争取自由的革命中诞生的美国是一个只有200年独立历史的年轻国家，但是，我们的宪法是世界上最古老的仍在生效的成文宪法。有4000年文字记载历史的中国文明是世界上最古老的文化之一，但是，作为一个现代国家，中国还很年轻。我们能够互相学到很多东西。"

邓小平在宴会上用祝酒词的形式，宣布了此次中美会谈中的一个突破，即将反霸内容写进了即将发表的联合公报中。邓小平说："我们两国曾经在30年间相互处于隔绝和对立的状态，现在这种不正常的局面终于过去了"，"我们两国社会制度不同，意识形态不同。但是，两国政府都意识到，两国人民的利益与世界和平的利益要求我们从国际形势的全局，用长远的战略观点来看待两国关系。正是因为这样，我们顺利达成了实现关系正常化的协议。不仅如此，我们还在关于建交的联合公报中庄严地做出承诺，任何一方都不应当谋求霸权，并且反对任何其他国家或国家集团建立这种霸权。这一承诺既约束了我们自己，也使我们对世界的和平和稳定增添了责任感。我们相信，中国人民和美国人民的友好合作，不仅有利于两国的发展，也必将成为维护世界和平和促进人类进步的强大因素"。

宴会上，邓小平始终谈笑风生。美国著名歌星雪莉·麦克莱恩对邓小平个人的经历表示兴趣，来到他面前说："副总理阁下，我对你的个人经历极感兴趣。"

邓小平风趣地对她说："如果对政治上东山再起的人设立奥林匹克奖的话，我很有资格获得金牌。"

在场的人听了都齐声喝彩。

宴会上，邓小平和卡特大谈中国的生活和国家的面貌正在发生变化。两人还就传教士的问题发生了心平气和的争论。

卡特跟邓小平谈起了从小就对到中国去的基督教传教活动很感兴趣，说："在我小时候，当海军士兵的舅舅常去中国的港口，就给我们写信描绘中国。回国休假的传教士放了有关在中国传教的幻灯片。"

邓小平说："是的，美国与其他西方国家的传教士深入到了中国的内地。在我们老家四川也能看到他们的足迹。"

卡特说："我把母亲给我的零用钱一分一分节省下来，去看这些传教士播放的幻灯片。看后我懂得了把中国人看作朋友，懂得中国需要医院、食品和学校，需要懂耶稣基督是救世主的道理。我们都把这些传教士看成杰出的人。"

对此，邓小平则表达了不同的看法："许多传教士到中国去，只是为了把东方的生活方式改变为西方的生活方式。当然，他们当中也有一些是好的。他们开办的一些医院和学校至今都还在。"

"那我们可以再派传教士去中国布道吗？"卡特试探着问道。

邓小平明确地回答说："现在时代不同了，尽管我们主张信仰宗教的自由，但是我们不赞同恢复任何外国人到中国传教的活动。中国的基督教协会也赞同我的意见。"

接着，两人又从宗教谈到台湾问题。邓小平坦诚地说："中国是愿意用和平的方式解决台湾问题的。但我们不会把自己的手脚捆绑起来，因为那样反而不利于台湾问题的和平解决。"

宴会结束后，邓小平和夫人在卡特夫妇及女儿艾米的陪同下，出席了在肯尼迪中心举行的一场耗资50万美元的文艺晚会。这是一家石油公司资助举办的，堪称卡特总统任期内最排场的一次活动。这家石油公司或许就是看好了中国这个有着巨大潜力的市场，也想借邓小平访美来给自己做广告。

晚会上，许多美国明星都参加了演出。整个晚会在美国著名节目主持人安娜·威尼斯勒的主持下，精彩纷呈，像著名的钢琴家鲁道夫·塞金、歌唱家和六弦琴演奏家约翰·丹佛的表演令人陶醉，而世界著名华裔建筑大师贝聿铭、美国宇航员格伦也为迎接中国客人罕见地登台表演。据说，主办者获悉邓小平爱好篮球，还特此安排了哈莱姆环球游览职业文娱球队的篮球表演，博得全场喝彩。最后一个节目是一群天真活泼的美国儿童演唱中国歌曲，使晚会达到高潮。邓小平和卡特在全场2000名观众的欢呼声中站到舞台中央紧紧握手，耀眼的舞台灯光和热烈的欢呼声汇成了一个欢乐的海洋，他们的手久久地、久久地握在了一起。

这一天，卡特在日记中写道："在肯尼迪中心看了一场既轻松又精彩的演出。表演结束后，邓和我还有他的夫人卓琳女士、罗莎琳和艾米一起走上舞台同演员见面。当邓拥抱美国演员，特别是在拥抱唱了中国歌曲的儿童演员时，他流露了真诚的感情，令全场感动。他吻了许多儿童。"后来记者们报道说，许多观众流下了感动的眼泪。一直强烈反对同中国建交的参议员拉克泽尔特在看了这场演出后说："我们被他们打败了：谁也没法对唱中国歌的孩子们投反对票。邓和他的夫人看来真的爱人民，他确实令在场的观众和电视观众倾倒。"卡特还说："也许因为他充满活力和个子矮小，邓那天晚上成了艾米和别的儿童最喜欢的人，而且看来这种感情是两方面的。"

后来，卡特在他的回忆录里满怀深情地写道："在正式的祝酒词和私下的谈话中，人们都像过节一样沉浸在欢乐的气氛里，似乎有意要打破往往使这种场合气氛沉闷的正式的外交客套。我特别高兴的是，看到国务院的中国专家们迫不及待地当面探问他们以毕生精力研究的这个国家的历史和现代的风俗习惯的第一手材料。"

37

在华盛顿，邓小平同卡特总共进行了三次会谈。

第三次会谈是1月30日上午进行的。双方就最惠国待遇、互派留学生以及关键的台湾问题进行了两个多小时的谈判。在台湾问题上，因为当时美国国会正在辩论台湾问题，一些议员甚至为此发火。卡特就希望邓小平在访美期间的公开场合谈到台湾问题时，最好用上"和平方式"和"耐心"这两个词语。

邓小平早已胸有成竹。他说：美国可以为中国和平解决台湾问题做出贡献，希望美国和日本规劝台湾谈判，而不是做不利于台湾问题和平解决的事。他还强调说："我们不赞成向台湾出售任何武器，过了今年，以后向台湾出售任何武器时贵国政府都要慎重。我们不赞成你们向台湾出售任何武器。"

会谈结束后，邓小平和卡特从总统办公室走进被称作"总统花园"的玫瑰园，与记者见面。当记者们问他们会谈取得什么成果时，卡特说："副总理明天还要和我们见面，签署即将达成的一些协议。我们的讨论是深远、坦率、诚恳、亲切而和谐的，极其有益和有建设性的。"

当他们在记者们的镜头前握手时，邓小平兴奋地说："现在两国人民都在握手。"

邓小平的话深深地感动了卡特，也感动了记者们。他们的手握得更紧了。

邓小平在美国八天的时间里，也和美国国会参众两院的领袖们进行了会晤。30日中午，在国会大厦的参议院会议厅里，邓小平与85位参议员共进午餐，边吃边谈。下午邓小平出席了众议院的茶会，与众议院的领袖和议员们喝茶会谈。他们就台湾问题、中美贸易问题、南北朝鲜问题等进行了交谈，邓小平勾画了"一国两制"的构想，获得了议员们的普遍称赞。在这象征着美国民主制度的国会山上，那些自以为是的议员们，在举行午餐会、茶会时，竟然列队等候与邓小平握手，还纷纷拿着以邓小平肖像为封面的《时代》周刊，排队请邓小平签名留念，因为邓小平被该刊评为"1978年的新闻人物"。

1月30日晚，邓小平出席美国外交政策协会、国立美术馆、美中关系全国委员会、与中华人民共和国学术交流委员会、亚洲协会和中国理事会等六个团体联合举办的招待会，阐述中国对世界形势、中美关系和台湾问题的立场和政策。邓小平指出：美国人民是伟大的人民。美国人民对人类的文明和世界的进步做出了杰出的贡献。中国人民对美国人民一向怀有友好的感情，对你们那种实干和创新的精神深为钦佩。你们有许多东西值得我们学习。中美两国人民的友谊是深厚的。今后，随着经济和文化交流的日益增多，友好往来的日益频繁，我们之间的友谊一定能够获得更大的发展。中美两国社会制度不同，意识形态也有根本区别。但是，在当今世界上，我们之间有着不少共同点。我们两国人民的利益和世界和平的利益，都要求我们从世界的全局着眼，用长远的政治和战略观点来看待和处理中美关系。这是我们友好相处和广泛合作的重要基础。中美两国之间的经济往来，对于双方都有好处。同时，提请大家注意中美关于建立外交关系的联合公报重申的上海公报中关于反对谋求霸权的各项原则，强调：这对我们双方是一个约束，对各国人民是一个保证，对霸权主义是一个遏制。我们两国都信守自己的承诺，就可以对维护亚洲、太平洋地区以及世界的和平和安全起到积极的作用。

在谈到台湾问题时，邓小平指出：统一祖国，这是全体中国人民的凤愿。我想，曾经在一百多年前经受国家分裂之苦的美国人民，是能够理解中国人民统一祖国的民族愿望的。至于用什么方式解决台湾归回祖国的问题，那是中国的内政。按照我们的心愿，我们完全希望用和平方式来解决这个问题，因为这对国家对民族都比较有利，这在我们的人大常委会《告台湾同胞书》中已经说得很清楚了。应该说，中美关系正常化以后，这种可能性将会增大。当然，这并不完全取决于我们单方面的愿望，还要看形势的发展。

1月31日，邓小平在下榻的宾馆同美国政府官员及卡特的高级助手共进早餐。随后，他接受美国费城坦普尔大学授予的名誉法律博士学位。他在答词中说："这不仅是给我个人的荣誉，也是美国人民对中国人民友好和尊重的表示。坦普尔大学已经有上百年的历史，为美国以及其他国家造就了许多人才，在美国国内外享有很高的声誉。坦普尔大学又是以主张学术自由著称的。我认为，这是贵校的事业兴旺发达的一个重要因素。你们把名誉博士学位授给像我这样一个信仰马克思主义和毛泽东思想的人，也足以说明这一点。"

在这天上午，邓小平还会见了美国前总统理查德·尼克松，就共同关心的问题交换意见。邓小平指出：在尼克松、毛主席、周总理，还有基辛格博士的努力下，中美双方开始了实现中美关系正常化的进程，尽管时间稍长了一点，但也还不晚。他对尼克松提出的中国不仅应注意强调培养高级教授、律师、哲学家，还应重视培养工农业技术人员的建议表示赞同，并说："这正是我们需要注意的方面。不仅要培养技术专家，还要培养管理人员。管理是一门专门的学问，这是我们最薄弱的一个环节。"随后，邓小平前往林肯纪念堂献了花圈；参观了美国宇航博物馆，并进入阿波罗十一号指令舱，听取宇航员介绍1969年乘坐这个座舱飞往月球的情况。

这天中午，邓小平同《华盛顿邮报》《纽约时报》《洛杉矶时报》《基督教科学箴言报》《芝加哥论坛报》《时代》《新闻周刊》《美国新闻与世界报道》和美联社、合众国际社以及《华尔街日报》的新闻工作者共进午餐，并回答他们提出的问题。邓小平说：中国实现"四个现代化"政策的持续性，不是由个人因素决定的，关键在于这些政策是否正确，人民是否赞成，对人民是否有好处。如果这些政策是正确的，对人民有好处，又得到人民的支持，政策的持续就有了根本的保证。既然我们现在执行的政策是正确的，可以肯定，这些政策会继续下去。他还指出：中国有许多商品可以出口，我们有煤、有色金属、稀有金属、化工产品、轻工业产品。我们同美国如果用补偿贸易的方式，美国提供资金、技术，我们完全可以用我们的产品偿还。

这天下午，邓小平在布莱尔大厦接受了美国广播电视界评论员的采访。他说：我这次访问美国肩负着三项使命：第一是向美国人民转达中国人民的情谊；第二是了解美国人民，了解你们的生活，了解你们建设的经验，学习一切对我们有用的东西；第三是同贵国的领导人就发展两国关系和维护世界和平和安全问题广泛地交换意见。我可以告诉美国公众，我同卡特总统和其他美国领导人两天会谈的结果，是令人满意的。他还宣布：卡特总统已接受华国锋总理的邀请，在适当的时候正式访问中国。

随后，邓小平和卡特一起在白宫出席了中美科学技术合作协定和文化协定等文件的签字仪式。签字之后，卡特总统首先致辞，宣布不久的将来美国将在上海和广州开设领事馆，中国将在休斯敦和旧金山开设领事馆。同时，数百名中美学生将到对方大学进修学习。邓小平在致辞时说："我们刚刚完成了一项有意义的工作，但是这不是一个结束，而是一个开始……"

晚上，邓小平在中国驻美联络处举行盛大的答谢宴会，到会的人超过了预定人数，大厅里挤得水泄不通。为邓小平致辞做翻译的费斐女士几乎站不上临时搭建的讲台。人人希望与邓小平碰杯、说句话，抢拍个镜头，气氛热烈感人。

在离开华盛顿前，邓小平和卡特在白宫亲切拥抱告别。邓小平与卡特的会谈是从吸烟开始的，告别也是从吸烟的话题结束的。卡特对邓小平说："只要不影响你的健康，欢迎你明年到我的家乡佐治亚，在那里我可以让你品尝到几种最优良的烟叶。"

邓小平手里夹着一支烟，笑着说："尽管我离不开烟，但我的医生向我保证我不会得癌症。"

1979年2月1日，《中美联合公报》发表。这天早上邓小平在出席美国政府举行的简短欢送仪式之后，乘专机前往亚特兰大、休斯敦和西雅图等城市参观访问。

邓小平怀着极大的兴趣参观了福特汽车公司、休斯敦国家宇航中心、波音飞机公司和休斯工具公司，并在休斯敦结识了著名的世界石油大亨亚蒙·哈默。邓小平每到一处，都引起人们的关注，受到了热烈欢迎，给当地人民带来愉快和欢乐。许多人都想见一见他，同他握手，向他欢呼、问好，请他签名留念。可以说，邓小平的这次出访，在美国引起了全国性的"中国热"。

在西雅图，邓小平会见了华盛顿重量级的民主党参议员、中国共产党人的好朋友亨利·杰克逊。在这里他们进行了友好的会谈。杰克逊还拿着1979年第一期的《时代》周刊，指着封面上邓小平的图像说："那个时候，恐怕也认为你是红色魔鬼头子之一，不可能想象可以将你评为《时代》周刊的新闻人物啊。还有一个重要原因，就是美国不了解中国。"邓小平西雅图之行，使波音成为最早进入中国的美国首批大公司之一。

2月2日早晨，邓小平夫妇抵达得克萨斯的首府休斯敦。专机到达埃林顿空军基地后，得到了得克萨斯州人民的热烈欢迎。州长克莱门茨对邓小平说："在得克萨斯，你们是最受欢迎的人们。我们得克萨斯人对中国抱有很大的好奇心。你们来到这里我们感到高兴。"

得克萨斯是美国养牛最多的州，"西部牛仔"和驯牛驰名世界，这里拍摄过很多著名的好莱坞西部大片。在得克萨斯，邓小平夫妇参观了林登·约翰逊航天中心。邓小平还亲自坐上航天中心的模拟航天飞机，体验飞行生活。当天晚上，邓小平出席了专门为他举办的具有浓郁美国西部风情的烤肉宴会和马技表演。

宴会和马技表演是在距休斯敦80公里以外的西蒙顿举行的。当邓小平和戴着灰色牛仔帽的卓琳在宴会结束后来到竞技现场时，全场报以热烈的掌声。

表演开始前，两个骑着白马的女士把邓小平和陪同访问的外交部副部长方毅请到观众面前，向他们赠送了一顶崭新的边檐翘起的白色牛仔帽。邓小平和方毅马上高兴地戴在了头上。接着，邓小平夫妇被邀请坐上一辆19世纪的马车绕竞技场一周，向热情欢呼的美国人民挥手致意，赢得了美国观众一片欢呼和掌声。

令人意想不到的是，因为邓小平戴上了美国牛仔帽，场外做牛仔帽生意的商店顿时兴隆起来，一些商店的牛仔帽很快被抢购一空，而且价格也直线上涨，一项帽子高达30美元，也还是供不应求。第二天，邓小平头戴牛仔帽的大幅照片和电视镜头就通过美国各大新闻媒体，传遍了整个世界，成为一大新闻。有的媒体评论家说："邓头戴有美国文化象征的牛仔帽，这在毛的激进派掌权的时代是不可想象的，这表明了中国的改革和开放。"

邓小平在结束访美之前，特别接见了美方的安全警卫人员，还与他们合影留念。他非常高兴地接受了一件与警卫工作有关的特别礼物——一张贴有邓小平照片的西雅图警察局带有证章的局长证。邓小平对美方警卫人员说："感谢你们的周到服务，你们保证了我访问美国之行的圆满。今后，我欢迎你们当中的任何人到中国访问。"

2月5日，邓小平圆满结束了对美国的友好访问，途经东京回国。邓小平在西雅图机场发表了告别讲话。在飞离美国之前，邓小平还致电卡特，肯定他访美取得的圆满成功，表示中美两国关系将会在新的历史条件下，得到重大发展。电文如下：

卡特总统：

在我结束对贵国的正式友好访问，即将离开你们美丽国家的时候，我对你和卡特夫人以及贵国政府给予我们一行的盛情款待再次衷心感谢。

我这次对贵国的访问取得了圆满成功。我同你的会谈，同美国各界朋友的相互了解，加深了中美两国人民之间的友谊。中美两国关系将会在新的历史条件下取得重大的发展。我相信，这对于我们两国，对于整个世界，都具有重要意义。

我期待着不久的将来在我国欢迎你和卡特夫人。

邓小平和卡特虽然在一起的时间不算特别长，然而，就在这短短的几天里，邓小平的言谈举止却给卡特留下了深刻难忘的印象。他说："邓给我留下了好印象。他身材矮小，性格坚强，有才智，坦率、勇敢、气宇不凡、自信、友好。同他谈判是一种乐趣。"他把接待邓小平来访视为其总统任内最愉快的事情之一，"一切都是如愿的，中国领导人也很满意"。他说，"过去三天我们所共同取得的成就是异乎寻常的，但是我们的目的是使我们两国之间的这种互相交流不再是例外而是常规，不再是头条新闻或者历史学家的事，而是中美两国人民日常生活中的事务"。他认为，在这位身材矮小却十分健壮的中国领导人身上，"和谐完美地体现出了机智、豪爽、魄力、风度、自信和友善"；而"在这个过程中，我懂得了为什么有人说中国人是世界上最文明的民族"。

国际舆论普遍认为，邓小平对美国的这次访问，对发展两国关系有着重要意义，是中美两大民族传统友谊史上的新的里程碑。《世界论坛报》称"邓小平是世界和平的杠杆"。在八天的访问中，邓小平不知疲倦，争分夺秒地进行了各种会谈，会见了数以百计的议员、州长、市长以及企业和文化界人士。邓小平在不同场合向数千人发表了讲话，回答了近百名记者的提问。先后有2000多名记者采访报道了这一历史性访问，美国的三大主流电视网每天的黄金时间变成了"邓小平时间"或"邓小平频道"，有评论说，邓小平以其独特的魅力在美利坚刮起了"邓小平旋风"。据白宫老资格的礼宾司人士说，欢迎邓小平的热烈场面是空前的，在美国乃至世界外交史上都是极为罕见的。

而邓小平的传奇经历、可爱性格和政治风度也深深地吸引着美国人民。纽约州的众议员莱斯特·沃尔夫说：邓小平"不但诚实坦率，而且和蔼可亲。肯定给美国人民留下了深刻印象"。华盛顿州参议员亨利·杰克逊说："他沉着镇静而有自制力。"华盛顿大学的詹姆斯·陶森说：邓小平"坚强有力，语言精辟，直截了当，机智老练"。新华社和《人民日报》记者在新闻述评中说："中国对当前国际事务和中美关系的立场以这样有效的方式直接为美国公众所深切了解，这是从未有过的。"

1月26日，美国著名中国问题专家费正清在华盛顿的国际交流署发表谈话，指出"邓小平访问美国标志着一个历史性的转折点"。他从三个方面阐述了这个历史性的转折点：第一，它标志着北京和华盛顿之间三十年的疏远状况的结束，是中美两国人民关系的一个历史性转折点；第二，它标志着1840年鸦片战争以来的帝国主义在东亚衰落和逐步退却的阶段的结束；第三，它标志着中国革命的一个转折点，它也处于从旧秩序过渡到新秩序的过程中，在这一过渡的过程中，中国将作为代表一个伟大民族的大国之一而越来越发挥它恰当的作用。他说："中国进入世界行列仍然只是一个开始。邓副总理和其他人目前为从国外获得技术和投资所做的努力是革命的另一阶段的开始，它无疑将会发展和继续下去。"

新加坡总理李光耀在他的官邸看到邓小平访问美国的电视报道之后，说："我感到中国的大门再也关不上了。"

还是叫特区好，杀出一条血路来！

38

邓小平明确使用"开放"二字的时间，是1978年10月10日；地点，是北京；场合，是会见德意志联邦共和国新闻情报局对外司司长格奥尔格·内格韦尔为团长的新闻代表团。

会谈中，就如何学习世界先进科学技术的问题，邓小平说：

中国在历史上对世界有过贡献，但是长期停滞，发展很慢。现在是我们向世界先进国家学习的时候了。

我们过去有一段时间，向先进国家学习先进的科学技术被叫作"崇洋媚外"。现在大家明白了，这是一种蠢话。我们派了不少人出去看看，使更多的人知道世界是什么面貌。关起门来，固步自封，夜郎自大，是发达不起来的。

由于受林彪、"四人帮"的干扰，我们国家的发展耽误了十年。六十年代前期我们同国际上科学技术水平有差距，但不很大，而这十几年来，世界有了突飞猛进的发展，差距就拉得很大了。同发达国家相比较，经济上的差距不止是十年了，可能是二十年、三十年，有的方面甚至可能是五十年。到本世纪末还有二十二年，二十二年以后，世界是什么面貌？包括你们在内的发达国家，在七十年代的基础上再向前发展二十二年，将是什么面貌？我们的四个现代化，要在本世纪末达到你们现在的水平已不容易，要达到你们二十二年后的水平就更难了。所以，要实现四个现代化，就要善于学习，大量取得国际上的帮助。要引进国际上的先进技术、先进装备，作为我们发展的起点。

你们问我们实行开放政策是否同过去的传统相违背。我们的作法是，好的传统必须保留，但要根据新的情况来确定新的政策。过去行之有效的东西，我们必须坚持，特别是根本制度，社会主义制度，社会主义公有制，那是不能动摇的。我们不能允许产生一个新的资产阶级。我们引进先进技术，是为了发展生产力，提高人民生活水平，是有利于我们的社会主义国家和社会主义制度。至于怎么能发展得多一点、好一点、快一点、省一点，这更不违背我们的社会主义制度。①

这是邓小平第一次提出实行开放政策。

其实，实行对外开放的政策，早在1978年3月18日召开的全国科学大会上，邓小平在开幕词中就深刻地指出："认识落后，才能去改变落后。学习先进，才有可能赶超先进。提高我国的科学技术水

---

① 《邓小平文选》第二卷，人民出版社1994年版，第132—133页。

平，当然必须依靠我们自己努力，必须发展我们自己的创造，必须坚持独立自主、自力更生的方针。但是，独立自主不是闭关自守，自力更生不是盲目排外。科学技术是人类共同创造的财富。任何一个民族、一个国家，都需要学习别的民族、别的国家的长处，学习人家的先进科学技术。我们不仅因为今天科学技术落后，需要努力向外国学习，即使我们的科学技术赶上了世界先进水平，也还要学习人家的长处。"①

9月16日，邓小平在吉林考察时，在听取吉林省委的汇报后，特别强调要冲破"两个凡是"的束缚，抓住有利的国际国内条件，扩大对外经济技术交流。他说："我们现在要实现'四个现代化'，有好多条件，毛泽东同志在世的时候没有，现在有了。中央如果不根据现在的条件思考问题、下决心，很多问题就提不出来、解决不了。比如毛泽东同志在世的时候，我们也想扩大中外经济技术交流，包括同一些资本主义国家发展经济贸易关系，甚至引进外资、合资经营等。但是那时候没有条件，人家封锁我们。后来'四人帮'搞得什么都是'崇洋媚外''卖国主义'，把我们同世界隔绝了。毛泽东同志关于'三个世界'划分的战略思想，给我们开辟了道路。我们坚持反对帝国主义、霸权主义、殖民主义和种族主义，维护世界和平，在和平共处五项原则的基础上，积极发展同世界各国的关系和经济文化往来。经过几年的努力，我们有了今天这样的、比过去好得多的国际条件，使我们能够吸收国际先进技术和经营管理经验，吸收他们的资金。这是毛泽东同志在世的时候所没有的条件。外国人也可能骗我们，也可能欺负我们落后。比如，一套设备，给你涨点价，或者以次充好，都是可能的。但是总的说来，我们有了过去没有的好条件。如果毛泽东同志没有说过的我们都不能干，现在就不能下

---

① 《邓小平文选》第二卷，人民出版社1994年版，第91页。

这个决心。在这样的问题上，什么叫高举毛泽东思想的旗帜呢？就是从现在的实际出发，充分利用各种有利条件，实现毛泽东同志提出、周恩来同志宣布的'四个现代化'的目标。如果只是毛泽东同志讲过的才能做，那我们现在怎么办？马克思主义要发展嘛！毛泽东思想也要发展嘛！否则就会僵化嘛！"[①]

邓小平的这段讲话，典型地反映了他渴望改革开放的急切心态。

当然，学习资本主义的某些好东西，包括科学技术、经营管理方法，不等于实行资本主义，而是要利用它来为社会主义经济建设服务。但是在那个年代，并不是所有的人都能明白这个道理，愿意走上改革开放的道路。

再说远一点，或者说，为邓小平的改革开放政策寻找理论依据的话，我们可以在马列著作中看到——早在苏联建立初期，列宁就指出，在无产阶级取得政权的条件下，可以利用外国的资本、技术和经营管理经验来建设社会主义。社会主义国家的国家资本主义不同于资本主义国家的国家资本主义，其作用是加强社会主义，而不是加强资本主义。在列宁的著作中有一段意味深长的话，他说：要乐于吸收外国的好东西，苏维埃+普鲁士的铁路管理+美国的技术和托拉斯组织+美国的国民教育+……=总和=社会主义。列宁关于国家资本主义的论述，为社会主义国家实行对外开放提供了科学的理论指导。

在邓小平向德国客人提出"开放"之后，他就风尘仆仆地访问了日本。归来后，他又马不停蹄地访问了泰国、马来西亚和新加坡三国。

11月13日，邓小平在新加坡参观了新兴工业中心裕廊镇，在山顶种植了一棵象征友谊与和平的海苹果树。他还登上五层楼顶的瞭

---

① 《邓小平文选》第二卷，第127页。

望塔，鸟瞰这个新加坡最大的工业区。随后，他登上新加坡住房和发展局22层的办公大厦顶层，在该局局长范德安的陪同下，瞭望了周围新建成的公共住房，并询问新加坡每年住房建筑总面积等有关情况。当获悉新加坡总共有三万名技术人员和工人从事住房建筑的情况后，邓小平说："你们建筑机械化程度高。"

在新加坡，邓小平只有两天的访问行程。但风景秀丽、鲜花盛开的新加坡给邓小平留下了深刻而美好的印象。这个位于马六甲海峡入口的"城市国家"，经过多年的开放，已经成为东南亚地区的一颗明珠。这个面积只有587平方公里，人口只有230万，规模仅相当于上海十分之一的小国，每年却能吸引200多万外国游客，一年仅旅游收入就高达9.9亿美元。

新加坡国家建设的成功经验，令74岁的邓小平大吃一惊。他产生了浓厚的兴趣，决心要把这个"经"取走。访问活动中，邓小平特别注意到，新加坡从20世纪60年代起就十分注重加强对外经济联系，积极参与国际市场的竞争，抓紧发达国家传统工业转移到海外的机会，源源不断地从国外引进资金和先进技术，使经济迅速腾飞，从而成为亚太地区经济发达的"四小龙"之一。邓小平十分赞赏地观察到，外商在新加坡投资设厂使新加坡至少得到三大好处：一是外资企业利润的35%要用来交税，实际上，这一部分国家得了；二是劳务收入，工人得了；三是带动了相关的服务行业，这又是一笔可观的收入。

与其说新加坡国家经济开放政策的成功给了邓小平启示，不如说这是一个巨大的刺激，并让邓小平从此坚定了对外开放的信念。

11月14日上午，邓小平在接见中国驻新加坡机构主要负责人时，敞开心扉地谈了他的感受。他说：

现在的路子走得对。叶帅讲，路子要走宽一点。日本向我们建议搞合资银行，这是可以搞的。他们把钱存在我们的银行里，我们利用他们的资金和技术。明年是建国三十周年，我们也不太搞庆祝活动，我们穷，为什么要讲排场呢？本来穷，就别摆富样子，好起来再说。在日本访问时，我们到处讲穷，日本人说这是有信心的表现。他们说得有道理。我在日本说，本来长得很丑，为什么要装美人呢？苏联就吃这样的亏，自以为什么都是自己的好，其实农业、技术都很落后，结果是自己骗自己。我们的框框太多了，一下子要改过来不容易。北京在前门一带建了三十栋房子，外面好看，里面就不行了。可派人出来看看，学人家是怎么搞的。大家要开动脑筋，有的人总认为自己好。要比就要跟国际上比，不要与国内的比。政治要落实到业务上，这是检验政治好不好的重要标准。工厂办得好不好，要看它管理好不好，质量、技术好不好。工厂搞好了，收入就要多一些。当然差别不能太大。①

39

中国向何处去？早就在1978年初，中共中央就已经开始决定走出国门看世界。

现在，关键的问题是，在走出国门的同时，还要打开国门，请国外先进的科学技术、管理方法和资金走进来。也就是要解决自己如何走出去，又如何请别人走进来的问题。显然，摆在中国领导人面前的迫切问题，已经不是要不要开放的问题，而是如何开放、怎

---

① 《邓小平年谱（1975—1997）》（上），中央文献出版社2004年版，第429页。

样开放的问题。

1978年3月至5月，国务院有关部门兵分三路，走出国门，取经寻宝。其中就有一路由国家计委、外贸部组成的港澳经济贸易考察组，赴香港和澳门探索"弹丸之地"的港澳地区经济飞速发展的奥秘。考察组在香港和澳门的工厂、农场、港口、建筑工地、农产品市场及一些商店进行了实地考察，探求与内地特别是广东省合作发展的可能性。

考察组回到广州后，向主持广东省委工作的习仲勋和广东省党政领导介绍了考察情况，建议把宝安、珠海两县改为两个省直辖市，派出得力干部，加强领导力量，使农业从"以粮食为主"逐步转到"以经营出口副食品为主"，积极发展建筑材料工业和加工工业，开辟游览区，办好商业、服务业和文化娱乐场所等。考察组介绍的情况和建议，与习仲勋等广东省领导的想法不谋而合，他们达成共识——香港是一块没有原材料资源的弹丸之地，它的发展主要是靠灵活政策吸引了外国的资金、先进设备和技术。

习仲勋等广东省领导人由此进一步打开思路，大胆地向考察组提出在毗邻港澳的地方建立试验区的建议。随后，他们开始积极收集对外开放可供借鉴的资料并加以研究，把研究重点放在亚洲"四小龙"经济腾飞的经验上，准备借鉴他们的做法，放手大干。

国家计委和外贸部考察组回京后，向中央提交了《港澳经济考察报告》，提出借鉴港澳经验，把广东宝安、珠海划为出口基地，力争经过三五年努力，建设成具有相当水平的对外生产基地、加工基地和吸引港澳同胞的游览区。6月3日，中共中央和国务院主要领导人华国锋等听取了考察组汇报后，肯定了这一建议，指示："总的同意"，"说干就干，把它办起来"。

由此，中国创办经济特区的思想，开始萌芽。

习仲勋和中共广东省委迅速落实中央领导的指示，由此开始了创办经济特区的历程。1978年6月，习仲勋主持召开省委常委会议，专门听取省委常委王全国参加由国务院副总理谷牧率领的国务院考察团出访西欧五国的情况汇报。随后，习仲勋在中山纪念堂主持召开广东省、广州市处级以上干部大会，再次请王全国做了传达出访情况的报告。这样一讲，干部的视野打开了，思想豁然开朗，认识到"只要改革国家高度集中的计划经济管理体制，充分发挥地方和企业的积极性，利用广东沿海的有利条件，广东的现代化建设一定可以高速度前进"。

6月20日，习仲勋主持召开省委常委会议，研究迅速开展对外加工装配业务和宝安、珠海两县建设问题。会议责成省委常委、省革委会副主任李建安负责，召集相关单位研究实施方案。三天后，李建安和省革委会副主任黄静波两人联名向省委写出了《关于搞好宝安、珠海边防县建设和外贸出口的意见》，提出了组织领导、机构设置、建立农副业产品出口基地、进出口物资、工业交通建设、来料加工、引进生产线、搞好城镇建设和发展旅游业等问题的意见，初步勾画出两县发展的雏形。

7月上旬，习仲勋再一次到宝安视察。随后，他又派省计委副主任张勋甫率领工作组到宝安、珠海做进一步调查研究。10月，经过反复调查论证，广东省委向国务院上报了《关于宝安、珠海两县外贸基地和市政规划设想》。

1978年12月，邓小平在中央工作会议上发表、后来被称作十一届三中全会"主题报告"的，并被誉为改革开放宣言的讲话中，说：

> 我们要学会用经济方法管理经济。自己不懂就要向懂行的人学习，向外国的先进管理方法学习。不仅新引进的企业要按人家的先进方法去办，原有企业的改造也要采用先进的方法。在全国的统一方案拿出来以前，可以先从局部做起，

从一个地区、一个行业做起，逐步推开。中央各部门要允许和鼓励它们进行这种试验。试验中间会出现各种矛盾，我们要及时发现和克服这些矛盾。这样我们才能进步得比较快。①

在三中全会当选中央委员的习仲勋，信心更足，决心更大。他一回到广州，国家交通部驻香港招商局就找上门来，希望在宝安蛇口建一个加工工业区。习仲勋二话没说，双手赞成。

在中国百年企业中，招商局是天字第一号大企业，由李鸿章于1872年创办。坐落于香港中环路的香港招商局是中国招商局的一个分支机构。抗日战争期间，中国招商局总部设在香港。新中国成立后，招商局成为交通部驻香港的一个机构。

说起香港，对于所有的中国人来说，那曾是一个特殊的区域，也曾是一段屈辱的历史。鸦片战争失败后，1842年8月，英国政府迫使清政府签订《南京条约》，割让香港岛。这是中国近代史上第一个丧权辱国的不平等条约。1860年10月，英国迫使清政府签订《北京条约》，割让九龙半岛尖端。1898年，英国逼迫清政府签订《展拓香港界址专条》，强行租借九龙半岛大片土地以及附近两百多个岛屿，后统称"新界"，租期99年，至1997年6月30日期满。此后，自北向南的深圳河，就成为一条界河，这边是祖国大陆的深圳，河对岸是英国人的殖民地——香港。20世纪70年代，位于香港和深圳之间的深圳河曾因绵延不绝的偷渡潮而名扬海内外。

1979年，深圳还只是广东宝安县境内一座只有六条弯曲街道、人口不足3万的边界小镇，清一色的低矮平房和茅草屋，最高的楼不过6层，周边是一片荒坡野岭。而一河之隔的香港，已经从一个只有

---

① 《邓小平文选》第二卷，人民出版社1994年版，第150页。

5000人的小渔村，发展成当时亚洲重要的金融、服务和航运中心。当时，香港人能听到的为数不多介绍内地的新闻，大都与偷渡者有关。在大陆经济困难时期，一些人在黑夜中铤而走险，偷渡香港，为的是能在万家灯火的对岸找到生活的出路。

交通部香港招商局第29任副董事长袁庚就是地地道道的深圳人，老家在宝安大鹏。他早年参加东江纵队，是一位精干的情报科长和联络处长。1949年，身为中国人民解放军两广纵队炮兵团团长的袁庚，率部解放了贫穷的家乡。1978年底，他在经历了军界、政界几十度春风秋雨以后，以花甲之年进入商界和实业界，出任招商局副董事长。深圳和香港一河之隔的巨大反差，让袁庚这位老革命深感痛心。1978年底的一天，袁庚提出了一个大胆的想法——在靠近香港的宝安县蛇口公社搞个工业区。

时势造英雄。在一个伟大的时代，总有一批有勇有谋有胆识的人，成为时代大潮上开顶风船的角色。他们英雄所见大同，不谋而合，一挥而就。袁庚的想法，立即得到了习仲勋的鼎力支持。

深圳蛇口工业区的建设者点燃开山炮。

1978年10月9日，袁庚为中共交通部党组起草了一份《关于充分利用香港招商局问题的请示》上报中央，大胆提出"立足港澳、背靠国内、面向海外、多种经营、工商结合、买卖结合"的方针。10月22日，这份报告得到了中央和国务院的批准。李先念批示："拟同意这个报告。"华国锋、叶剑英、邓小平均圈阅同意。

1979年1月6日，广东省和交通部联名向国务院呈报《关于我驻香港招商局在广东宝安建立工业区的报告》，正式提出在宝安蛇口建立工业区，一方面利用国内较廉价的土地和劳动力，另一方面便于利用国际上的资金、先进技术和原料。

20多天后，袁庚奉命飞赴北京，在中南海向李先念和谷牧做了汇报。袁庚摊开带去的地图，提出给招商局划一块工业用地。只见李先念用笔在地图上一画，就把包括现在的宝安区到华侨城的七八十平方公里的地方都画了进去。他对袁庚说，这个都给你。袁庚连连说，我怎么敢要这么多。于是，李先念又用红铅笔在地图上轻轻一勾，说："那就给你这个半岛吧。"这个半岛，便是日后的蛇口工业区。"蛇口"实际上是半岛的一个延伸处，方圆仅2.14平方公里。

袁庚后来回忆说："蛇口的开放是全国最早的，应该是1978年就定了。中央批准是1979年1月30号，当时是李先念同志代表中央批了这个。那个时候这个半岛，我们要了一点点地方，现在很多人骂我，给你一个大一点的半岛你不要，要了这一点点地方，但是作为实验来讲，要大一点很困难。就好像一个试管，如果你做不好很可能就出问题，小的时候容易控制，容易净化。"

与此同时，习仲勋和省委领导经过认真研究，决定将宝安县改为深圳市、珠海县改为珠海市，分别由张勋甫、吴健民担任市委书记。3月5日，国务院批复同意广东省委的意见，同意两县改为省直辖市。此前，国务院还批复同意了《关于宝安、珠海两县外贸基地和市政规划设想》及在蛇口建立工业区的报告，并指出："凡是看准了的，说干就干，立即行动，把它办成、办好。"

在轰鸣的炮声中，蛇口工业区诞生了，可以说是深圳特区建立的一个前奏。

这年2月，广东省委副书记吴南生受省委委派在他家乡汕头传达三中全会精神，回来后向省委提出建议：应当拿出一个地方办类似台湾出口加工区，可以从汕头开始，那里有海港，历史上也是开放的，而且地理位置偏在一边，即使出点毛病影响也不大。习仲勋听了汇报后，给予支持，说："要搞，全省都搞。4月份中央开工作会议，赶快准备一下，向中央打报告。"显然，蛇口工业区的建立，给了习仲勋更大的启发，他要提出一个更大胆的设想。

就在这时，一份关于香港厂商要求在广州开设工厂的来信摘报被送到了邓小平的手中。邓小平随即批示："这种事，我看广东可以放手干。"

邓小平的批示，给习仲勋和广东省委极大的鼓舞，更坚定了他们要在改革开放中先走一步的决心和信心。习仲勋回忆说：

> 三中全会关于解放思想，开动机器，发扬民主，实事求是，团结一致向前看的方针和把党的工作着重点转到经济建设上来的重大决策，为我们展现了广阔的前景，同时又促使我们认真思考，如何按照实事求是的思想路线，从广东的实际出发，把广东的四化建设搞得快一些，如何充分发挥广东的特点和优势，使广东在全国的改革开放中先走一步。当时广东省委的同志分头到各地去调查研究，深感三中全会精神传达贯彻后，农村形势一片大好，广大干部、群众心情舒畅，"稳定，高兴，充满希望"——这就是当时形势的概括。从调查研究中，我们又深感广东的经济有它的长处和优势，又有它的短处和弱点。我们的农业，不论从农、林、

牧、副、渔五业来说，还是从农业内部的粮食和经济作物来说，都是门类众多，潜力很大。但是，我们人口多、耕地少的矛盾比全国更突出，平均每人只有八分多耕地，六分多粮田，而且自然灾害也多，所以粮食问题很尖锐，牵制了农业各业的发展。我们的加工工业有一定的基础，潜力也很大，但我们缺乏自己的基础工业，能源、交通问题十分突出。我们的商品经济在珠江三角洲地区有一定的基础，加上毗邻港澳，华侨众多，搞外贸和引进，条件比国内哪一个省都好。但是由于旧的经济体制把我们的手脚捆得紧紧的，使我们不能发挥自己的长处和优势，同时也无力克服自己的短处和弱点，困难很多。因此，广东的经济究竟应当怎样搞？应当搞成个什么样的经济？怎样才能发挥广东的优势，怎样才能克服或避开广东的弱点？我们调整经济应当往哪里使劲？所有这些，都必须很好加以解决。我和杨尚昆同志以及省委其他同志经过认真讨论，确认根本的出路还是希望中央给广东放权，抓紧当前有利的国际形势，让广东充分发挥自己的优势，在四化建设中先走一步。①

4月1日和2日，中共广东省委连续两天召开省委常委会，为即将召开的中央工作会议准备材料。习仲勋参加，杨尚昆主持，会议讨论《关于广东经济工作的汇报材料》和《对外经济技术交流专题报告》。经过讨论，广东省委一致的意见是："要求中央充分利用广东毗邻港澳、华侨众多的有利条件，允许广东在开展对外经济技术交流方面先走一步。为此，要求中央多给广东一点权（审批权）和钱（外汇）。"大家建议要向中央"讲清广东的有利条件，先走一步可以

① 《习仲勋文选》，中央文献出版社1995年版，第480—481页。

为全国提供经验；先让地方松动一些，将来中央拿的外汇可能更多一些；广东市场长期紧张，不给我们一定的权力和外汇，这个现实问题就解决不了。要讲清我们的要求和大的措施，争取中央同意我们先走一步；否则，能解决几个具体问题也好"。

对出口工业区的名称，大家也进行了充分讨论。有的提出叫"出口加工区"，但与台湾的出口工业区叫法一样，不合适；有的提出叫"自由贸易区"，又怕被说成搞资本主义，也不行；有的提出叫"贸易出口区"，又与实际不相符。大家反复推敲，最后暂定为"贸易合作区"。习仲勋认为，这个名称富有创意，决定将这一大胆设想在中央工作会议上向中央领导做口头汇报。

4月3日，习仲勋和王全国赴京参加了中央工作会议。习仲勋担任中南组的召集人。4月5日，会议开幕。李先念代表中央讲话，提出了"调整，整顿，改革，提高"的新八字方针，强调"一定要从自己的实际出发，走出一条在社会主义制度下实现现代化的中国式的道路"。

4月7日，习仲勋主持中南组讨论。王全国代表广东省委首先发言，谈到了广东经济发展中存在的问题，提出了改革现行经济体制的要求。习仲勋发言说："不仅经济体制，整个行政体制上也要考虑改革。中国这么大的国家，各省有各省的特点，有些事应该根据各省的特点来搞，这也符合毛主席讲的大权独揽、小权分散的原则。"

4月8日下午，继续分组讨论李先念的报告。华国锋、李先念和胡耀邦参加了中南组的讨论，习仲勋做了系统发言。他说，中央提出集中三年时间搞好整个国民经济调整的重大决策，是完全正确的。这里"有一个重要的问题，就是不管搞什么样的现代化，都不能离开中国的社会经济基础和条件。也就是说，我们只能搞中国式的现代化，走自己的现代化道路；学外国，只是借鉴人家的经验和引进先进科学技术。前段有一阵风，好像外国什么都好，他们什么都愿意帮我们的忙。其实并不是这么回事。还是要从中国的国情和基础出发，不能买一个现代化，也不能照搬一个现代化"。他认为："这次调整比六十年代初那一次调整困难要大，主要就是林彪、'四人帮'十年破坏，内伤、外伤太严重了，人民生活方面欠账太多了，问题成堆。但只要方针正确，措施得力，办法切合实际，困难一定可以克服，我们一定可以边调整边前进。"

在谈到中央计划工作时，习仲勋说："在计划问题上揭露矛盾不够"，"计划上有缺口也不是不知道，但没有引起重视，或者不敢正视现实。不是留有余地，而是留有缺口，盲目干。还是怕讲缺点，不实事求是。并且还搞了些形式主义、劳民伤财的东西，比如参观多、会议多，省里经常要有一两个书记、常委来应付开会的事情"。

讲话中，习仲勋还特别提出权力过于集中的问题，他说："当前的主要倾向是什么，应明确。从实际工作来看，我认为现在仍然是权力过于集中，这个问题并没有解决。经济管理体制问题，就是集权和分权的问题，要处理好这个关系。现在地方感到办事难，没有权，很难办。这个问题，光讲原则也不行，还要具体一些。希望这次会上能够就改革经济管理体制问题，定出若干条，以便有所遵循。"①

接着，习仲勋向中央提出给广东放权的要求。他说："广东邻近港澳，华侨众多，应充分利用这个有利条件，积极开展对外经济技术交流。我们省委讨论过，这次来开会，希望中央给点权，让广东先走一步，放手干。"他强调："广东希望中央给个新的体制和政策"，"'麻雀虽小，五脏俱全'，广东作为一个省，是个大麻雀，等于人家一个或几个国。但现在省的地方机动权力太小，国家和中央部门统得过死，不利于国民经济的发展。我们的要求是在全国的

---

① 《习仲勋传》下卷，中央文献出版社2013年版，第452页。

集中统一领导下，放手一点，搞活一点。这样做，对地方有利，对国家也有利"。①

习仲勋的发言，求真务实，实事求是，十分有分量，受到华国锋、李先念和胡耀邦的高度重视。

4月17日，中央政治局召开中央工作会议各组召集人汇报会，汇报各组讨论情况，华国锋、邓小平和李先念、谷牧等参加。习仲勋首先汇报了广东的情况，再次郑重提出广东临近港澳，可以发挥这一优势，在对外开放上做点文章，打算仿效外国加工区的形式，进行观察、学习、试验，运用国际惯例，在毗邻港澳的深圳市、珠海市和重要侨乡汕头市划出块地方，单独进行管理，作为华侨、港澳同胞和外商的投资场所，按照国际市场的需要组织生产，初步定名为"贸易合作区"。他说，我们省委讨论过，希望中央让广东能够充分利用自己的有利条件，先走一步。这一天，他又一次讲道："广东要是个'独立国'的话，现在会超过香港。"

邓小平在听取习仲勋汇报时插话说："广东、福建实行特殊政策，利用华侨资金、技术，包括设厂，这样搞不会变成资本主义。因为我们赚的钱不会装到华国锋同志和我们这些人的口袋里，我们是全民所有制。如果广东、福建两省八千万人先富起来，没有什么坏处。"②邓小平对习仲勋给予大力支持，他还说，广东"只要不出大杠杠，不几年就可以上去"，"如果广东这样搞，每人收入搞到一千至二千元，起码不用向中央要钱嘛！"

就习仲勋提出的希望中央"给点权"的问题，华国锋也给予支持。他说："仲勋同志讲，广东如果是一个国家，早就搞上去了。统死了，影响速度，经过两年认识，更深刻了"，"要进行大的体制改革，如广东要有一个新的体制"。随后，他当即对谷牧说："小平同志

---

① 《习仲勋传》下卷，中央文献出版社2013年版，第452—453页。
② 《邓小平年谱（1975—1997）》（上），中央文献出版社2004年版，第506页。

提的问题，会后谷牧同志去广东、福建，还有上海，研究下如何发展。有关税收、民航、交通、通讯、利润、法律问题，外汇能不能拿走，这些问题不解决，无法发展。还有劳务法"等，"珠海、宝安要研究搞加工贸易区"，"加工区通过香港商业网销售，产品不受配额限制"。①

对此，与会者有支持的，也有反对的。这也正常。对办特区，一些同志一开始就有不同意见，担心是搞资本主义。时任广东省革委会副主任的刘田夫回忆说："记得有一次，习仲勋同志和我在北京向中央领导同志汇报工作，当我们向中央提出给广东以更大的自主权，允许我们参照外国和亚洲'四小龙'的成功经验，试办出口特区，以便加速广东经济发展建议时，想不到有一位副总理当场大泼冷水。他说，广东如果这样搞，那得要在边界上拉起700公里长的铁丝网，把广东与毗邻几个省隔离开来。我们听罢，大为惊讶。很显然，他是担心国门一旦打开之后，资本主义的东西会如洪水猛兽一样涌进来，因此才产生用铁丝网将广东与闽、赣、湘、桂诸省区隔离开来的想法。"②

在中央工作会议期间的一天下午，就广东先行一步、建立特区的问题，习仲勋和王全国到怀仁堂向邓小平做了专题汇报。

一见面，习仲勋握着邓小平的手，问道："小平同志，还记得我们是在什么地方认识的吗？"

"记得的。"邓小平笑着说，"在延安嘛，在毛主席的窑洞里。"

"那天好像还是朱老总烧的菜呢……"

"记得，他的四川口味弄得不错。"邓小平饶有兴致地回忆起来。

"那个地方我好些年没有去过了，"习仲勋充满感情地说，"当初那么小小的一块边区，没想到就打出了这么大一片江山……"

---

① 《习仲勋传》下卷，中央文献出版社2013年版，第454页。
② 刘田夫：《刘田夫回忆录》，中共党史出版社1995年版，第434页。

"不过，"邓小平顿了一下，声音有些沉重，"那儿现在还很穷，老边区应当富起来。"

"是啊！"习仲勋说，"小平同志建议中央给我们广东特殊政策，让我们和福建两省八千万人先富起来，我们备受鼓舞啊！"

"你们的那个汇报，很不错，是个有新意的设想。"邓小平点燃一支烟，娓娓道来，"我看这是一条新思路，我们要实施开放政策，促进经济发展，十分需要找到这样一个突破口。"

"现在，我们想按照国际市场的需要组织生产，初步定名为'贸易合作区'。但名字还没有最终确定下来。"

听到习仲勋说名称还没有确定下来，邓小平不假思索地说："还是叫特区好，陕甘宁开始就叫特区嘛！中央没有钱，可以给些政策，你们自己去搞，杀出一条血路来！"

——"杀出一条血路来！"可见，邓小平的信心、决心。

与邓小平的谈话，给习仲勋留下了十分深刻的印象。1999年，他在接受大型电视理论宣传片《春风绿南粤——邓小平理论与广东实践》摄制组采访时，激动地说：

> 1979年我们要求中央给广东放权时，就包括了办特区的内容，这也是借鉴国外的经验。我当时说过，如果广东是个"独立国"，可能几年就上去了。……我当时说"独立国"，是借用的话，我的意思是，广东有许多有利条件，就是缺少政策和体制的支持。小平同志很同意我的思路。当时有人担心这样搞会不会变资本主义，小平同志回答得很明确，很中肯，他说我们赚的钱是不会落在我们这些人的口袋里的，我们是全民所有制，社会主义不会变成资本主义。小平同志说，"广东、福建两省八千万人，等于一个国家，先富起来没有什么坏处。"在给广东特殊政策、灵活措施和办特区这

样一个大政策出台的思路方面，小平同志与广东的干部群众的想法是不谋而合。一方面，广东有这样的要求，另一方面，小平同志大的思路也在这个方面想，并且站得更高，看得更远。①

务实于行。中央工作会议批准了广东省委在经济管理体制中先走一步的要求。会议一结束，习仲勋赶回广东，立即向省委常委传达中央工作会议精神和向中央"要权"的经过。他说：广东要求先走一步，不光是广东的问题，是关系到整个国家的问题，是从全局出发的。广东这事，今天不提明天要提，明天不提后天要提。中国社会发展到现在，总得变，你不提，中央也会提。拼老命我们也要干。他还要求说："谷牧来，我们要做好汇报。到底怎么搞，要好好准备，把大的盘子定下来。这也是从全局出发，二十多个省、市也总要有先有后地上，我们挑的担子很重，但很光荣。要好好搞。"

5月11日至6月5日，按照华国锋、邓小平的意见，谷牧率领国务院工作组前往广东、福建做调查。谷牧在广东与习仲勋、杨尚昆、刘田夫、吴南生、王全国、曾定石、梁湘等相与座谈，还约见了港澳工委书记王匡，到福建会见廖志高等。此外，他们还在广州看望了当时在广州的叶剑英。

5月14日，在听取习仲勋、杨尚昆等广东省委领导的汇报后，谷牧就广东实行特殊政策和灵活措施的必要性、经济体制改革要解决的若干问题、立法工作和当前要给广东解决的具体问题讲了意见，要求广东"更要改革快一些""要杀出一条血路，创造经验"，要比中央最近的那些决定更开放一些。5月16日，谷牧在珠海参观了孙中山的故居后，与习仲勋等广东省委领导说：就像孙中山先生所说的，

---

① 《习仲勋传》下卷，中央文献出版社2013年版，第455—456页。

我们确实是在"睡觉"了。我们不能再"睡觉"了，要"醒"过来，来一个大转变。先从小范围搞起，这没有多大危险性。

6月6日，中共广东省委向中共中央和国务院上报了《关于发挥广东优越条件，扩大对外贸易，加快经济发展的报告》。9日，中共福建省委也上报了《关于利用侨资、外资，发展对外贸易，加速福建社会主义建设的请示报告》。

6月23日，华国锋在出席五届人大二次会议广东省代表团讨论时说，中央、国务院下决心，想给广东搞点特殊政策，和别的省不同一些，自主权更大一些。广东是祖国的南大门，面对着港澳，实现"四个现代化"，广东能够发展得快一点。中央同意在深圳、珠海搞特区。

7月1日，五届人大二次会议通过了《中华人民共和国中外合资经营企业法》。这是中国第一部涉外经济法，为中国打开经济合作大门、允许外商直接投资进入中国提供了法律依据。

7月15日，中共中央、国务院批转了广东和福建两省的报告，正式颁发了"中发〔1979〕50号文件"，全称为《中共中央、国务院批转广东省委、福建省委关于对外经济活动实行特殊政策和灵活措施的两个报告》。文件指出："对两省对外经济活动实行特殊政策和灵活措施，给地方以更多的主动权，使之发挥优越条件，抓住当前有利的国际形势，先走一步，把经济尽快搞上去。这是一个重要的决策，对于加速我国的四个现代化建设，有重要的意义。"中央对广东实行特殊政策和灵活措施的主要内容，包括：外汇收入和财政实行定额包干，一定五年不变；在国家计划指导下，物资、商业实行新的经济体制，适当利用市场调节；在计划、物价、劳动工资、企业管理和对外经济活动等方面，扩大地方管理权限；试办深圳、珠海、汕头三个出口特区，积极吸收侨资、外资，引进国外先进技术和管理经验。中央确定，出口特区可先在深圳、珠海两市试办，待取得经验后，再考虑在汕头、厦门设置的问题。"特区内允许华侨、港澳商人直接投资办厂，也允许某些外国厂商投资办厂，或同他们兴办合营企业和旅游事业"。报告也明确特区的管理原则是"既要维护我国的主权，执行中国的法律、法令，遵守我国的外汇管理和海关制度，又要在经济上实行开放政策"。①

这是中国改革开放史上一个历史性的文件，这个伟大的战略决策是一个支点，撬动了中国旧体制的巨石，为中国创办经济特区拉开了序幕。从此，"特区"一词成为改革开放中最响亮的专用名词。

"忽如一夜春风来，千树万树梨花开。"从此，广东根据中央的方针，实行特殊政策、灵活措施，创办经济特区，踏上了光荣而又艰难的历程。

9月21日，习仲勋召开广东省地委书记会议，就贯彻"中发〔1979〕50号文件"发表讲话。他说：中央决定对广东实行特殊政策，一方面是省委向中央"要权"要来的，另一方面更是中央从搞好"四个现代化"建设出发，对体制改革所做出的一个重要决策。他指出，我国现行的经济管理体制，基本是苏联的那一套模式，用行政办法搞经济，集中过多，统得过死，实践证明不改革不行。"所以我们一要求，中央领导同志很重视，很快就表态同意。这件事情的实质，就是中国如何搞好体制改革，以适应四化的需要。如果我们广东不提，中央也会提出来。广东要从全国的大局出发，把这件事搞好"，"我们要全力以赴，一定要在如何把对外经济活动搞活和办好特区等方面闯出一条路子来，作为全国的参考"。

经历过枪林弹雨，在战火纷飞中走过来的习仲勋，1933年就和刘志丹、谢子长创建了陕甘边照金革命根据地，那时他才19岁。在一次战斗中，他不幸负伤，差点儿牺牲。如今，在祖国的南大门，

---

① 《习仲勋传》下卷，中央文献出版社2013年版，第458—459页。

他再展雄风，立志要干一番开天辟地的大事。对于创建经济特区，他豪情万丈，满怀信心。他说：

> 在态度上我看要有"三要"和"三不要"：第一，要有决心有信心，不要打退堂鼓；第二，要有胆识，勇挑重担，不要怕犯错误，怕担风险；第三，要有务实精神，谦虚谨慎，不要冒失，不要出风头，不要怕否定自己。特别是我们各级领导干部，拼老命也要把广东这个体制改革的试点搞好。要下这样一个决心，即使是可能犯错误，也要干。我们是干革命的，现在搞四化就是革命，要发扬革命战争年代的那股拼命精神。同志们要团结起来，振作起来，工作要抓紧抓细。一方面，要有闯劲，要当孙悟空，解放思想，敢于创新，敢于改革，只要不背离四项基本原则，就可以大胆试验，不要等。……另一方面，要有科学的态度和扎扎实实的作风，要调查研究，总结经验，多商量，多动脑筋，不要毛毛草草。当我们开步走的时候，困难会很多，阻力会很大，甚至还可能挨一点骂，要有这个精神准备。现在重要的问题是要迅速行动起来，要抢时间，时间就是速度。……我相信，在中央的领导下，只要我们认真对待，努力工作，50号文件一定能贯彻执行好，我们一定会在经济管理体制改革的试验中，走出一条路子来。①

9月22日，谷牧来到广州。习仲勋就向谷牧汇报贯彻执行"中发〔1979〕50号文件"的情况，提出了小搞、中搞还是大搞的问题。谷牧在与习仲勋、杨尚昆、刘田夫、王全国、吴南生等省委

---

① 《习仲勋传》下卷，中央文献出版社2013年版，第470—471页。

负责人谈话时说:"仲勋同志提到的是小搞、中搞还是大搞的方针问题。我看不能有第二个方针,只能下决心大搞快搞";"中央就是要广东先行一步,要广东大搞,小脚女人小步走就起不了这个作用","广东非得快马加鞭不可,要抢时间走在全国的前面。广东除了要把本身的经济很快搞上去之外,还负有创造经验、闯路子的任务"。关于特区怎么搞的问题,谷牧指出,一个是要立法,要组织力量突击搞出来,北京派专家来帮助;第二是要有实际行动,搞几个样板,通过实践不断地总结经验,不断地充实,要拿样板来说话。他说:"办特区,就看你们广东的了,你们要有点孙悟空大闹天宫那样的精神,受条条框框束缚不行。"

习仲勋当场就笑着对吴南生说:"你去当中国的孙悟空吧!"

随后,广东省委立即决定由吴南生负责广东三个特区的规划和筹建工作。

1980年5月,中共中央、国务院正式决定,将出口特区定名为"经济特区"。同年8月,五届全国人大常委会第十五次会议做出决定,批准在广东、福建两省的深圳、珠海、汕头、厦门设置经济特区,并通过了《广东省经济特区条例》。至此,创建经济特区的有关程序全部完成,中国改革开放的"试验田"正式宣告诞生。

美国《纽约时报》报道说:中国大变革的指针正轰然鸣响。

40

与招商局合作的蛇口工业区,在1979年的7月就已经开工建设了。这是全国改革开放的棋盘上先行一步,落下的第一枚棋子,第一次按照国际惯例引进外商和外资,最先打破大锅饭,实行全新的社会经济管理体制。因此,蛇口也被誉为中国改革开放的"试管"。

在蛇口工业区南山西南面，有一小山直伸海湾边，名曰"微波山"，它因蛇口最早的微波通信站设于此而得名。当年，邓小平等中央领导视察蛇口时，均登上此山，鸟瞰美景。它与左炮台山遥遥相望，因此有"微波山上观日出，左炮台边看日落"的美称。但这还不是蛇口最著名的风景。一块写着"时间就是金钱，效率就是生命"的标语，从1982年开始已经矗立了几十载。这句著名的口号，因被邓小平多次提及，传遍了祖国的山山水水。

　　说起这句口号，就不得不说一个"四分钱惊动中南海"的故事。

　　1979年8月，蛇口工业区600米长的顺岸码头工程动工。动工之初，采取内地惯用的平均主义的奖励办法，吃大锅饭，工人积极性不高，每人每天只运泥二三十车，工程进展缓慢。怎么办？工期短，任务重，必须加快工程进度才能按时完工。于是，承建商就从10月份开始实行新的奖励制度——完成定额者每车奖励两分钱，超过定额者每车奖励四分钱。这个事儿，现在说出来，或许都已经成了笑话，谁还稀罕两分钱、四分钱呢？连马路边的乞讨者都不会正眼看一看。但在那个年代这就是真实发生过的。正因为有了这样四分钱的奖励，工人生产情绪高涨，劳动效率明显提高，每人日平均运泥高达八九十车，最多的每天运泥达130多车。最后，承建商提前一个月完成了任务，为国家多创造的价值达130万元，而工人们拿的奖金还不及产值的2%。但是，这一既受工人拥护又让国家获益的奖励制度，却被上级有关部门勒令停止，理由是"滥发奖金"。工人的积极性顿时受挫，工程进度又明显缓慢下来。

　　怎么办？

　　这时，一份"关于蛇口码头延误工程"的内参送到了中央领导同志的案头。当时的中央领导看了之后，做了批示，说发奖金的办法可行。于是，蛇口又恢复了定额超产奖励，并在此后的华益铝厂、华美钢厂、南海石油基地等项目上实行，这些工程都比原计划提前

邓小平为深圳经济特区题词。

竣工。"蛇口效率"成为外商来投资的一个先决条件。在蛇口，投资者用物质利益促进了建设进度，而建设进度换来了更高的经济效益。蛇口工业区的创建人袁庚和管委会一班人决定提出一个响亮的口号，以此进一步激发人们开发建设蛇口的热情。于是，1982年初，"时间就是金钱，效率就是生命"的标语牌，第一次出现在蛇口人的面前。蛇口工业区以它独特的魅力，吸引了一批又一批的建设者，也走出了平安保险、招商银行、中集集团、南海油脂等闻名海外的大型企业。蛇口工业区不仅仅是深圳的一个工业区，还是中国改革开放浓墨重彩的起笔。①

—— 四分钱惊动了中南海。

可见，从思想的解放到经济开放，这一路，有多么艰难。

1980年，经中央批准，中国第一个经济特区——深圳特区开始展开大规模基本建设。当时深圳市的总面积为2020平方公里，划为经济特区的总面积只有327.5平方公里，东西长50余公里，南北宽度为6公里多。从空中鸟瞰，特区就像一条窄长的海带漂浮在山脚下、大海边。

7月27日，一场突如其来的大暴雨突袭深圳，罗湖泛滥成灾。恰恰这一天，省委书记吴南生带着城市规划专家们来这里考察。可老天不长眼睛，大水一下子把他们淹至腰际。根治罗湖水患，需要巨额资金，那时深圳还没有条件向国外贷款，"巧妇难为无米之炊"。怎么办？吴南生找到谷牧，提出没有"酵母"做不成面包，能不能给点国家贷款作为"酵母"？谷牧当即答应，并询问用途及还贷方法，随后帮助贷款3000万元。吴南生喜出望外，对谷牧说，有了"酵母"，特区的建设可以不用国家的投资了，开发后，可以拿出40万平方米土地作为商业用地，每平方米土地投资成本90元，收入5000港元，总计可以收入20亿港元左右。这便是深圳经济特区"以3000万贷款启动"之说的由来。

其实，3000万元的贷款哪里够呢？有人说，深圳这么大，这点钱还不够搞两平方公里的三通一平。就拿首先开发的上步片区来说，仅一期工程所需资金，最少也得20个亿。这对于刚刚起步的深圳来说，确是一个天文数字。开发者百思之下唯有一计可施，那就是出租土地，用地金来换现金。这个想法，在当时的中国国内真可谓"大逆不道"。反对者的理由很简单：共产党的中国怎么可以把国土出租

---

① 《改革开放三十年》，中央文献出版社2008年版，第41—42页。

给资本家？

这确实是一个问题，而且还是一个政治问题。

怎么办？找理论，找依据！

时任罗湖小区建设指挥部副指挥的骆锦星，便躲进小楼成一统，翻遍马列著作，终于在厚厚的《列宁全集》中查出了这样一段话来："……住宅、工厂等，至少是在过渡时期未必会毫无代价地交给个人或协作社使用。同样，消灭土地私有制并不要求消灭地租，而是要求把地租——虽然是用改变过的形式——转交给社会。"查到马列著作中有相关依据，骆锦星仿佛拿到了圣旨，一阵狂喜，当晚就去敲市委书记家的门。尽管后来，相关政策与社会公开见面时，还是把土地出租改成了有偿使用这个变通的说法。

深圳的土地可以"有偿使用"啦！这个爆炸性的消息，像一声春雷惊动了香港，港资蜂拥而入。但深圳的这种做法立刻招致了种种批评：有新闻媒体公开刊登文章，影射把土地有偿提供给外商使用使经济特区已经变成了旧中国的"租界"；有人公开宣布，在深圳，只有国旗还是红的，其他都变了颜色。同时，由于开放地区走私贩私等非法活动严重泛滥，有些人就对改革开放画问号了，特别是对创办经济特区这件事情摇头；有的把经济特区说成给外国资本家搞资本主义的"飞地"。对于特区有外币流通的现象，有的老干部痛心疾首，说本币受挤了，这还了得，"辛辛苦苦几十年，一夜回到解放前"。甚至连长期在港澳工作的一些同志也对经济特区发出了质疑，而他们曾被看作眼光最广阔的人。

怎么办？

1980年12月16日，中央工作会议召开。

此前，敢干能干又大胆灵活的任仲夷在10月底从辽宁调到广东，接替调任中央工作的习仲勋担任广东省委第一书记。临行前，黑龙江省委第一书记杨易辰恳切地提醒老战友说："仲夷同志，此去广东，你不是立个大功，就是犯下大罪。"

果不其然，新官上任，任仲夷就碰到了经济特区被人讥讽为"租界"的问题。批评、怀疑、非议……给经济特区建设带来前所未有的阻力和压力。

针对经济特区"香港化""特区就是租界"之说，在中南组的讨论会上，任仲夷义正辞严地说："我们之所以办特区，完全是为了我们自己的利益，而不是为了外国的利益。进行一些自愿互利的经济合作，是以不损害我国的主权为前提条件的。为了我国的利益，才给来与我们进行合作的那些人一定的利益。主权完全在我们手里，那里的政府、警察、军队都是我们的，执行我国的法律。这有什么危险呢？没什么危险！办特区，确实给我们带来好处。以与香港一街之隔的沙头角公社为例，全公社当时人口1300多人，解放以来往香港外流的2600多人，等于两个沙头角。前几年，每年外流120多人。从1979年开始，外流大大减少，到了1980年，不仅没有出走的，以前去到香港的人还有些要求回来。看到特区社会安定的事实，完全应当解除顾虑和担心。"[①]

但这一次中央工作会议做出了调整经济的政策，要求压缩基建战线，要求"退够"，许多建设项目下马，全国到处是"关停并转"之声。中央各部委发文时都要求广东、福建也不例外，财政部变相改变对广东财政包干政策，要求广东上缴任务超过包干数的八成半以上，这实际上让广东无法承担。好在邓小平在会上说："在广东、福建两省设置几个特区的决定，要继续下去。但步骤和方法要服从调整，步子可以慢一点。"

任仲夷依照邓小平这个策略性的提法，审时度势，根据实际情况，大胆变通，在12月17日至22日，先后四次发言。他郑重向中央

---

① 卢荻、刘坤仪：《任仲夷主政广东》，《百年潮》2000年第4期。

提出意见："我希望中央和国务院在强调集中统一和行政干预的同时，继续强调把经济搞活，把这两者集合起来，以免使干部和群众误以为政策又'翻个'了。政策总发生'一百八十度的大转弯'，那就是'折腾'，就会引起波动和造成损失。我认为这是应当防止和避免的。我们30年来社会主义建设的经验证明，把经济工作搞活不容易，搞死却很容易。这几年好不容易才搞活了一点，如果不注意，可能一下子又退回去。我们有些部门的干部，本来就习惯于统死，一阵风退回去，那是很容易的。"

任仲夷说得实在，说得勇敢。有一句话叫作"一放就乱，一乱就统，一统就死"，这就是行政干预的怪圈，不按经济规律办事，就不可能真正地实现拨乱反正。

1982年1月1日，《人民日报》发表了社论《一年更比一年好，定叫今年胜去年》。社论说："我们今天确实处在一个由乱到治、由穷到富的大变化、大发展的历史潮流中。"

但随着开放的深入，苍蝇蚊子也进来了。广东沿海地区个别地方甚至出现了渔民不打鱼、工人不做工、农民不种地、学生不上学，一窝蜂地在公路沿线、街头巷尾兜售走私货物的现象。走私商品主要是从香港来的收音机、电子表、电视机，还有衣服、袜子等。于是，中央向全国发出紧急通知，要求严厉打击走私贩私、投机倒把、贪污受贿行为。

2月11日至13日，中央书记处召开广东、福建两省座谈会，让任仲夷带队，把广东省党政领导18个人一起叫到北京。这在历史上是绝无仅有的。会上，任仲夷汇报了广东打击走私贩私、贪污受贿的情况，犯罪活动已经得到遏制，希望中央不要收回给予广东的特殊政策。但是会场气氛十分紧张。有人说广东对走私贩私"放羊了"；有人说"广东这样发展下去，不出三个月就得垮台"；有人说决不能手软。不寻常的是，这次会上还印发了中央书记处研究室编写的一份材料《旧中国租界的由来》。有人影射广东经济特区已经改变颜色，要收复"失地"，过去的租界就是糊里糊涂送给外国人的。

面对责难、质疑，任仲夷实事求是地提出，处理走私贩私问题应当划清"三个界限"：一是因经验不足而造成工作失误和违法犯罪的界限，二是走私贩私、投机倒把同正确实行特殊政策、灵活措施的界限，三是个人贪污与非个人贪污的界限。这"三个界限"，保护了广东的一大批干部。

谁知，没过几天，任仲夷又接到胡耀邦的电话，要他再度进京，告诉他中央政治局常委认为广东的同志思想还没有通，还有些问题没有"讲清楚"，还不放心。他和刘田夫一道再次赴京，被人称作"二进宫"。2月19日，胡耀邦等领导人召集任仲夷、刘田夫和福建省委第一书记项南开会，传达了政治局常委的指示，对广东贯彻中央精神不力进行了严厉批评。

任仲夷接受胡耀邦的建议，给中央写了一份检讨。检讨上交后，邓小平、胡耀邦等中央常委都不同意处分他。这也是他一生中向中央写的唯一一份检讨。[①]

这个时候，任仲夷承受的压力，不仅来自中央，还来自地方。中央及有关部门将下放给广东的外贸进出口权收了回去，内地一些省市也随之把广东运往各地的许多物资当作走私物品扣压冻结。广东的供销人员到外省、市进行业务活动受到冷落，有的还被当作走私分子看待，轻者搜去证件，重者无理扣押。有些省、市明确表示不准供销人员去广东做生意。广东的城市一下子由门庭若市变为冷冷清清。这时有人私下劝任仲夷："都什么时候啦，你还讲改革开放，最近北京的报刊都不讲啦。"任仲夷却说："中央也没有不让讲啊。"

2月22日，任仲夷、刘田夫向省委常委传达了中央常委的指示，

---

① 李次岩：《任仲夷画传》，人民出版社2014年版，第202页。

开展了批评与自我批评。3月20日至4月3日，广东一连15天召开省、地（市）、县三级干部会议。一时间，人心惶惶。

4月1日，任仲夷来到广州珠岛宾馆礼堂，做了省三级干部会议总结讲话。见全场气氛凝重，任仲夷单刀直入，旗帜鲜明地说："这次会议，不是一次杀气腾腾的会，而是一次热气腾腾的会。"

任仲夷的开场白，出乎所有人的意料，台下鸦雀无声。随后，他提出了"三个坚定不移"——"打击经济犯罪活动坚定不移，对外开放和对内搞活经济坚定不移，执行让人民群众富裕起来的政策坚定不移"；重提了"三个开放"——"对外更加开放，对内更加放宽，对下更加放权"，还提出为避免"一治就乱""一管就死"的恶性循环，对过去提的"对外开放，对内搞活，越活越管，越管越活"16字方针，改为"对外开放，对内搞活，思想先行，管要跟上，越活越管，越管越活"的24字方针，理直气壮地保住广东改革开放的大局，顶住压力为经济特区正名撑腰。①

也就在这一年，9月1日至11日，中共第十二次全国代表大会召开。邓小平提出，走自己的路，建设有中国特色的社会主义。

1984年1月24日至2月10日，邓小平在杨尚昆、王震的陪同下，特地视察了深圳、珠海和厦门三个经济特区。24日上午抵达广州的邓小平，一下火车就跟广东省委负责同志说："试办经济特区是中央的决定，我的主张。究竟办得成功不成功，我要来看一看。"

2月1日，邓小平在广州为深圳经济特区题词："深圳的发展和经验证明，我们建立经济特区的政策是正确的。"②将落款日期写为离开深圳的1月26日。

---

① 李次岩：《任仲夷画传》，人民出版社2014年版，第204—205页。
② 邓小平给深圳经济特区题词的实际时间应该是1984年2月1日，地点为广州珠岛宾馆。在深圳视察时，邓小平没有题词，说等回到北京再说。参观珠海后，邓小平题词了。得知消息的深圳市委领导立即派人前往广州，在宾馆里等候邓小平。在邓楠的帮助下，邓小平答应了。因此，他把题词的落款日期有意写成他视察深圳离开之日的1月26日。

中国共产党第十二次全国代表大会会场。

1月29日，邓小平为珠海经济特区题词："珠海经济特区好。"

2月9日，邓小平为厦门经济特区题词："把经济特区办得更快些更好些。"

2月27日，王震在向中央所做的《关于陪同邓小平同志视察广东、福建、上海的情况报告》中指出：

> 1979年12月，我任国务院副总理时，曾带国务院几个部长到蛇口考察以确定如何支持和帮助交通部招商局开发蛇口工业区方案。那时，蛇口是一片海滩和荒山，路面坑坑洼洼，连厕所和洗脸水也没有。这次陪同小平同志视察，深圳和蛇口的面貌就大不一样了，高层建筑林立，道路四通八

达，万吨级码头、直升飞机机场开通使用，电讯、供水、供电、防洪、供气和处理污水等初具规模，一个现代化的工业新城在我国南海前沿崛起。看到这些，心情十分兴奋，不禁想起一句古语："士别三日，当刮目相看。"[①]

邓小平是2月17日从上海乘专列回到北京的。24日上午，他把胡耀邦、赵紫阳、万里、杨尚昆、姚依林、胡启立和宋平等人找来一起谈话。邓小平说："最近，我专门到广东、福建，跑了三个经济特区，还到上海，看了看宝钢，有了点感性认识。我们建立经济特区，实行开放政策，有个指导思想要明确，就是不是收，而是放。"他明确指出："特区是个窗口，是技术的窗口，管理的窗口，知识的窗口，也是对外政策的窗口。从特区可以引进技术，获得知识，学到管理，管理也是知识。特区成为开放的基地，不仅在经济方面、培养人才方面使我们得到好处，而且会扩大我国的对外影响。厦门特区地方划得太小，要把整个厦门岛搞成特区。这样就能吸收大批华侨资金、港台资金，许多外国人也会来投资，而且可以把周围地区带动起来，使整个福建省的经济活跃起来。厦门特区不叫自由港，但可以实行自由港的某些政策。除现在的特区之外，可以考虑再开放几个港口城市。如大连、青岛。这些地方不叫特区，但可以实行特区的某些政策。我们还要开发海南岛。"

在谈到高收入与高消费的问题时，邓小平强调说："中国发展经济从何着手？有位日本朋友提了两点建议。第一点，先把交通、通讯搞起来，这是经济发展的起点。第二点，实行高收入高消费的政策。后面这一点，我们国家情况有所不同，现在全国没有条件实行高收入高消费的政策。但如果将来沿海地区搞好了，经济发展了，

[①] 刘田夫：《刘田夫回忆录》，中共党史出版社1995年版，第449—450页。

有了条件，收入就可以高一点，消费就可以增加一点，这是合乎发展规律的。要让一部分地方先富裕起来，搞平均主义不行。这是个大政策，大家要考虑。"

在谈到基本建设问题时，邓小平指出："在发达国家，建筑业是经济的四大支柱之一，中国也不例外，在这方面大家要想点办法。"在谈到宝钢二期工程时，邓小平说："从长远看，是否能想想办法，争取早些上。宁肯借点债，付点利钱，我们早一点拿到钢材，总算起来，还是划得来的。这事要确定下来，今年就干，争取时间。"他还说："西安是一个重要的旅游城市，要进一步开放。"①

谈话结束时，邓小平还指定姚依林、宋平将谈话的内容向陈云汇报。后来，邓小平的这个谈话的一部分以《办好经济特区，增加对外开放城市》为题收入了《邓小平文选》第三卷。

根据邓小平谈话的精神，中央书记处和国务院于3月26日至4月6日召开了沿海部分城市座谈会，决定开放上海、天津、大连、秦皇岛、青岛、烟台、连云港、南通、宁波、温州、福州、广州、湛江、北海这14个沿海港口工业城市。5月4日，中央、国务院批转了这次沿海部分城市座谈会的《纪要》，中央批示明确指出：开放沿海港口城市和办好经济特区，"主要是给政策"，一是给前来投资和提供先进技术的外商以优惠待遇；二是扩大沿海港口城市的经济管理自主权。

"不是收，而是放。"邓小平的讲话，给兴办经济特区的是是非非基本上画了一个大大的句号，使对外开放迎来了春天。

1985年6月29日，邓小平说："深圳经济特区是个试验，路子走得是否对，还要看一看……搞成功是我们的愿望，不成功是一个试验嘛。"

---

① 《邓小平年谱（1975—1997）》（上），中央文献出版社2004年版，第199页。

邓小平发表这个讲话后，外面就有人议论，说中国的政策是不是又要改变。

8月1日，邓小平在会见日本公明党委员长竹入义胜时，说："现在我要肯定两句话：第一句话是，建立经济特区的政策是正确的；第二句话是，经济特区还是一个试验。这两句话不矛盾。我们的整个开放政策也是一个试验，从世界角度来讲，也是一个大试验。总之，中国的对外开放政策是坚定不移的，但在开放过程中要小心谨慎。"

1987年6月12日，邓小平在会见南斯拉夫共产主义联盟中央主席团委员斯特凡·科罗舍茨时说："现在我可以放胆地说，我们建立经济特区的决定不仅是正确的，而且是成功的。所有的怀疑都可以消除了。我们正在搞一个更大的特区，这就是海南岛经济特区。"

1992年，中国的改革开放进入了一个新的春天，那是一个充满着新思想、新事物的春天。对孩子们来说，或许他们最新鲜的感受是"麦当劳"来了，对整天忙忙碌碌的人们来说最新鲜的感受是"康师傅"来了，而一首名叫《春天的故事》的歌曲则唱出了中国老百姓的心声，唱出了中国改革开放的精气神……

彼时彼刻的中国发生了很大的变化，彼时彼刻的世界也发生了很大的变化。苏联的解体，东欧的"易帜"，尤其是被称为亚洲"四小龙"的韩国、新加坡和中国香港、台湾地区的发展态势更是咄咄逼人。千载难逢的机会，中国能不能抓住机遇，有所作为？中国又一次来到了历史的十字路口，改革开放的成败和社会主义现代化建设的前途命运，到了需要作出抉择的重要时刻。

1月18日，邓小平的专列和往年一样，驶向了南方。不同的是，这一次他要先去广东，再去上海。第二天，专列到达南行的第一站深圳。邓小平毫无倦意，他登上国贸大厦第53层，凭窗俯瞰深圳全景，亲眼目睹了"三天一层楼"的"深圳速度"，一向沉默寡言的他一反常态，谈兴大发："不坚持社会主义，不改革开放，不发展经济，不改善人民生活，只能是死路一条。基本路线要管一百年，动摇不得。只有坚持这条路线，人民才会相信你，拥护你。谁要改变三中全会以来的路线、方针、政策，老百姓不答应，谁就会被打倒。"

在深圳，邓小平一共住了四天，临别时，他在下榻的桂园接见了深圳市领导班子。他说："改革开放胆子要大一些，敢于试验，不能像小脚女人一样。看准了的，就大胆地试，大胆地闯。"他精辟地指出："社会主义的本质，是解放生产力，发展生产力，消灭剥削，消除两极分化，最终达到共同富裕。"

这次南方之行，邓小平斩钉截铁地说："我坚信，世界上赞成马克思主义的人会多起来的。""发展才是硬道理。""改革开放的成功不是靠本本，而是靠实践，靠实事求是。"就是在这个春天，88岁的退休老人邓小平以神奇的思维和朴实的语言提出了一系列新思想，彻底打通了中国特色社会主义道路。①

邓小平说："还是特区好！杀出一条血路来！"

经济特区，风风雨雨，坎坎坷坷，一路走来，多少人为之呕心沥血，多少人为之披肝沥胆。没有炮火硝烟，没有流血牺牲，但确实是"杀出"了"一条血路"！

人在旅途，成长总不易，一个人如此，一个国家，亦是如此。

---

① 中共中央文献研究室：《中国1978—2008》，中央文献出版社、湖南人民出版社2009年版，第184—189页。

社会主义也可以搞市场经济

41

1979年，是中国改革开放这艘大船的起航之年。

1978年的《人民日报》发表元旦社论《光明的中国》，向世界提出了一个问题——中国向何处去？1979年，或许人们也有疑问：改革开放给中华大地带来了希望和生机，在这片希望的田野上，改革开放同样也给人们带来了新的矛盾和困惑——改革向何处去？开放向何处去？改革将选择怎样的目标模式，要建立什么样的新的经济体制？

人们都在寻找答案。

邓小平也在寻找。

答案只能在实践中寻求。邓小平说，改革是一个探求的过程。从来就没有先知先觉，我们只能"摸着石头过河"，在实践中解决问题，总结经验，找到新的目标模式。确立经济体制改革的目标模式，核心是怎样看待计划与市场的问题。社会主义只能建立高度集中的计划经济体制，这一传统的观念统治了中国几十年。社会主义能不能突破计划经济这个禁区，能不能实行市场经济？教科书的答案是不行。于是，人们望而却步，困惑丛生。

邓小平从不迷信本本。他说：我读的书不多，就是一条，相信毛主席讲的实事求是。

瑞雪兆丰年。1979年1月17日上午，隆冬的北京，白雪皑皑，银装素裹，裹着棉衣的人们在滴水成冰的寒风中步履匆匆。人民大会堂福建厅却暖意融融，温暖如春。

此时此刻，75岁的邓小平迎来了五位不同寻常的客人，他们是84岁的胡厥文、82岁的胡子昂、63岁的荣毅仁、88岁的周叔弢和74岁的古耕虞。这五个人物，都是赫赫有名的中国工商界元老，都是商业界的狠角色，人称"五老"。①

再看看邓小平会见他们的地点——人民大会堂的福建厅。细心的政治观察家们一定会从中国中央电视台的《新闻联播》节目注意到这一点：党和国家领导人选择人民大会堂的哪一个厅会见什么客人，那都是有讲究的，绝对都有着深刻的政治、历史和文化含义。在福建厅会见"五老"，自然体现了邓小平的政治智慧和深谋远虑。福建自古就是海上丝绸之路的重要出海口，它与台湾隔海相望，散布于世界各地的华人华侨，最早也都是从福建沿海走出国门的。邓小平以此暗示原工商业者充分发挥海外联系面广的特点，积极与外界沟通，内引外联，为祖国的经济建设服务。爱国、统一、团结、

---

① 胡厥文，时任全国人大常委会副委员长、全国政协常委、中国民主建国会副主任委员、中华全国工商业联合会常委；胡子昂，时任全国政协副主席、全国人大常委会委员、中国民主建国会副主任委员、中华全国工商业联合会副主任委员；荣毅仁，时任全国政协副主席、全国人大常委会委员、中国民主建国会副主任委员、中华全国工商业联合会副主任委员；周叔弢，时任全国人大常委会委员、天津市政协副主席、天津市商业联合会主任委员；古耕虞，时任全国政协常委、中国民主建国会中央常委。

开放——福建厅的含义或许还有更多。

"文化大革命"十年浩劫,中华大地民生凋敝、满目疮痍,许多与中国共产党风雨同舟、团结合作几十年的民主党派领导人遭到劫难,民营企业家和私营工商业者更是首当其冲,成为革命的对象,肉体被折磨,财产被查抄。1959年就进京担任纺织工业部副部长的荣毅仁,同样难以逃脱劫难。他被剃了阴阳头,右手食指被打断,家里收藏的字画、古董被抢走。虽然后来得到周恩来的保护,但荣毅仁的日子并不好过,他被指派给锅炉房运煤、洗刷厕所。不过,荣毅仁还算是幸运的,许多企业家没有能熬过这场浩劫。比如,和荣毅仁齐名的同仁堂老板乐松生,1956年在天安门城楼向毛泽东递交北京全面实行公私合营的喜报,后来当上北京市副市长,却在1968年4月含冤而死,年仅60岁。然而,幸存的他们,尽管遭到极不公正的对待,但内心深处依然不曾动摇过跟着中国共产党走的信念。荣毅仁就曾说:"我们跟共产党走了这么多年,党不会抛弃我们的。"胡子昂也说过:"总有一天会重见光明,颠倒了的历史总会颠倒过来。"

他们曾无数次梦想着这一天的到来,可当这一天真的来到的时候,他们还是难以抑制内心的激动。当晚,他们相约在胡厥文家中,商讨与邓小平见面时的谈话内容,研究他们关于国家建设的建议。随后,古耕虞受托连夜起草了建议书。

已经有十多年没有见面了,精神抖擞的邓小平笑容满面地走过来,与五位老人一一亲切握手。随同邓小平一起来的还有中央统战部部长乌兰夫、国务院副总理谷牧和纪登奎、陈慕华以及卢绪章。大家情绪高涨,笑意盈盈,向五位老人问好,握手拱拳。

落座后,邓小平亲切地望着五位老人,点燃一支烟,深深地吸了一口,笑着说:"今天,我先向老同志们介绍一下20多天前刚结束的十一届三中全会的情况。"邓小平称五位老人为"老同志",使他

秋之卷 梦想者 335

们感到从来没有过的受信任感。

接着，邓小平坦诚地说："党的十一届三中全会决定把工作重点转移到社会主义现代化建设上来。过去耽误的时间太久了，不搞快点不行。但是怎样做到既要搞得快点，又不重犯一九五八年的错误，这是个必须解决的问题。我们现在搞建设，门路要多一点，可以利用外国的资金和技术，华侨、华裔也可以回来办工厂。吸收外资可以采取补偿贸易的办法，也可以搞合营，先选择资金周转快的行业做起。当然，利用外资一定要考虑偿还能力。"

邓小平讲得简明扼要，铿锵有力。五位老人认真听着小平同志的介绍，除了耳背的胡厥文老人由秘书记录之外，其他四位老人都一边听一边在沙发扶手上记笔记。听了邓小平的一席话，在座的人都有些兴奋。

介绍完十一届三中全会的情况，邓小平抽了一口烟，不紧不慢地说："听说你们对如何搞好经济建设有很好的意见和建议，我很高兴。我们搞经济建设，不能关门。对外开放和吸收外资，这是一个新问题，你们要发挥原工商业者的作用。"

接着，"五老"便谈开了。大家敞开心扉，坦诚进言，气氛极为融洽、热烈。

胡子昂说："要发挥原工商业者的作用，要大力启用人才，对于有真才实学的人，应该把他们找出来，使用起来，能干的人就当干部。"

邓小平十分赞赏地说："现在经济建设的摊子铺得大了，感到知识不够，资金也不足。党的十一届三中全会决定把工作重点转移到社会主义现代化建设上来。过去耽误的时间太久了，不搞快点不行。但是怎样做到既要搞得快点，又要不重犯一九五八年的错误，这是个必须解决的问题。现在搞建设，门路要多一点，可以利用外国的资金和技术，华侨、华裔也可以回来办工厂。吸收外资可以采取补偿贸易的方法，也可以搞合营，先选择资金周转快的行业做起。当然，利用外资一定要考虑偿还能力。要发挥原工商业者的作用，有真才实学的人应该使用起来，能干的人就当干部。对这方面的情况，你们比较熟悉，可以多做工作。比如说旅游业，你们可以推荐有本领的人当公司经理，有的可以先当顾问。还要请你们推荐有技术专长、有管理经验的人管理企业，特别是新行业的企业。不仅是国内的人，还有在国外的人，都可以用，条件起码是爱国的，事业心强的，有能力的。"①

"五老"都是有备而来的。他们刚从上海、江苏等地调查回来，仅在上海一地就开了30次座谈会，接触了工商界人士300多人。胡子昂说："在刚结束的民主建国会和全国工商联会议上，我说，当前在党的领导下，出现了一片欣欣向荣的局面和光辉灿烂的未来，这是我们每个人出力效劳的千载难逢的机会。"针对海外留学回国的知识分子、工商业者和统战干部中不敢讲话和不能发挥专长的情况，胡子昂进言说："现在中宣部'阎王殿'的帽子摘掉了，统战部'投降主义'的帽子也应该摘掉。现在工商界还没有摘掉帽子，一些企业把工商业者同地、富、反、坏、新生资产阶级不加区别地相提并论，这些问题不解决，他们就心有余悸，难以消除顾虑。"

这时，古耕虞也补充说道："中美建交以来，我接到不少在美国的朋友的来信。那里有中国血统的人，很想来祖国投资，为国效力。现在统战系统确实存在不少问题，怕与资产阶级打交道，越到下面越厉害。我看首先要解决干部心有余悸的问题，统战干部在'文革'中被冲击得厉害，被说成投降主义。统战政策是毛主席定的，统战干部的工作是有成绩的，由于资本家的帽子没有摘掉，一些有用之才仍在工厂从事较重的体力劳动。"

----

① 《邓小平文选》第二卷，人民出版社1994年版，第157页。

邓小平听后，十分干脆地回答："要落实对原工商业者的政策，这也包括他们的子孙后辈。他们早已不拿定息了，只要没有继续剥削，资本家的帽子为什么不摘掉？落实政策以后，工商界还有钱，有的人可以搞一两个工厂，也可以投资到旅游业赚取外汇，手里的钱闲起来不好。你们可以有选择地搞。总之，钱要用起来，人要用起来。"①

谈到外汇，荣毅仁如实说道："现在外汇很有限，引进外资要很快生效，目的性要明确，要功利性大些，生产的产品要能换取外汇，出口创汇。只要生产提高了，就不怕没有偿还能力。现在要搞好生产有两个问题，一个是工资问题，我们过去办厂，每年要增加一次工资；另一个是管理问题，没有民主就没有主人翁感，就不动脑筋；机构多头，画圈的人多了，办事效率就低，生产就不会搞好。"

邓小平又点燃了一支烟。大家都认真听着这位享誉世界的"荣老板"发言。

荣毅仁喝了一口茶，继续说："小平同志讲要利用外国资金、华侨资金，这确是重要问题。现在，英、法、日、联邦德国都要跟我们打交道，因为我们政局稳定，从国际上看，是对我们有利的时期。美国大公司来华还有顾虑，外国朋友建议我们邀请大老板面谈，让他们回去讨论，以改变目前的态度和看法。在美国还有许多工作需要去做，可以利用华侨、华裔来做工作。我对外国朋友说，我们有人力，你们有财力，可以合作。"

荣毅仁还对引进外资问题提出建议。他说："对引进国外技术和资金，现在各级领导都很积极，这里需要协调一下，德国西门子公司来华，许多部门都找上门去，他们的尾巴就翘得老高，要价也就高了，为此，要对引进项目加强管理。"

---

① 《邓小平文选》第二卷，人民出版社1994年版，第157页。

荣毅仁话音刚落，邓小平就立即表态说："搞补偿贸易，有相当的外汇收入，起码广东、福建两个大省大有希望，两省在外的华侨很多，江苏、浙江也有。补偿贸易不一定会得到全新技术，搞合营会有全新的技术，因为产品面向市场，需要具有竞争力。要引进国外的先进技术和资金。香港厂商给我写信，问为什么不可以在广东开厂。我看，海外同胞、华侨、华裔都可以回来办工厂、企业。国际上资本主义有用的东西，可以拿来为我所用。"

说到这里，邓小平停顿了一下，喝了口茶，接着说："现在国家计划想掉个头。过去工业是以钢为纲，钢的屁股太大，它一上就要挤掉别的项目，而且资金周转很慢。要先搞资金周转快的，如轻工业、手工业、补偿贸易、旅游业等，能多换取外汇，而且可以很快提高人民生活水平。我们国家地方大，名胜古迹多。如果一年接待500万人，每人花费1000美元，就是50亿美元。"

谷牧插话道："可能还要多一些。"

邓小平接着说：大力发展旅游业，可以多搞几个旅游公司。名胜旅游区要整修一番，像四川的峨眉山，长江三峡，甘肃的敦煌、嘉峪关，西安的半坡村、秦始皇陵，等等。云南的石林，整修好了就是世界第一。要搞好旅游景区的建设，要有电、有路、有旅馆，还要搞好城市建设，搞好服务业，千方百计赚取外汇。到那时，偿还能力这个问题就可以解决了。

这时，邓小平转过头来，满面春风地看着荣毅仁，直截了当地点了"荣老板"的"将"。邓小平说："荣毅仁同志，对你主持的工作，要规定一条：给你的任务，你认为合理的就接受，不合理的就拒绝，由你全权负责处理，处理错了也不怪你。要用经济方法管理经济，从商业角度来考虑签订合同，有利润、能创汇的就签，否则就不签，应该排除行政干扰。所谓全权负责，包括用人权。只要能把社会主义事业搞好，就不要犹豫。"

说完，邓小平还当场指定由谷牧副总理和荣毅仁直接联系，负责解决他在工作中碰到的实际困难。时任胡厥文秘书的陈训淦后来回忆说："当时我担任胡老的秘书，胡老由于年事已高，听力衰退，出席各种会议总要让我陪同。进入开会的福建厅，我发现这次会场布置比较特别。宽敞的大厅中间对头摆着两排大沙发，距离靠得很近，大沙发的后面散放着一些扶手椅。我们入场时，荣毅仁、胡子昂、古耕虞、周叔弢等民建中央和工商联的主要负责人已在大沙发上就座，对面坐着乌兰夫、谷牧、陈慕华、王震等领导人，外贸部副部长卢绪章也在。邓小平在讲话中，提出了许多新思想、新创意、新举措。大家听了邓小平的讲话，情绪都很激动，纷纷表示感谢党的关怀和信任，决心在社会主义现代化建设进程中，贡献自己的一份力量。大家像拉家常一样你一言我一句，发言此起彼落，十分活跃。"①

不知不觉，已经过去两个小时了，时针已经指向12时。邓小平抬腕看看手表，风趣地说："肚子饿了，该吃饭了，今天我们聚聚，我请大家吃涮羊肉。"

不一会儿，工作人员就在福建厅的一角支起圆桌，共两桌。邓小平与五位老人一桌，其他随同人员一桌。白菜、涮羊肉、白水火锅，热气腾腾，气氛融洽。吃火锅时，邓小平自己喝了几盅白酒，还劝五位老人也都喝一点。他与五位老人轻松谈笑，拉拉家常，其乐融融。五位老人中，古耕虞也是四川人，他事后回忆起这顿意义不同寻常的"五老火锅宴"，形象地称之为"一只火锅，一台大戏"。"五老火锅宴"意味深长，它最大的意义在于，标志着中国共产党重新请回了企业家。

---

① 中共中央文献研究室：《中国1978—2008》，中央文献出版社、湖南人民出版社2009年版，第19页。

42

在这次"五老火锅宴"上,邓小平还特别点将"荣老板"荣毅仁,要他摆脱行政事务,在创办实业和引进外资方面多做些工作。荣毅仁答应了。

说起荣毅仁,人们就会想起荣氏家族。荣氏家族是中国近百年来最具传奇色彩的家族,不仅在中国,在国际上都享有盛誉。荣氏家族的百年风云就是一部浓缩的中国近现代经济史。1916年,荣毅仁诞生于江南名城无锡,这时他的父亲荣德生已经41岁了。作为一名实业家,荣德生当时正在忙着为家乡办学校、修路桥、建花园,事业如日中天。他和胞兄荣宗敬在上海、武汉等地接连开设数家面粉厂和纱厂,生意蒸蒸日上。的确,第一次世界大战给中国的商业带来了难得的发展机遇。英、法、德、俄等战争国的生产受到破坏,中国出口大增,尤以纺织业和面粉业为最。荣氏兄弟抓住这个机会,数年间一口气建立九家工厂,一跃成为闻名全国的"面粉大王"和"棉纱大王"。

平民出身的荣氏兄弟的成功,标志着中国新兴企业家作为一个社会阶层开始崛起。这是一群以产业救国为己任的爱国人士,当时被人们称为"实业家"。他们无依无傍,主要依靠个人奋斗,以强烈的社会责任和创业精神建立工厂,奠定了中国民族工业的基础,被后人称为真正意义上的企业家。

荣毅仁就成长在中国企业家的第一个生意上的"黄金时代"。1932年,荣家旗下企业总数达21家,赫然成为当时国内规模第一的民营实业集团。荣毅仁的伯父荣宗敬曾得意地对友人说:"当今中国人,有一半是穿我的、吃我的。"作为当时中国首富家族之子,荣毅仁很早就到家族企业里历练。他曾回忆说："我读大学的几年，可以说，是没有什么寒暑假的。因为一休假回到无锡，就要到茂新面粉厂住厂实习。我父亲对我们小辈要求严，不许摆少爷架子。我这个小开可不好当啊。"

1937年夏天，荣毅仁从圣约翰大学毕业，出任无锡茂新面粉公司助理经理。这位年轻气盛的少东家雄心勃勃，准备开设几十个面粉厂，打造面粉托拉斯。可是，理想之花含苞待放，日本侵华战争突然全面爆发，他的梦想化为泡影。抗战胜利之日，荣毅仁开着汽车、扯着国旗出去兜风，他认为国家和企业的前途将一片光明。然而，国民党腐败无能，与民争利，经济趋于崩溃。1946年荣德生曾遭绑架，震惊上海滩，也让企业家们心寒。在解放战争中，随着国民党步步败退，企业家们面临历史选择，惶惶不可终日：国民党固然不堪，但是共产党会容得下他们这些富人吗？在众多企业家纷纷将设备、资金转移海外的时候，偌大的荣氏家族也有人携带资产远走异国他乡，包括荣毅仁的兄弟姐妹，唯有荣毅仁和他74岁的老父亲留了下来，静观天下巨变。作为当时中国最大的企业家，荣氏父子想法很简单："共产党再怎样，绝不至于比国民党更糟吧。"而上海解放之日，解放军战士露宿街头的画面更是令他感受到共产党的亲民爱民之风。

1949年，《共同纲领》规定："中国人民民主专政是中国工人阶级、农民阶级、小资产阶级、民族资产阶级及其他爱国民主分子的人民民主统一战线的政权"，"保护工人、农民、小资产阶级和民族资产阶级的经济利益及其私有财产"。而新国旗——五星红旗上围绕代表共产党的大星的四颗小星，其中一颗就代表民族资产阶级，这无疑让像荣毅仁一样的民族资产阶级企业家们吃下了一颗定心丸。

1950年他作为毛泽东的客人，和其他首次出席全国政协一届二次会议的特邀人士一起，到中南海颐年堂毛主席寓所吃饭，正好坐在第二桌，与周恩来总理在一起。周总理见到34岁的荣毅仁，诙谐地说："噢，少壮派！"从此，"少壮派"的雅号就流传开了。

1956年，身为最大私营企业集团老板的荣毅仁，经过深思熟虑后，把自己的商业帝国无偿交给国家，代表上海工商界集体给毛泽东写信，表示要在六天内实现上海全行业公私合营，为新中国的工业振兴做出了卓越贡献，赢得普遍的尊重。1月20日，上海召开公私合营大会，宣布全市10万多户私营工商业全部实行公私合营。人们敲锣打鼓庆祝社会主义改造的完成，荣毅仁在庆祝游行时说："社会主义改造对于我来说失去的是属于我个人的一些剥削所得，得到的却是一个人人富裕、繁荣强盛的社会主义国家。"时任国务院副总理陈毅以上海市老市长身份，为荣毅仁助选上海市副市长："因为他既爱国又有本领，应当选为国家领导人。"

荣毅仁在解放初期曾说："我赞成共产党只举一只手，如果两只手都举起来，那是投降。"现在，他自信地说："举一只手赞成共产党我是错了，现在要举起双手拥护共产党。"从此，"红色资本家"成为荣毅仁的专属称号。

1959年，纺织工业部副部长张琴秋来到上海，找到荣毅仁，对他说："新中国成立快十周年了，总理希望你能到北京工作，当纺织工业部副部长。这是你最熟悉的工作了，我们一块干吧。"原来，毛泽东要当时的党中央总书记邓小平推荐几位党外人士当部长，邓推荐了两人，其中一位就是荣毅仁。张琴秋是奉周恩来总理之命而来的。荣毅仁领会这是党中央看重他，一口答应了。纺织部告知他在国庆节前到京上任即可，可荣毅仁在三天之内就动身了。在北京饭店，荣毅仁去理发时恰巧碰见了周总理。总理亲切地说："你来啦，很好。欢迎你到北京工作。"总理生怕荣毅仁初到北京生活不习惯，特地关照道："你可半年在北京，半年在上海。"荣毅仁听了心里热乎乎的，说："谢谢总理关心，到北京就在北京工作，我会习惯的。"

来北京工作，这是荣毅仁与邓小平第一次有交集，也是邓小平第一次"点将"荣毅仁。也就在这一年，荣毅仁当选中国和平统一促进会会长。

1978年春天，当选为中国人民政治协商会议第五届全国委员会主席的邓小平，经与其他中央领导商议，请荣毅仁出任全国政协副主席。荣毅仁获悉后，即赋诗一首，表达他对党中央的敬仰和欢欣之忱。诗云："鹊报春回残雪融，百花齐放趁东风。高山难阻愚公志，激流全凭舵手功。往日风云过眼底，今朝人物数英雄。不甘伏枥添砖瓦，万里江山代代红。"这可以算作邓小平第二次"点将"荣毅仁。

现在，邓小平摆下"五老火锅宴"，再次"点将"荣毅仁，请荣毅仁为改革开放政策的落地生根、开花结果出谋划策。叶剑英说："荣毅仁在国际上有知名度，家族中又有很多人在国外，利用他在国际上的影响，利用荣氏家族的优势，由他出面先吸引一部分人来投资，然后吸引更多的外资。荣毅仁的作用别人替代不了，共产党员替代不了，由他出面比较好。"

邓小平特别欣赏荣毅仁的耿耿爱国之心和出众的经济管理才能。的确，邓小平没有看错人。"火锅宴"之后，果然好戏登台。在"五老"中，63岁的荣毅仁最年轻，依然还是"少壮派"，被寄予厚望。邓小平的谈话，令荣毅仁感奋不已，创业的春天又来了。

一个月之后，荣毅仁就向中共中央、国务院呈交了题为《建议设国际信托投资公司的一些初步意见》的报告，决定利用自身的经验和荣氏家族有几百名散居世界各地的工商界、科技界知名人士这个有利条件，进行国际间的外资融资等工作。这是他对世界各国经过周密考察和论证后，按国际惯例设计的方案。对当时的中国来说，国际信托投资事业还是一个十分陌生的事物，也颇具风险性。

1979年3月，荣毅仁的报告被送到了中南海。邓小平、陈云、李先念等中央领导很快做出指示，同意荣毅仁的建议。6月27日，国务院正式批准成立中国国际信托投资公司（简称"中信"），荣毅仁当选该公司董事长兼总经理。

10月4日，"中信"在北京和平宾馆的七八间普通客房内正式对外营业，荣毅仁和受邀请来的工商界故友旧知开始创业。荣毅仁重操旧业，人们都把他叫作"荣老板"。叶剑英、邓小平、王震、谷牧等党和国家领导人接见了出席中国国际信托投资公司第一次董事会的全体董事。在这第一届董事会中，就有大名鼎鼎的马万祺、李嘉诚、霍英东等港澳商界巨擘。与此同时，广东、福建沿海的深圳、珠海、汕头、厦门在邓小平"杀出一条血路来"的号召下，也已经开始破土动工。改革开放这篇大文章已经写下了第一行。

鲜为人知的是，"中信"成立前一个月，上海一批老工商界人士集资创办了"上海市工商界爱国建设公司"，这是中国改革开放后第一家真正意义上的民营企业。与此不同，"中信"一开始就明确是"国务院直属的国有企业"，公司印章和国务院部委的大印尺寸相同，上面还赫然刻着只有政府机构公章才能有的国徽。着洋装、读洋书、说洋文的荣毅仁，浑身"洋派"，精通西方的企业制度和商业规则，因此颇得国际社会的认同。那个年代，西方的国际公司受意识形态的影响，大多不敢与共产党国家企业打交道，但是乐于和荣毅仁这样背景的人打交道。荣毅仁当然对此也很清楚，他曾对美国著名资本家哈默说："你是资本家，见过列宁。我也曾是资本家，干社会主义。我们两个都是资本家，可以谈得拢。"

尽管如此，荣毅仁的创业之路也并非一帆风顺。"中信"一手利用外资在国内发展实业，一手利用外资在海外投资，这些做法在当时被视为带有浓厚资本主义色彩，荣毅仁本人又是资本家出身，所以传言众多，不时有人写信告状，也常常被有关部门刁难。在一次写给高层的信中，荣毅仁请求："请理解我在夹缝中走路的艰难！"

"艰难困苦，玉汝于成。"创业何其艰难。国际信托投资在偌大的新中国还是前无古人的事业，没有现成的经验可供借鉴。更重要的是，它原本就是市场经济发展过程中产生的事物，必须按市场法则和市场规律办事。所以，在曾经长期并当时依然实行计划经济体制的中国，它在运行中必然会发生矛盾和冲突。"中信"不时遭遇体制的阻碍，但最后总是能够走出困境。"我是'调和派'，碰到险滩，尽量想办法绕着走。"荣毅仁曾自我调侃地说，"我要的是特殊政策，就像对待几个特区那样，而不是向国家伸手要东西，靠吃偏饭来生存。"

荣毅仁饱经政治风浪，为人谨言慎行。他与邓小平等中共高层交往密切，颇得信任，但他也审时度势，恪守本分。每次遇到难题，荣毅仁都要向邓小平、叶剑英等中央领导寻求支持和帮助。荣毅仁每次来信，邓小平等中央领导也都做出批示，让有关部门为之开绿灯。"中信"的成长，可以说也是邓小平等老一辈革命家亲手培育、扶持的结果。20世纪80年代，荣毅仁曾力邀一位著名经济学家到"中信"任职。但是双方谈话之后，这位经济学家认为这位"荣老板"比共产党员还共产党员，没有就职。国营企业一直是中国改革的重点和核心，承包制一度被视为国企改革的"灵丹妙药"。荣毅仁不以为然，他说："企业不同于农业，企业搞承包制和过去的包工头制没有什么两样……在企业，搞包工制是有封建性的，有近利而无远见，弄不好会变成国家拿小利，个人拿大利。"对于如何发展中国经济，荣毅仁也有自己的思考，他归纳为两条。一是健全市场机制。搞经济的关键是市场，要吸取资本主义在市场方面有用的东西。一是加强国家机器，一方面是立法执法，加强法制建设，有法必依，违法必究；另一方面是加强民主监督，要发扬人民群众的力量。[①]

1984年10月，"中信"迎来了它五岁生日。为表纪念，"中信"

---

① 马国川：《荣毅仁，一位企业家和中国一百年》，2016年5月4日《财经》微信号。

在北京召开了中外经济合作问题讨论会，国内外金融、企业界的领导人和著名专家、学者纷纷到会。10月6日，邓小平亲自出席会议，会见了与会代表。

群英荟萃，八仙过海。望着齐集一堂的各国专家，邓小平欣喜地称赞说："这么多国际著名的企业家、金融家，一块到北京来，体现了各位对中国改革开放政策、中国经济发展的关注，中国现在正在深化改革和开放。没有这样的政策，中国人民的宏伟目标就难以实现。"

接着，邓小平畅谈了中国现代化建设的宏伟目标及对外开放、对内改革的根本政策，明确提出："总结历史经验，中国长期处于停滞和落后状态的一个重要原因就是闭关自守。经验证明，关起门来搞建设是不能成功的，中国的发展离不开世界。当然，像中国这样大的国家搞建设，不靠自己不行，主要靠自己，这叫自力更生。但是，在坚持自力更生的基础上，还需要对外开放，吸收外国的资金和技术来帮助我们发展。"邓小平希望国际工商界人士加强同中国的友好合作，特地向国际工商界推荐"中信"，说："为了便于广泛接触，中国国际信托投资公司可以作为中国在实行对外开放中的一个窗口。"①

谈话中，针对国际上一些人士的"近视"观点，邓小平特别强调：从世界的政治经济角度看，中国的发展对世界和平有利，对世界经济发展有利。我们希望国际工商界人士从世界的角度来考虑同中国合作的问题。因为，这种合作帮助不是单方面的。"中国取得了国际的特别是发达国家的资金和技术，中国对国际的经济也会做出较多的贡献。几年来中国对外贸易的发展，就是一个证明。所以我们说，帮助是相互的，贡献也是相互的。"

---

① 《邓小平文选》第三卷，人民出版社1993年版，第78—79页。

邓小平直言不讳地强调："西方政治家要清楚，如果不帮助发展中国家，西方面临的市场问题、经济问题，也难以解决。经济上的开放，不只是发展中国家的问题，恐怕也是发达国家的问题。现在世界上占总人口四分之三的地区是发展中国家，还谈不上是重要市场。世界市场的扩大，如果只在发达国家中间兜圈子，那是很有限度的。"①

如此系统、全面、准确地从世界政治经济角度谈对外开放的相互性，邓小平还是第一次。相互贡献、相互帮助思想的提出，表明邓小平的全方位开放思想的进一步深化，也说明中国的对外开放并不仅仅是对西方大国的单向依赖关系，而是发挥中国对世界和平和人类进步事业的重要角色作用的需要，是一种主动性开放。对这种大开放的思路，与会者们听了心服口服，啧啧赞叹！

在这次中外经济合作问题讨论会上，邓小平特别强调的第二个问题，就是宣布中国的对外开放是长期的、不变的，鼓励外商大胆投资，前来创业。他从党的十二大确立的宏伟发展战略和目标谈起，明确告诉外国朋友：对内经济搞活，对外经济开放，这不是短期的政策，是个长期的政策，最少50年到70年不会变。70年以后怎么样，我们可以满怀信心地说："到那时，更不会改变了。即使是变，也只能变得更加开放。否则，我们自己的人民也不会同意。"

最后，邓小平实事求是地说：发展中外经济合作，中国要创造条件，发达国家的经济界也要创造条件，首要一条就是不要怕冒风险，不必担心我们的政策会变，胆子放大一些，合作的步子更快一些。"历史最终会证明，帮助了我们的人，得到的利益不会小于他们对我们的帮助。至于政治上战略上的意义就更大了。"

讲话结束了，邓小平铿锵有力的话语，如同一束阳光，一下子

---

① 《邓小平文选》第三卷，人民出版社1993年版，第79页。

照亮了在座的每一位中外来宾的心田。他们无不为邓小平宽阔的胸怀、长远的眼光、雄奇的魄力赞叹鼓掌。

为祝贺"中信"成立五周年，邓小平还亲笔题写了"勇于创新，多作贡献"八个大字。荣毅仁在一篇回忆文章中写道："我深深体会到这八个大字贯穿在小平同志创立建设有中国特色社会主义理论的全过程，体现在邓小平建设有中国特色社会主义的理论中，也体现在小平同志领导中国人民进行革命和社会主义建设的一生的战斗生涯中。其实，小平同志所创立的中国特色社会主义理论本身，就是一种历史和时代高度上的创新，是新的、活的马列主义。创新就是解放思想，实事求是，一切从实际出发。实事求是，一切从实际出发了，才能正视现实，在总结建国以来社会主义革命与建设取得伟大成就的同时，也正视出现过的失误，顺应社会发展潮流，遵循历史发展规律，根据国家和人民的需要，去破除旧的，创立新的，去做前人所没有做过的事。创新就是发展，就是不断总结经验，不断找新路子，创新路子。对内改革是创新，对外开放也是创新。中国的社会主义现代化建设只有不断改革创新，才能有利于生产力的不断发展，有利于综合国力的不断增强，有利于人民生活水平的不断提高，才能对世界和平和发展多做贡献。"

中国，给世界打开了窗口，给世界一个良机！在场的荣毅仁和他在"中信"的同仁们听了邓小平的讲话，感受到了一种鞭策，信心、决心倍增。作为向全世界推荐的中国对外开放的另一个窗口，"中信"必须有所作为，必须大有作为！

作为探路者，荣毅仁不负重托。在20世纪80年代，"中信"短短几年就由最初只有十几人的企业，发展成为员工近3万人、总资产达500多亿元的企业集团，创造了许多中国第一，不到十年就成为世界知名公司，成为国际社会观察中国的一个窗口，真正成为中国最早树立的一个上佳的对外开放形象。除了政府的"特殊政策"，荣毅仁以其非凡的才干和胆识，为"中信"的发展壮大付出了巨大心血。他每天进办公室的第一件事，就是打开路透社信息显示系统的终端装置，饶有兴趣地观看荧光屏上不断闪烁变换的各种市场数据，紧盯着市场的信息变化，捕捉商机。1987年，荣毅仁被评为世界50位最富魅力的企业家之一。这是中国企业家第一次入选世界知名企业家行列。有人曾提出一个饶有趣味的问题：假如荣毅仁创办个人企业，是否有可能打造出一个世界级的公司呢？

"几乎没有人能够预测到，一个共产党政府会走向市场。但现在中国政府带领中国走向市场经济的事实已经众所周知。"美国芝加哥大学教授、诺贝尔经济学奖得主科斯一直对中国经济转型充满好奇。在他晚年的著作《变革中国》一书里，他提出了一个疑问："中国政府究竟做了什么，才能够引导这样一个几乎不可思议的转型？"研究者们对于"科斯之问"的一个简单回答就是，中国政府最初并不清楚转型的方向，是许多企业出于本能向市场方向发展，闯出了一条独特的转型道路。荣毅仁创建的"中信"作为特殊的国有企业，和民营企业一起，就像在原有的经济体制里嵌入了一个楔子，动摇和瓦解了计划经济体制。荣毅仁的朋友、美国前国务卿亨利·基辛格博士曾感慨道："荣毅仁是既了解东方又了解西方的企业家。苏联人面临的最大困难之一就是他们找不到一个像荣毅仁这样的企业家。"

的确，除了政治上的因素之外，苏联没有旧时代的企业家，也没有像中国这样，在20世纪70年代末80年代初涌现出新的企业家群体，因此在80年代末经济走向崩溃，最终解体。中国共产党却挺过了改革开放以后最艰难的一段历史时期。1989年政治风波之后，当一些外国人士担心中国的改革开放政策会变时，日本政经界的头面人物就说，只要荣毅仁先生还在工作，"中信"仍在运转，中国的对外开放政策就不会变。

1985年3月4日，邓小平在会见由"中信"接待的日本访华团时，高度凝练又实实在在地指出：和平和发展是当代世界的两大问题。我们多年来一直强调战争的危险，后来观点有点变化，虽然战争的危险还存在，但是制约战争的力量有了可喜的发展。他还说，中国算是一个大国，这个大国又是小国，等到中国发展起来了，制约战争的和平力量将会大大增强。

同年10月23日，邓小平在会见由"中信"接待的美国时代公司组织的美国高级企业家代表团时，第一次提出"社会主义和市场经济之间不存在根本矛盾"的论断，认为"要坚持社会主义制度，最根本的是要发展社会生产力"，"要发展生产力，靠过去的经济体制不能解决问题。所以，我们吸收资本主义中一些有用的方法来发展生产力"；"我们发挥社会主义固有的特点，也采用资本主义的一些方法（是当作方法来用的），目的就是加速发展生产力"。[①]

邓小平不仅支持荣毅仁在社会主义建设事业中做大事业，而且还十分关心整个荣氏家族在祖国大陆和海外的事业发展。在与荣毅仁的交往中，邓小平了解到荣氏家族400多位身居海外的亲属中，有不少人从事核能、电子、机械、纺织、面粉、医学、文教等事业，作为爱国民族资本家的后代，他们像自己的祖辈一样，有强烈的爱国心、事业心。他们都有竭尽全力为祖国多做贡献之心愿。邓小平要荣毅仁把他们召集回祖国团聚一次，由国家有关部门负责接待，共谋发展之计。邓小平的这个想法真是太好了！荣毅仁非常感动，这也是他心中埋藏很久的夙愿。邓小平说："这样做，于国家、于人民都很有利嘛。"他鼓励荣毅仁大胆地去做。

就这样，在邓小平的提议和直接过问之下，1986年6月，海外200多位荣氏亲属分别从美国、加拿大、澳大利亚、巴西、联邦德

---

① 《邓小平年谱（1975—1997）》（下），中央文献出版社2004年版，第1091页。

国、瑞士等国家和港澳地区回到了祖国大陆。这是一场被载入历史的家庭大团圆。通过这次荣氏家族的大团圆，邓小平向世界发出了广泛团结海外爱国同胞共同建设祖国的强烈信号。

1986年6月18日这一天，神采奕奕的邓小平在人民大会堂亲切接见了荣氏亲属观光团的部分成员。荣毅仁的二兄荣尔仁是荣氏亲属观光团中的年长者，居住在巴西。邓小平亲切地对他说："你今年79岁，比我小三岁。"荣尔仁说："可你的精神好得很。"邓小平又说："你的精神也不错嘛。"会见中，邓小平亲切地对荣毅仁和他的大家庭成员说："从历史上讲，你们荣家在发展我国民族工业上是有功的，对中华民族做出了贡献。民族工业的发展是推动历史前进的。这次你们亲属团聚是一件喜事，是我们民族大团结的一个体现，一个演习。我们要争取整个中华民族的大团结。"他还希望大家多向朋友们介绍国家的事情，让更多的人回来看看，了解我们的国家，投资建设。这番真诚的话语似一股暖流，涌进了在场的每位荣氏亲属的心田。①

荣毅仁是一位富有经验的企业家，更是一位精明老到的政治家。在上世纪80年代末的特殊历史时期，荣毅仁以自己的特殊身份，邀请国际知名的银行家、企业家来中国访问，发挥了一般人难以起到的民间外交特殊作用。1993年3月，77岁的荣毅仁再次成为国际社会关注的新闻人物——这位首屈一指的"红色资本家"，在第八届全国人大一次会议选举中当选为国家副主席，重新扮演起政治家的角色，再次把自己亲手缔造的商业王国交给了他的助手。这是新中国1949年以来首次由一名资本家担任国家副主席。消息传出，世界震惊。德国《柏林日报》在一篇评论中指出："首次提升一位商人和百万富翁担任国家副主席职务，不仅仅具有象征意义，还向国内外特别是向争取其投资的数百万华侨表明，中国领导人认真对待改革

---

① 吴跃农：《邓小平与"荣老板"》，原载《党史纵横》，引自2014年8月8日人民政协网。

和向市场经济过渡的决心。"新加坡的一家报纸在荣毅仁担任国家副主席后，仍称他为"CITIC先生"（"CITIC"为"中信"的英文缩写）。

特别值得一提的是，在那个年代，有荣毅仁在场的邓小平五次较为重要的讲话，现在分别以《搞建设要利用外资和发挥原工商业者的作用》为标题收入《邓小平文选》第二卷，以《我们的宏伟目标和根本政策》《和平和发展是当代世界的两大问题》《社会主义和市场经济不存在根本矛盾》《争取整个中华民族的大团结》为标题收入《邓小平文选》第三卷。荣毅仁经常反复学习，认为："在这几篇讲话中，小平同志以他特有的质朴语言和真诚谈吐，阐述了党的工作中心转移、中国的基本国情和改革开放国策、政治目标、社会主义的本质特征、新时期的外交政策和统一战线方针等一系列重大问题，几乎可以说是邓小平建设有中国特色社会主义理论的一个缩影。"

邓小平选择了荣毅仁，荣毅仁创造了"中信"，他们共同高高举起的是一面鲜艳的旗帜——改革开放！

43

打开国门的中国，许多新鲜事物扑面而来。

1979年，尽管中国向世界敞开了大门，尽管不断有西方企业和财团到中国来寻找商机，但与世界隔绝多年的中国，让西方的企业和财团在同中国政府打交道时，仍顾虑重重，他们担心中国的偿还能力和使用能力，担心中国立法不全，担心中国部门多、层次多、手续繁、效率低。因而来谈的多，谈成的少。如今在中国遍地开花的中外合资企业，对于1979年的中国来说还是一个闻所未闻的新名词。中外合资经营，在当时仍然是经济领域的一个"禁区"。

就在党中央、国务院批准荣毅仁成立"中信"的时刻，在邓小平和叶剑英的直接领导下，关于中外合资经营的立法工作也同时提上了议事日程。

1979年6月18日至7月1日，五届全国人大二次会议在北京举行。这是"文化大革命"结束后一次重要的立法会议，会议制订并通过了中华人民共和国地方各级人民代表大会和地方各级人民政府组织法、选举法、人民法院组织法、人民检察院组织法、刑法、刑事诉讼法和中外合资经营企业法七部法律，标志着中国立法工作在中断了20多年后又重新恢复并取得重大突破。

在7月1日通过的这七部法律中，《中华人民共和国中外合资经营企业法》于7月9日颁布实施，比其他六部法律提前半年实施。《中华人民共和国中外合资经营企业法》从起草到通过，再到颁布实施，创造了前所未有的高效率。

邓小平说得更加实在："这个法，与其说是法，不如说是我们政治意向的声明。"

是的，这确实是中国政府向世界做出的一个对外开放的政治声明。

7月8日，"中信"开始筹建并承办信托投资业务。10月4日，"中信"在北京宣布正式成立，荣毅仁出任董事长。公司的主要任务是接受各部门、各地方的委托，根据《中华人民共和国中外合资经营企业法》和有关法令，引进外国资本和先进技术、设备，共同举办合资企业。

1979年9月，北京航空食品公司的合同内容也尘埃落定。1980年5月1日，北京航空食品公司正式营业，获得中国工商部门颁发的中外合资企业营业执照001号。此后，新疆天山毛纺织品有限公司、建国饭店、长城饭店、中国迅达电梯、天津王朝葡萄酒等中外合资企业相继成立，成为《中华人民共和国中外合资经营企业法》实施后，首批依法批准设立的中外合资企业。

对中外合资企业的发展，曾任国务院副总理的李岚清作为亲历者，有着深刻的记忆。1978年10月，作为第三汽车制造厂建设指挥部副指挥长、重型汽车厂筹备处负责人，李岚清与美国通用汽车公司代表团商谈重型汽车合作项目。在谈判过程中，发生了一件意想不到的事。

来访的美方代表团规格是很高的，团长汤姆斯·墨菲是通用公司的董事长。谈判中，他突然打断李岚清的话，说："你们为什么只能够谈引进技术啊，为什么就闭口不谈合资呢，joint venture？"

李岚清一听，这个英语词汇，一个是共担，一个是风险，但对墨菲说这话的确切含义没有搞懂，觉得这是专用名词，两个连起来也不懂。

看到这个情况，墨菲就叫李岚清把钱包拿出来，他也把钱包拿出来，两个钱包都放在了桌上。墨菲说："什么叫合资啊，就是我们俩把钱放在一起，拿这个钱去经营这个企业，要赚钱我们共同赚，要赔钱我们共同赔，我们利益是共同的。再简单地说，就是我们两人'结婚'，我们成立一个共同家庭。"

墨菲说完"结婚"这句话，李岚清脑子里的第一反应就是："你不了解中国情况，我是共产党员，你是大资本家，我跟你结什么婚啊！"

美方提出的这种新的合作方式，当时在李岚清等中方代表看来，是一件绝对不可能的事情。两种完全不同的社会制度，怎么可能走到一起呢？他们没有答应美方提出的要求，只是在事后通过"引进办"如实向上级主管部门做了汇报。

不久，李岚清收到了一份来自中央的传真批示。他后来回忆说："我当时看到复印件，这个批示在里面，就讲到这个合资的事。小平同志就在里面写：合资也可以办嘛！这是我看到他最早

（关于合资）的批示。当时这个批示的复印件传到我们这来，我们看了以后都大吃一惊，这是思想的一个突然的解放。"

合资经营的思路得到了邓小平的肯定，尽管由于通用汽车公司内部的原因和中国重型汽车项目建设方针的变动，当时这一合资经营项目没有谈成，却为中国和其他国家汽车公司的合资经营打开了局面。

1979年3月，第一机械工业部派代表团赴美国、德国、法国，对通用、大众、奔驰、雪铁龙汽车公司进行考察，谈判合资经营事宜。几年后，这些汽车公司在中国建起了中国汽车行业的第一批中外合资企业。

无独有偶。1979年6月，中国民航总局的办公室来了两个香港人，他们是香港世界贸易中心协会的理事伍淑清和她的父亲伍沾德。父女俩打算向内地投资，成立一个航空食品公司。从6月份开始，伍淑清同中国民航总局先后谈了三次，由于没有先例，谈判进行得并不顺利。就是这个伍淑清，后来曾任全国政协常委、全国工商联副主席、香港世界贸易中心总经理。她回忆说："那时，中国大陆刚刚开放，双方心里都不是很有底，有很多顾虑。想法很美好，谈判过程却很曲折。由于没有先例，谈判一直走走停停。不会讲普通话，就用纸笔沟通，写的是繁体字。"

44

1979年10月1日，是新中国成立30周年的日子。"逢五一小庆，逢十一大庆"，这是中国人的惯例。

1979年，国家正处于转折初期，百废待兴，百业待举，党和国家领导人还在为国家的发展大计运筹帷幄。作为对共和国30周年华诞的庆贺，9月29日，中共中央、全国人大常委会和国务院举行庆祝中华人民共和国成立30周年大会，叶剑英在大会上做了长篇讲话。在对新中国30年的历史进行了全面的回顾和总结后，叶剑英说：现代化建设是当前最大的政治。必须坚定不移地把工作重点放到经济建设上来。除非发生国外敌人的大规模入侵，决不能离开我们的工作中心。

9月30日，中共中央、国务院在人民大会堂举行国庆招待会。让外界感到惊讶的是，招待会邀请了各国外交使团和外国记者团列席会议。国际舆论认为，中国政府的这一举动，向世界表明了中国的开放和自信。

什么是自己的路？

在没有路的地方，走出一条路，就是自己的路。

敢问路在何方？路在脚下。一曲《西游记》的主题曲唱响了20世纪80年代中国人的自信豪迈。

改革开放，就是以总设计师邓小平为核心的中国共产党人自己走出来的一条路。这条路，不仅中国的前人没有走过，就是美国人、日本人和欧洲人也都没有走过，这就是中国特色的社会主义道路。

1979年11月26日，邓小平在人民大会堂会见了来访的美国不列颠百科全书出版公司编委会副主席吉布尼和加拿大麦吉尔大学东亚研究所主任林达光[1]。

这次谈话轻松愉悦，宾主之间没有客套，一问一答，你来我往，

---

[1] 林达光，著名加拿大华人，祖籍广东新会，1920年生于加拿大温哥华，知名华裔加拿大学者和社会活动家。加拿大不列颠哥伦比亚大学亚洲研究所名誉教授，加拿大宋庆龄儿童基金会创办人与名誉主席，加中贸易理事会名誉董事，原澳门东亚大学校长，加拿大蒙特利尔麦吉尔大学东亚语言文学系前主任。1950年到1964年间，他在中国北京工作、生活，曾任新闻总署国际新闻局编辑、中央广播事业局英语广播艺术指导、福建华侨大学教授。林达光教授晚年仍关心中国西部发展及儿童教育问题，他1981年创办的加拿大宋庆龄儿童基金会长期为中国边远贫困地区儿童提供各种帮助，1998年获加拿大总督颁发加拿大勋章。2004年7月4日，林达光病逝于加拿大温哥华医院，享年84岁。

1979 年 11 月 26 日，邓小平会见美国不列颠百科全书出版公司编委会副主席吉布尼和加拿大麦吉尔大学东亚研究所主任林达光，第一次明确提出社会主义也可以搞市场经济。

闪耀着思想的火花。

寒暄之后，吉布尼说："我们想，中国这样一个国家多少年来，对美国来说是关闭的，现在要这样高速度实现现代化，真是一个了不起的大挑战，确实像重新开展一场革命似的。"

喜欢抽烟的邓小平，安详地抽着他喜欢的"小熊猫"，娓娓道来："确实是一场新的大革命。我们革命的目的就是解放生产力，发展生产力。离开了生产力的发展、国家的富强、人民生活的改善，革命就是空的。我们反对旧社会、旧制度，就是因为它是压迫人民的，是束缚社会生产力发展的。这个问题现在比较清楚了。过去'四人帮'提出宁要贫穷的社会主义，也不要富裕的资本主义，那是荒谬的。"

接着，邓小平说了一段很长的话，具体谈到了怎样建设社会主义和怎样实现"四个现代化"的问题。他说:"当然我们不要资本主义,但是我们也不要贫穷的社会主义,我们要发达的、生产力发展的、使国家富强的社会主义。我们相信社会主义比资本主义的制度优越。它的优越性应该表现在比资本主义有更好的条件发展社会生产力。这本来是可能的,但过去人们有不同的理解,于是我们发展社会生产力的进程推迟了,特别是耽误了十年。中国60年代初期同世界上有差距,但不太大。60年代末期到70年代这十一二年,我们同世界的差距拉得太大了。这十多年,正是世界蓬勃发展的时期,世界经济和科技的进步,不是按年来计算,甚至于不是按月来计算,而是按天来计算的。我们建国以来长期处于同世界隔绝的状态。这在相当长的一个时期不是我们自己的原因,国际上反对中国的势力,反对中国社会主义的势力,迫使我们处于隔绝、孤立状态。60年代我们有了同国际上加强交往合作的条件,但是我们自己孤立自己。现在我们算是学会利用这个国际条件了。"

针对外界对中共实现"四个现代化"的怀疑,邓小平具体地谈了四个有利条件。他说:"我们要实现'四个现代化'。定了这个目标,要靠我们的努力,靠我们的方针政策对头,靠具体的措施有力,才能实现。现在人们怀疑,中国能不能实现现代化目标,问我们提出这个目标有什么根据。我们的根据可以讲有四条。"他扳着手指头一一道来:第一条是我们有丰富的资源;第二条是我们还是建立了实现"四个现代化"的物质基础的,有了一个向"四个现代化"前进的阵地;第三条是我们相信中国人不笨;第四条是实现"四个现代化"必须有一个正确的开放的对外政策。"四个现代化"就是中国最大的政治。我们搞"四个现代化"一定会有许多复杂的问题需要解决,还会不断地遇到困难,我们相信是可以逐步解决、逐步克服的。这三两年内可能看不出突出的成绩,过几年面貌会看得更清楚。现在尽管人们还有怀疑,但是中国的领导人、中国的绝大多数人是有信心的，是相信这个事业能够成功的。

吉布尼接着问道："美国犯了一个很大的错误，就是看社会主义中国的时候，把它看成和苏联的社会主义是一模一样的。那么中国开始的时候是否确实也有这方面的思想混乱，即完全模仿和学习了苏联社会主义的道路，而不是采取一种中国式的社会主义道路？"

邓小平点点头，笑着说："中国的社会主义道路与苏联不完全一样，一开始就有区别，中国建国以来就有自己的特点。我们对资本家的社会主义改造，是采取赎买的政策，不是剥夺的政策。所以中国消灭资产阶级、搞社会主义改造非常顺利，整个国民经济没有受任何影响。毛泽东主席提出的中国要形成既有集中又有民主，既有纪律又有自由，既有统一意志又有个人心情舒畅、生动活泼的政治局面，也与苏联不同。但是，我们有些经济制度，特别是企业的管理、企业的组织这些方面，受苏联影响比较大。这些方面资本主义国家先进的经营方法、管理方法、发展科学的方法，我们社会主义应该继承。在这些方面我们改革起来还有许多困难。"

吉布尼接着问道："我看到中国人民的积极性正在被调动起来，这是很了不起的，但是不是可能在将来某个时候，虽然中国仍是个社会主义国家，但在中国社会主义制度范围之内，在继续中国社会主义经济的同时，也发展某种形式的市场经济？"

邓小平深深地吸了一口烟，说："这个只能是表现在外资这一方面。就我们国内来说，不存在这个问题。我们国内还是全民所有制，或者集体所有制。也还可能包括一部分华侨的投资，这部分也可能是资本主义经济的形式，但是绝大多数华侨都是带着爱护和发展社会主义祖国这个愿望来的，与纯粹的外国投资不同。人们有这样的怀疑：中国这样搞四化会不会走资本主义道路？我们肯定地说，不会。现在，我们国内的资产阶级已经不存在了。过去的资本家还有，他们的成分已经改变了。外资是资本主义经济，在中国占有它的地位。但是外资所占的份额也是有限的，改变不了中国的社会制度。社会主义特征是搞集体富裕，它不产生剥削阶级。"

邓小平话音刚落，林达光教授问道："您是不是认为过去中国犯了一个错误，即过早地限制了非资本主义的市场经济，这方面限制得太快，现在就需要在社会主义计划经济的指引之下，扩大非资本主义的市场经济作用？"

这个提问，引起了邓小平的思考，他把快吸完的香烟在烟灰缸里轻轻地掐灭，不慌不忙地说道："说市场经济只存在于资本主义社会，只有资本主义的市场经济，这肯定是不正确的。社会主义为什么不可以搞市场经济，这个不能说是资本主义。我们是计划经济为主，也结合市场经济，但这是社会主义的市场经济。虽然方法上基本上和资本主义社会的相似，但也有不同，是全民所有制之间的关系，当然也有同集体所有制之间的关系，也有同外国资本主义的关系，但是归根到底是社会主义的，是社会主义社会的。市场经济不能说只是资本主义的。市场经济，在封建社会时期就有了萌芽。社会主义也可以搞市场经济。同样地，学习资本主义国家的某些好东西，包括经营管理方法，也不等于实行资本主义。这是社会主义利用这种方法来发展社会生产力。把这当作方法，不会影响整个社会主义，不会重新回到资本主义。"

市场经济不是资本主义的专利！社会主义也有市场经济，社会主义也可以搞市场经济！

——邓小平的这次谈话，尤其是最后一段讲话，真可谓是开天辟地，这一经济理论的重大突破，也是石破天惊的发明创造！它不仅指明了中国经济体制改革所要选择的目标模式，也为人类社会的经济发展开辟了一条新的道路。

——让我们记住这一天，1979年11月26日。但是，邓小平的这个内部谈话在当时并没有公布，在党内也没有传达，更没有公开报道，就连《邓小平文选（1975—1982）》在1983年7月出版时，也没有收录。直到1994年10月此书改称《邓小平文选》第二卷再版时，这篇谈话才以《社会主义也可以搞市场经济》为题被增补收录，得以公开面世。

作为邓小平理论最为重要的篇章之一，这一谈话内容竟然沉睡了整整15年之久，足以说明中国经济体制改革与走向市场经济的道路，每一步都惊心动魄，每一步都充满艰辛。

45

1979年，除夕之夜，消失多年，作为封、资、修被禁止的交谊舞第一次出现在人民大会堂的联欢会上。随后，跳交谊舞风靡一时。除此之外，广告也第一次走进了中国人的生活。

1月28日，农历大年初一，就在邓小平乘坐专机经停上海访问美国的这一天，上海电视台播出了一则90秒钟的"参桂补酒"广告。这是中国大陆第一条电视商业广告。

3月，中央电视台播出了第一个电视商业广告——"幸福可乐"广告。此后，报纸、电台也开始有了商业广告。广告的出现，意味着市场经济力量开始进入一直被看作"党和政府喉舌"的广播电视行业，同时也说明电视节目的制作和运营在获得政府资金之外又获得了新的资金渠道。

香港《大公报》一名记者在当时的报道中说：广告的出现犹如一声长笛，标志着中国经济巨轮的起航。

道路由来曲折，征途自古艰难。

中国开放的步伐，到底有多么艰难？就让我们从一种现在连三岁孩子都知道的饮料进入中国的历程说起。

如今这种碳酸饮料大街上到处都是，甚至因为传闻长期饮用会产生某些危害，许多人已经对它敬而远之了。这种饮料，就是在1979年进入中国的。然而，在那个年代，对中国人来说，它不仅是喝不着的奢侈品，而且还是"西方资本主义生活方式"的代表。

它的名字就叫"可口可乐"（Coca Cola）。

说起可口可乐重新进入中国的故事，现在或许让人觉得有些啼笑皆非了。

1976年，中国的政局动荡不安。一天，中国驻美国联络处商务处来了一位美国客人，向商务处秘书佟志广[1]表达了一个愿望，即向中国出口可口可乐，并且希望能在中国建立可口可乐的灌装厂。此人不是别人，正是可口可乐公司（The Coca Cola Company）总裁马丁。

精明的马丁还向中国驻美联络处的人们免费赠送了可口可乐。为了表示诚意，马丁又邀请联络处官员到亚特兰大的可口可乐总部参观。这是很多美国企业的一贯做法，佟志广对这样的方式早已习以为常。他说："我想，看就看吧，不就是汽水厂嘛。"但这次参观，让佟志广惊讶不已。在可口可乐公司先进的生产线上，每瓶可乐全都由机器自动完成灌瓶密封，单位时间内的装瓶效率，比国内汽水厂的效率高出数倍。他感到美国人的"公司管理得非常好，产品质量控制也是我们远远不及的"。尽管对可口可乐刮目相看，但佟志广还是向马丁解释说：中国老百姓只在电影里见过可口可乐，而电影里的可口可乐又总和美国大兵联系在一起。朝鲜战争之后，可口可乐的形象已经不单是饮料那么简单了，当时的中国，还不可能接受可口可乐这个代表西方生活方式的产品。

对佟志广来说，可口可乐并不陌生。他第一次喝可乐是1948年的事了。那时他就尝过这种喝起来有点像止咳糖浆的汽水。其实，

---

[1] 佟志广，其后曾任外贸部副部长、中国加入WTO第二任首席谈判代表。

早在1927年，上海街头就悄然增加了一种饮料——"蝌蝌啃蜡"。多么奇怪的名字！但这还不是它最古怪的地方。它棕褐色的液体、甜中带苦的味道，以及打开瓶盖后充盈的气泡，让当时的中国人感觉到新鲜、好奇又有趣。但古怪的味道，加上古怪的名字，让这种饮料的销售市场并不见好。1930年5月，这家饮料公司也获得了迄今为止被广告界公认为翻译得最好的中文品牌名——可口可乐。[①]它不但保持了英文名的音译，还比英文名更有寓意，这两点形成了最关键的流行因子，即无论书面还是口头，"可口可乐"这个名字都易于传诵。这是可口可乐步入中国市场的第一步。1948年上海成为可口可乐海外首个销量超百万标箱的城市。然而，一年后，随着"蒋家王朝"的覆灭和美国大使馆的撤离，可口可乐也撤出了中国大陆市场。自此之后的30年内，大陆市场上再没出现过这种喝起来有点像中药的饮料。尽管中美交恶数十年，但是可口可乐方面对中国市场一直念念不忘，他们始终在等待时机，随时准备在第一时间进入中国。

1977年，佟志广回国后被分配在中国粮油食品进出口集团工作。此时，邓小平重回中国政治权力中心，国家的政局渐渐明朗。同年，马丁访问北京，约佟志广到自己下榻的北京饭店见面，又一次提出可口可乐重返中国市场的想法。实际上，马丁是前来探讨在中国建厂的可能性的。

佟志广问马丁："你认为现在时机成熟了吗？我们中国人能接受你的可口可乐吗？"

马丁回答说："现在中国有很多外国人，他们的父辈、祖父辈早

---

① 关于可口可乐中文译名的译者，学界也不少争议，有人认为是在英国教书的蒋彝，有人认为是当年供职于上海阿乐满法律事务所的知名华人律师李泽民，有人认为是"中国广告之父"林振彬。2018年3月7日，《中华读书报》发表杨金红的文章《可口可乐译者简考》，从可口可乐公司1957年的档案中看到一篇由阿乐满撰写的《Coca Cola商标之汉译》，详细记述了可口可乐1928年进入中国的境况和中文译名的生成，认为该译名是可口可乐公司中国负责人利维斯和阿乐满等人在众多商家的推荐中挑选确定的。

就习惯了有可乐相伴的生活，可口可乐进入中国，重点不是要卖给中国消费者，主要是针对国外消费者。到中国来旅游的外国人，特别是欧洲人和美国人，都离不开可口可乐，因为它差不多已经有80年的历史。现在这代美国人的爸爸、爷爷都是喝可口可乐长大的。欧美人习惯了它。美国年轻人不管到哪儿去，都只想喝可口可乐，有旅游者的地方就应该有它。至于你上次说到美国兵，我和美国兵没有其他联系，只不过我是生产者，他们是消费者，我们不过是个卖汽水加甜味来赚钱的公司。欧洲大部分国家都有可口可乐工厂，60年代以后，非洲、亚洲也有很多我们的工厂，那里很多年轻人也都习惯喝可口可乐，因此哪儿有需要，我们也会到哪儿，因为我是商人。"

佟志广又问道："可口可乐有股药味，为什么还有人喜欢？"

马丁说："实话告诉你，你说的那股药味就是中国的味道。可乐里面有中国的桂油！你说的近似咳嗽糖浆的味道，就是桂油的味道。没有桂油，可口可乐就不是这个味道了。"

后来佟志广查阅资料才发现，可口可乐公司确实一直在从中国购买桂油。即使在两国关系冰冻期，可口可乐仍想方设法从中国进口桂油。

到了1978年，中国的政治局势稳定向好，可口可乐进入中国有了希望。经过当时中粮总经理张建华和佟志广等人的努力，谈判进入了实质性的阶段。当时中粮的谈判代表是糖酒杂品处的副处长孙绍金，可口可乐公司的谈判代表是公司亚洲区代表李历生，谈判地点设在北京西苑宾馆。谈判前，孙绍金手握引进可口可乐的"尚方宝剑"——张李先念副总理手写的小字条，开始了谈判。当时张建华正在西苑宾馆开会，孙绍金边谈边向张建华请示，前后一共谈了三次。

最后，经时任对外经贸部部长李强的批准，1978年12月13日，中粮总公司与可口可乐公司达成协议，采用补偿贸易方式或其他支付方法，向中国主要城市和游览区提供可口可乐制罐及装罐、装瓶设备，在中国设专厂灌装并销售。在可口可乐装瓶厂建成之前，从1979年起，用寄售的方式由中粮总公司安排销售可口可乐。由此，可口可乐在退出中国大陆整整30年后重返中国市场，成为港澳地区之外第一家进入大陆的外资企业。

引人注意的是，就在可口可乐进入中国的协议签订后的第三天，1978年12月16日，中美双方政府发表声明，宣布中国和美国自1979年1月1日起建立外交关系。

1979年底，根据中粮总公司的安排，在香港五丰行的协助下，首批3000箱瓶装可口可乐由香港发往北京。但是，这些可口可乐不是卖给普通中国民众的，只有来华工作、旅游的外国人才能买到，销售地点主要是友谊商店及涉外的旅游宾馆。

当时，瓶装可口可乐是最高级的饮料。可是，瓶装可乐的生产、运输成本很高，美国人开始考虑在上海建一个瓶装可口可乐的工厂。他们之所以首选上海，是因为早在1927年可口可乐公司就在上海设立过工厂，该工厂在20世纪40年代已经成为可口可乐公司在海外最大的工厂。1949年可口可乐退出中国大陆时，周恩来总理指示，将可口可乐生产线拆下来运往北京。这条生产线经过改装，成为改革开放前著名的"北冰洋"汽水厂的第一条生产线。但是，中粮总公司与上海有关部门联系建可口可乐装瓶厂事宜时，却受到了强烈的抵制。为什么？因为那个年代，即使十一届三中全会已经召开了，邓小平号召人们解放思想，实事求是，一切向前看，但在当时许多人的观念里，引进可口可乐就等于卖国——"卖国主义""洋奴哲学""引进美国生活方式""打击民族工业"，种种声音一起向上海市政府压来。于是，可口可乐不得不放弃上海，改在北京建厂。在时任北京市委书记林乎加的支持下，装瓶厂最终落脚在北京五里店中粮公司下属北京分公司的一个烤鸭厂里。这个时候的可口可乐装瓶厂，其实只是烤鸭厂腾出来的一间厂房。

就在这个时候，中央的一位老同志提出来："中国的汽水就不能满足人民的需要吗？不能满足外国人的需要吗？非要喝可口可乐？"面对这类批评，中粮公司不得不专门写了报告，阐述了五点引进可口可乐的理由：一、改革开放外国人来得多了，可乐成为一种必备的饮料，中国应该满足这种需要；二、可口可乐配方用了中国的桂油等中药；三、中国尚未掌握软饮料生产罐装、瓶装技术，引进这套设施，有助于技术进步；四、每年花30万美元买浓缩汁，但产生的利润要比这30万美元多出二三倍；五、仅限其在北京设厂。国家还规定，可口可乐生产量不超过我国饮料总产量的5%。

1981年4月，可口可乐公司的这家装瓶厂就在北京的这间烤鸭厂厂房里正式投产了，产品仅限于供应宾馆，收取外汇。由于地处偏僻，当地没有自来水，只能取到井水，北京可口可乐厂面临的最大问题是如何保持水质。可口可乐公司在全美各地的厂家都是购买浓缩液后自己加水加料，生产出最终的可乐。但是各地的水质差别很大，怎么才能保证制作出来的可口可乐不变味儿？这事儿令佟志广疑惑了很长时间。后来，他在车间现场找到了答案——可口可乐公司拥有自己专用的净化水设备。可乐造出来之后，他喝了几口：还真是和在美国喝的一个味儿。此后，可口可乐公司又想在上海建设浓缩汁厂。由于配方保密，美方要求这个厂由可口可乐公司独资。但当时的中国尚不允许外资独资。后来，中方代表提了一个方案：可口可乐公司先建两个厂—— 一个浓缩汁厂，一个汽水厂，再把汽水厂白送给中方。然后，这两个厂组成一个联合董事会，中美各控股50%，组成一个合资企业。据当时在可口可乐公司负责中国公关业务、后升任公司副总裁的卢炳松说，在那个年代"我们把浓缩汁从浓缩汁厂运到隔壁的汽水厂，要提前半年申请配额，盖48个图章"。

可口可乐公司在北京建厂后，最初销售时卖到4元一瓶，大宾馆里则20元一瓶，非常贵；1982年初，在得到外经贸部许可后，才将供应大宾馆之后的剩余部分由北京烟糖酒公司投放北京市场内销。为了尽快打开中国市场，可口可乐总公司决定搞促销。这年冬天的一个周末，可口可乐公司在北京各大商场开展推销活动，买一瓶可乐，送一个气球或一双带包装的筷子。在那个物资紧缺的时代，购物赠物还是吸引了不少人，一时间人潮如涌。这也成为中国现代商品市场上第一次卖场促销活动。

可口可乐的这一促销活动，也立即在商场外引起强烈反应。《北京日报》内参以《可口未必可乐》为题，认为引进可口可乐浪费国家大量外汇资源。于是，又有中央领导在这份内参上批示：只准卖给外国人，不准卖给中国人。商业部根据批示，正式通知北京停止销售。一夜之间，所有的可口可乐都从商场的柜台里撤了下来。

为此，时任中粮公司糖酒杂品处处长陈光给《新观察》写文章反驳，该杂志拒绝发表。他们就写报告到对外经贸部，部领导的回答就是四个字——爱莫能助。怎么办？公司主管糖酒杂品处的副总经理朱晋昌和糖酒杂品处副处长刘昌玺就以"人民来信"的形式直接向中央领导反映情况。他们在信中说：北京生产的可口可乐有96%是国产原材料，可口可乐公司供应的浓缩液只占成本的4%。北京内销的可口可乐不仅没有花国家一分外汇，通过旅游饭店，还为国家赚回大量外汇。将剩余部分投放市场，一方面丰富市场供应，同时工厂可获得可观利润。他们的来信经陈慕华转交给了中央领导。最后，中央领导圈阅同意，可口可乐终于重新获得内销的权利。

可口可乐，是中国改革开放的标签，也是改革开放之初中外合资企业的晴雨表。

现在的中国人，几乎人人都喝过可口可乐，但有多少人知道可口可乐在1979年重新进入中国的故事呢？

46

1979年，中国改革开放的故事还有很多很多……

——这年元旦，国防部长徐向前发表声明，宣布从即日起停止对大金门、小金门、大担、二担等岛屿的炮击。至此，自1958年开始的人民解放军对金门等岛屿的炮击宣告结束。同日，中美两国正式建交。建交当日，美国政府宣布：与台湾断交，终止美台"共同防御条约"，从台湾撤出美国军队。

——这年春天，我们以和平的愿望开始，又不得不打了一场战争。2月14日，中共中央发出《关于对越进行自卫还击、保卫边疆战斗的通知》。我边防部队在广西、云南边境地区进行的自卫还击作战自2月17日开始，在完成预定作战任务后，全部撤回中国境内。3月1日，保卫边疆战斗结束。这场战争，现在或许渐渐被人们遗忘。但这场战争催生的文艺作品却广为流传。军旅作家李存葆创作的小说《高山下的花环》，被改编为同名电影，打动了亿万读者和观众的心；有一首名叫《十五的月亮》的歌曲更是家喻户晓，几乎人人会唱。

——这年春天，2月22日，全国人大常委会决定3月12日为植树节。从此，植树造林，绿化祖国，成为上至中央领导下至平民百姓的义务劳动。3月4日，在第一个植树节即将到来的时候，旅游，这种在中国已经消失了十多年、备受批判的"资产阶级生活方式"，重新回到了中国人的生活中。冷清多年的姑苏水乡、西子湖畔又出现了游人的身影。那时，旅游局还是个"吃皇粮"的事业单位，主要任务是搞政治接待，是外事接待活动的一部分，把大部分精力用在接待国际旅行社上。涉外旅游大多也是政府接待型服务，根本谈不上经济效益。一些外国游客在中国旅游的时候，忽然发现自己竟然成了中国人参观的一道"风景"。

——这年春天，在北京民族文化宫临时搭建起的"T"型台上，新中国的第一场时装表演在这里闪亮登场。从没有过类似经验的中国，以十分慎重的态度应对，入场券被严格控制，只限于外贸界与服装界的官员和技术人员进入。法国国际级服装设计师皮尔·卡丹和他的12名模特上演的这一场时装秀，挑战了国人的审美观念，一个崭新的职业也在这一年诞生。

——这年夏天，7月15日，75岁高龄的邓小平和家人一起徒步登上了安徽黄山之巅光明顶。他俯瞰云海和奇松之下那一片希望的田野，在观瀑楼发表了著名的"黄山谈话"。他说，黄山是发展旅游的好地方，是你们发财的地方。要有点雄心壮志，把黄山的牌子打出去。要搞好交通、住宿、设备等基础性工作。在这里，我们的资本就是山。要解放思想，开动机器，广开门路，增加收入。我们地大物博，这是我们的优越条件。现在全国人民有9亿，其中百分之八十是农民，这就成为中国现代化建设必须考虑的特点。

——这年秋天，8月28日至10月15日，因复刊不久的《大众电影》在第五期封底刊登了英国影片《水晶鞋与玫瑰花》中王子与灰姑娘在欧洲中世纪华丽宫殿中接吻的剧照，引发风波，开始了长达两个月的大讨论，收到来信来稿11200余封，颇有声势，成为一次"思想解放"和"百花齐放"的大讨论。也在这一年，我们以和平的愿望出发，但又不得不打了一场边境自卫还击战。战斗结束，催生了以电影《高山下的花环》、歌曲《十五的月亮》为代表的一大批优秀文艺作品，一时间"军功章呵，有我的一半，也有你的一半"，流行于城市与乡村，甚至成为调解夫妻之间的矛盾和不和的"良药"。

——这年冬天，11月26日，国际奥委会在瑞士洛桑表决通过了名古屋决议：中华人民共和国使用"中国奥林匹克委员会"的名称，设在台北的奥委会修改旗帜及歌曲，改用"中华台北奥林匹克委员会"的名称继续留在国际奥委会内。这就是著名的"奥运模式"。中国在时隔21年之后回到了奥运大家庭。国际奥委会前主席萨马兰奇说："国际奥委会找到了台湾参加奥运会的解决办法，这项成果是无先例的。"这不仅为中国运动员全面登上国际体坛创造了条件，同时也为海峡两岸运动员的交往架起了桥梁。"奥运模式"成为邓小平"一国两制"构想在体育领域的最早体现。

改革开放的故事，还有很多很多。当然，精彩仍在继续。

1979 年邓小平登黄山。

"相信我们现在的娃娃会完成这个任务"

47

1978年1月1日，中央电视台的《新闻联播》开播。

即使是在网络资讯如此纷繁复杂使人眼花缭乱且已做到即时传播的今天，谁也不能否认《新闻联播》依然是中国大陆信息发布最权威、知名度最广，全世界观众数量最多的电视栏目，被誉为"中国政治、经济的风向标"，而它的播音员则被称作"国脸"。据说，台湾著名音乐人李宗盛在大陆就养成了每天坚持收看《新闻联播》的习惯，以此作为"采风"激发自己的创作灵感；而曾经在中国最为出名的股民"杨百万"也有每天收看《新闻联播》的"癖好"，这些股市的老手们甚至觉得《新闻联播》是字字都值得玩味的股市晴雨表。

中国的政治和社会生活，就这样在悄悄地发生着你看得见或者看不见、说得出或者说不出的变化……

祖国日新月异，社会欣欣向荣，生活蒸蒸日上，诗人们也情不自禁地向祖国发出了深情的呼喊，唱出了心中的爱国之歌：

我是你河边上破旧的老水车，
数百年来纺着疲惫的歌；
我是你额上熏黑的矿灯，
照你在历史的隧洞里蜗行摸索；
我是干瘪的稻穗，是失修的路基；
是淤滩上的驳船
把纤绳深深
　　勒进你的肩膊，
——祖国啊！

我是贫穷，
我是悲哀。
我是你祖祖辈辈
　　痛苦的希望啊，
是"飞天"袖间
千百年未落到地面的花朵，
——祖国啊！

我是你簇新的理想，
刚从神话的蛛网里挣脱；
我是你雪被下古莲的胚芽；
我是你挂着眼泪的笑涡；
我是新刷出的雪白的起跑线；
是绯红的黎明

正在喷薄；

——祖国啊！

我是你十亿分之一，

是你九百六十万平方的总和；

你以伤痕累累的乳房

喂养了

迷惘的我、深思的我、沸腾的我；

那就从我的血肉之躯上

去取得

你的富饶、你的荣光、你的自由；

——祖国啊，

我亲爱的祖国！ [①]

　　1979年春天，27岁的女诗人舒婷写下了这首诗歌。深沉的历史感与强烈的时代感相互交融，涌动着摆脱贫困、挣脱束缚、走向新生的激情，令人荡气回肠。一时间，篝火边、晚会上，这首《祖国啊，我亲爱的祖国》，成为中国青年传诵率最高的诗歌。随之，舒婷、北岛、顾城等一批青年诗人创作的朦胧诗风靡中国，引发中国诗坛"大爆炸"，"懂与不懂"的争论背后实际上包含着创新和传统的争论，也可谓中国诗坛的一次思想大解放。曾任国家文化部部长的著名作家王蒙在《不成样子的怀念》一书中回忆说，胡乔木对朦胧诗给予支持，"对舒婷是友好的。他说：'如果这样的诗还看不懂，那就只能读胡适的《尝试集》了。'"

　　但，就像舒婷的诗歌所写的一样，我们不得不承认，1979年的

---

① 此诗曾入选人教版《语文》九年级下册等教材。

中国，还是一个贫穷的中国、落后的中国。中国自古以来就是大国，但贫穷落后的大国，在国际地位上就是小国。

俗话说：儿不嫌母丑，狗不嫌家穷。祖国贫穷落后，儿女更应奋发图强。无论是贫穷，还是富有，中华儿女对祖国的爱，从未改变。

中国要向真正的大国迈进！

中国必须成为真正的大国！

这一步，还有多远？

1840年以来，中华民族多少仁人志士都在思考，都在奋斗，抛头颅洒热血，在所不惜，万死不辞。现在，历史的重担落在了这一代共产党人的肩上，落在了邓小平的肩上。

邓小平在思考……

48

现在是1979年12月6日。让我们来到北京，来到人民大会堂。

今天，邓小平在这里会见日本首相大平正芳。

大平正芳是中国人民的老朋友，为人厚道，重信誉，在国际上有很好的口碑。1972年，他是田中内阁的外交大臣，在实现中日邦交正常化中功不可没。中国人了解他，把他作为日本杰出的政治家，其实他还是一位卓越的经济学家。他自己称自己为"笨牛"，终日奔波不息，人们却把他比喻成"盘磨"，不断地滚动向前，身后留给人们一片碾好的粮食。

在1978年访日前，邓小平从未与大平正芳有任何接触。但是，到达东京的第二天，在已经见过大平正芳的情况下，邓小平决定再次专程拜访大平正芳，向他请教经济发展的问题。正是这一次拜访，大平正芳向邓小平讲述了战后日本经济发展的状况。他把战后日本经济分为四个时期，即战后恢复期、奠定基础期、高速增长期和多样化时期，重点讲述了倾斜式经济发展模式。

大平正芳说，经济落后的时候，就是要抓住机遇，重点突破，把有限的钱和物用到关键的领域中去，对重点产业采取重点扶持的策略。他还介绍了日本的国民所得"倍增计划"。邓小平提出中国经济翻两番的发展计划，就是受到大平正芳的启发。大平正芳认为，要树立经济发展的目标和增长的具体指标。方向明确，才能不断地激励全民族为之奋斗。他还告诉邓小平，如果说日本战后有什么体会的话，那就是以经济为中心，开放门户，抓住机遇，重点突破。这一次访问，中日双方签订了一系列贸易合作协议。

1979年1月，邓小平访美，在赴美的飞机上临时决定给大平正芳发电报，提出几天后在东京长谈，大平正芳欣然应诺。此时，大平正芳已出任日本内阁总理大臣，他同邓小平谈话的核心内容是：将全面支持中国的改革开放和经济建设。正是这次，大平首相正式提出了中国可以利用日本政府日元贷款的问题。

大平正芳是12月5日抵达北京，开始对中国进行正式访问的。日本要寻求投资市场，一衣带水的中国当然是最好的地方。但是，中国市场是否靠得住，与中国政府制定的经济发展战略关系密切。中国政府一直宣称，要到20世纪末实现"四个现代化"，这到底意味着什么，具体内容和目标什么，包括大平正芳在内的日本人并不十分清楚。这次访问，大平正芳带来了一个包括诸多金融巨子的庞大代表团，主要就是商讨向中国投资的问题。投资有没有风险、有没有效益，这是投资人首先要考虑的问题。所以，大平正芳就是希望通过这次访问，从邓小平那里得到一个准信儿。

12月6日上午，邓小平和大平正芳进行了会谈。因为彼此都十分熟悉，且相互信任，会谈就更加亲切、轻松和愉悦。邓小平对这次会晤极其重视，按照事先拟定的议题，做了充分的准备。

1979年12月邓小平会见日本首相大平正芳。

就在会谈进行到一半的时候，大平正芳绕开事先拟定的议题，突然问邓小平："中国根据自己独自的立场提出了宏伟的现代化规划，要把中国建设成为伟大的社会主义国家。中国将来会是什么样？整个现代化的蓝图是如何构想的？"

其实，大平正芳就是想探问一下中国的现代化究竟怎么搞，究竟要达到什么水平，他希望在邓小平这里摸摸底。但这个问题，确实太重要了，是关乎中国未来发展的大问题。

对于大平正芳的提问，邓小平没有立即做出回答。他吸着烟，陷入了沉思。会谈似乎陷入了停顿的状态，大厅里鸦雀无声，只听得见钟摆的嘀嗒声。所有人都把目光集中在邓小平的身上。

整整过了一分钟。好漫长的一分钟。

仅仅过了一分钟。多短暂的一分钟。

这时，邓小平表情凝重地看着大平正芳，吸了一口烟，缓缓地说道：

我们要实现的四个现代化，是中国式的四个现代化。我们的四个现代化的概念，不是像你们那样的现代化的概念，而是"小康之家"。到本世纪末，中国的四个现代化即使达到了某种目标，我们的国民生产总值人均水平也还是很低的。要达到第三世界中比较富裕一点的国家的水平，比如国民生产总值人均一千美元，也还得付出很大的努力。就算达到那样的水平，同西方来比，也还是落后的。所以，我只能说，中国到那时也还是一个小康的状态。当然，比现在毕竟要好得多了。到了那个时候，我们有可能对第三世界的贫穷国家提供更多一点的帮助。那个时候，中国国内市场比较大了，相应的，与国外的经济交往，包括发展贸易，前景就更加宽广了。[①]

家喻户晓的"小康"概念，就在这既漫长又短暂的一分钟里被提出来了。

邓小平的解释让大平正芳获得了满意的答案，他满脸笑容，连连点头，说："我明白了。"

大平正芳放心了。他知道，向中国投资，可靠。

就在这次会谈中，大平正芳决心要为中国的现代化做贡献，于是启动了向中国提供长期低息日元贷款的计划，当年即提供数额500亿日元的贷款，对苦于资金匮乏的中国可谓雪中送炭，解了燃眉之急。同时，他还决定在人才培养方面提供无偿援助，被称为"大平

---

① 《邓小平文选》第二卷，人民出版社1994年版，第237—238页。

学校"的人才培养计划也就是从这时开始的。

对大平正芳对中国现代化的支持，邓小平非常感激，他坦诚地说："就我们方面来说，希望项目更多一些，数目更大一些，这是我们的希望。但第一次政府间的贷款，就实现这么一个目标也不错，而且你们的贷款都确定了具体项目，这就不一样，这反映了我们中日两国之间的合作方式更实在一些。"

这天中午，邓小平便设宴招待了大平正芳和夫人。大平正芳被邓小平的真情深深打动，在参观与日本有着深厚文化渊源的古都西安时，他挥毫写下"温故知新"四个大字。

温故知新，多好的成语啊！只有温故，才能知新。

12月8日，邓小平为大平正芳和夫人送行，两人又进行了短时间的谈话。邓小平说："中日两国领导经常接触，很有好处。现在是多事之秋，形势只会越来越复杂，不会越来越单纯。中日两国不仅要加强理解，还要加深依赖，你们面临的威胁不是我们，我们面临的威胁也不是你们。中日两国一衣带水，有很多条件可以互通有无，取长补短。首相一行这次来中国访问不仅能够发展中日两国友好合作关系，而且对国际形势将产生重大的积极影响。再过二十多天，就要进入八十年代，我希望首相阁下这次访华的成果至少要管到八十年代。"

在别离中国的酒会上，大平正芳则引用唐诗"知有前期在，难分此夜中"，表达了自己的心迹。

邓小平和大平正芳在1979年12月6日会谈的内容，后来被收入《邓小平文选》第二卷，题目为《中国本世纪的目标是实现小康》。后来，邓小平还曾说："我怀念大平先生，我们提出在本世纪内翻两番，是在他的启发下确定的"，"大平首相1979年问我，要达到什么目标，步子怎么走？把我问住了，我有一分钟没有答复，接着我才说，我设想到本世纪末，那时还差20年左右，如果80年代翻一番，

90年代翻一番，那么，在250美元的基础上，就可以达到800和1000美元"。

1980年，大平正芳去世，邓小平亲自去日本驻华大使馆吊唁。他对日本外相伊东正义说："大平先生的去世，使中国失去了一位好朋友，对我个人来说，失掉了一位净友，我感到非常惋惜。尽管他去世了，中国人民还会记住他的名字。"

1982年，中共十二大正式修订了中国到本世纪末经济发展的目标和战略，一致通过了邓小平提出的"小康"目标。从此，"小康"一词不胫而走，成为中华民族伟大复兴道路上最闪亮的主题词。

从历史渊源来说，"小康"一词，最早出自我国第一部诗歌总集《诗经》。《诗·大雅·民劳》中曰："民亦劳止，汔可小康。惠此中国，以绥四方。"作为一种社会发展模式，"小康"最早在西汉学者戴圣所编的古代儒家经典《礼记·礼运》中有过系统阐述。《礼运》假借孔子与言偃对话的口气说道："大道之行也，天下为公。选贤与能，讲信修睦，故人不独亲其亲，不独子其子。使老有所终，壮有所用，幼有所长，矜寡孤独废疾者，皆有所养。男有分，女有归。货，恶其弃于地也，不必藏于己。力，恶其不出于身也，不必为己。是故谋闭而不兴，盗窃乱贼而不作，故外户而不闭，是谓大同。今大道既隐，天下为家，各亲其亲，各子其子，货力为己。大人世及以为礼，城郭沟池以为固，礼义以为纪，以正君臣，以笃父子，以睦兄弟，以和夫妇，以设制度，以立田里，以贤勇知，以功为己。故谋用是作，而兵由此起。禹、汤、文、武、成王、周公，由此其选也。此六君子者，未有不谨于礼者也，以著其义，以考其信，著有过，刑仁讲让，示民有常。如有不由此者，在埶者去，众以为殃。是谓小康。"[1]

---

① 《礼记》，上海古籍出版社1987年版，第120—121页。

《礼记·礼运》描绘了封建社会那个历史时期人们所期望的大同社会和小康社会的图景。什么是大同社会？大同社会是一个财产公有、政治民主、社会文明、社会保障健全和社会秩序稳定的理想社会形态。什么是小康社会呢？小康社会的经济特征是财产、劳动力私有，政治特征表现为阶级礼制，伦理特征是等级规范制，社会保障模式是家庭赡养制，社会秩序的维持靠兵刑制。显而易见，从古代儒家思想的渊源看，"小康"是一种仅次于"大同"的理想社会模式。从现在的观点看，它描述的是随着社会规模的扩大，由氏族社会向生产分工文明社会的转化，在土地私有制的基础上建立起来的"天下为家"的社会形态。近代以来，康有为曾经用近代资产阶级价值观对儒家小康社会思想进行了改造。孙中山也曾借用"大同""小康"来表达其革命理想。20世纪40年代，费孝通曾借用"小康"来表达其关注民生的工业化主张。

现在，邓小平古为今用，不仅借鉴了古代的小康社会思想内涵，也借用了人民群众中广泛流传的关于小康生活的概念，并在这个基础上对"小康"进行了新的理论阐释——"小康之家"和"小康社会"。"小康之家"是指人民群众的个体的经济生活水平，而"小康社会"是指整个国家和社会的发展水平和综合实力。"小康之家"和"小康社会"是互相促进、互为补充的。所以，"小康"作为中国特色社会主义的新概念，就具有了小康生活和小康社会的双重内涵。实际上，邓小平对自己的小康思想解释得十分清楚。1981年4月14日，他在会见由会长古井喜实为团长的日中友好议员联盟访华团，讲到"中国式的现代化"概念时说："1979年我跟大平首相说到，在本世纪末，我们只能达到一个小康社会，日子可以过。"这一表述准确地告诉我们，作为世纪末奋斗目标的"小康"，是指进入小康社会。他接着说："经过我们的努力，设想十年翻一番，两个十年翻两番，就是达到人均国民生产总值一千美元。经过这一时期的摸索，看来达到一千美元也不容易，比如说八百、九百，就算八百，也算是一个小康生活了。"①这就是说，小康社会是人均国民生产总值达到八百或一千美元的社会，那时人们也就过上了小康生活。

翻两番，奔小康。把中国建成"小康社会"，让人民拥有"小康生活"，邓小平的目标非常清晰。他深情地说："我虽然活不到那个时候，但有责任提出那个时候的目标。"

1984年4月，在会见英国前外交大臣杰弗里·豪时，邓小平说：与我们的大目标相比，这几年的发展仅仅是开始。达到"小康"水平以后，我们还要在下个世纪30年到50年内，接近发达国家水平。此后，他又多次对这个目标进行了反复论述。

1987年4月30日，邓小平在与西班牙政府副首相阿方索·格拉的会见中谈及中国经济发展的战略目标时，胸有成竹地和盘托出了一幅中华民族百年图强的宏伟蓝图，具体、清晰地阐述了分三步走实现现代化的发展战略。他深情地说：

我们原定的目标是，第一步在八十年代翻一番。以一九八〇年为基数，当时国民生产总值人均只有二百五十美元，翻一番，达到五百美元。第二步是到本世纪末再翻番，人均达到一千美元。实现这个目标意味着我们进入小康社会，把贫困的中国变成小康的中国。那时国民生产总值超过一万亿美元，虽然人均数还很低，但是国家的力量有很大增加。我们制定的目标更重要的还是第三步，在下世纪用三十年到五十年再翻两番，大体上达到人均四千美元。做到这一步，中国就达到中等发达的水平。这是我们的雄心壮志。已经过去的八年多证明，我们走的路是对的。但要证明社会主

---

① 《邓小平年谱（1975—1997）》（下），中央文献出版社2004年版，第732页。

义真正优越于资本主义，要看第三步，现在还吹不起这个牛。我们还需要五六十年的艰苦努力。那时，我这样的人就不在了，但相信我们现在的娃娃会完成这个任务。①

瞧！邓小平说得多好啊——"相信我们现在的娃娃会完成这个任务。"

这是信心，也是决心，更是共产党人的初心！

这是历史的嘱托，也是人民的重托；这是民族的希望，也是国家的希望，沉甸甸的。

49

"路漫漫其修远兮，吾将上下而求索。"屈原的天问，表现的正是中国人厚德载物、自强不息的伟大情怀。在那个伟大转折的历史现场，在那个改变中国命运的历史时刻，中国人民在探索改革开放的整个过程中，究竟还有多少我们不知道的故事，还有多少我们难以想象的艰辛，还有多少我们无法体会的困难和挑战，还有多少我们怀念和纪念的人和事……

那就让我们回到那个历史的现场，回到20世纪80年代"娃娃"们中间，看看"娃娃"们能不能完成这个任务，接过这个重担，"娃娃"们都在想什么、做什么。

就在这个时候，《中国青年》杂志在1980年第五期上刊登了一封署名"潘晓"的读者来信，题目是《人生的路呵，怎么越走越窄……》，那一份沉重、幽怨、郁闷、诚挚和激愤，今天读来也令人

---

① 《邓小平年谱（1975—1997）》（下），第1183页。

动容。

编辑同志：

我今年23岁，应该说才刚刚走向生活，可人生的一切奥秘和引力对我已不复存在，我似乎已走到了它的尽头。回顾我走过来的路，是一段由紫红到灰白的历程；一段由希望到失望、绝望的历程；一段思想的长河起于无私的源头而最终以自我为归宿的历程。

过去，我对人生充满了美好的憧憬和幻想……

但是，我又一次地失望了。

我相信组织。可我给领导提了一条意见，竟成了我多年不能入团的原因……

我求助友谊。可是有一次我犯了一点过失，我的一个好朋友，竟把我跟她说的知心话悄悄写成材料上报了领导……

我寻找爱情。我认识了一个干部子弟，他父亲受"四人帮"迫害，处境一直很惨。我把最真挚的爱和最深切的同情都扑在他身上，用我自己受伤的心去抚他的创伤。有人说，女性是把全部的追求都投入爱情，只有在爱情里才能获得生命的支持力。这话不能说没有道理。尽管我在外面受到打击，但我有爱情，爱情给了我安慰和幸福。可没想到"四人帮"粉碎之后，他翻了身，从此就不再理我……

我躺倒了，两天两夜不吃不睡。我愤怒，我烦躁，我心里堵塞得像要爆炸一样。人生呵，你真正露出了丑恶、狰狞的面目，你向我所展示的奥秘难道就是这样？！

我体会到这样一则道理：任何人，不管是生存还是创造，都是主观为自我，客观为别人。就像太阳发光，首先是自己生存运动的必然现象，照耀万物，不过是它派生的一种客观意义而已。所以我想，只要每一个人都尽量去提高自我存在的价值，那么整个人类社会的向前发展也就成为必然了。这大概是人的规律，也是生物进化的某种规律——是任何专横的说教都不能淹没、不能哄骗的规律！

人生的路呵，怎么越走越窄，可我一个人已经很累了呀，仿佛只要出一口气，就意味着彻底灭亡。真的，我偷偷地去看过天主教堂的礼拜，我曾冒出过削发为尼的念头，甚至，我想到过去死……心里真是乱极了，矛盾极了。

编辑同志，我在非常苦恼的情况下给你们写了这封信。我把这些都披露出来，并不是打算从你们那里得到什么良方妙药。如果你们敢于发表它，我倒愿意让全国的青年看看。我相信青年们的心是相通的，也许我能从他们那里得到帮助。

潘　晓

1980年4月

一封潘晓来信，轰动了整个中国。

一封潘晓来信，引发了一场关于人生观、价值观的大讨论——"潘晓讨论"。

潘晓的信，不是潘晓一个人的心声，而表达的是那一代青年人在改革开放初年对人生、理想、爱情、事业上的困惑、痛苦和迷茫。如今，我们再看这封信，其中的观点早已不足为奇。信中关于人生的探讨相对于价值多元的今天也已不再振聋发聩，而当下宽松的舆论环境也已使得信中毫无忌讳的表达方式不再显得离经叛道。但是时光倒转到1980年，那时"文化大革命"结束不久，中国正处于社会大变革大转折的微妙节点上，国家未来的路该怎么走，老百姓心中似乎尚未明确；"真理标准"问题大讨论之后，旧的思维方式受到了挑战和质疑，但仍然占据着统治地位；政府和社会的干涉无处不在，个人事情，小到吃饭穿衣，中到夫妻打架离异，大到就业离职，可谓无孔不入。比如：

——1978年，中国城市的青年开始流行穿喇叭裤、留长头发、戴蛤蟆镜、跳迪斯科，社会上议论纷纷，说这是学西方的颓废派，这些行为也就成了不正经、不三不四、流里流气的代号，有的单位甚至在大门口设岗，见谁穿喇叭裤就把裤腿剪掉。后来，《中国青年报》考证后撰文说，"喇叭裤"最早来源于唐代壁画"飞天"，中国古代舞蹈人物穿的就是喇叭裤，这才平息了风波。

——1979年5月，复刊不久的《大众电影》在第五期封底刊登了英国影片《水晶鞋与玫瑰花》中王子与灰姑娘在欧洲中世纪华丽宫殿中接吻的剧照，同样引起轩然大波。一位读者写给《大众电影》的信中称："万没想到在毛主席缔造的社会主义国家，经过'文化大革命'的洗礼，还会出现这样的事情。你们竟然堕落到和资产阶级杂志没有什么区别的程度！"在信中，作者明确表示，如果有胆量，就在《大众电影》读者来信栏原文照登这封信，让全国的观众看到"百花齐放"的味道。后来，《大众电影》为了分清是非，全文刊登这封来信，同时展开了一场颇有声势的读者讨论，持续了四五期。在刊登这封信之后，从8月28日至10月15日不到两个月的时间里，《大众电影》编辑部就收到来信来稿11200余封，一张接吻的剧照也上升到了"思想解放"的高度。

——1979年10月，首都机场出现的女裸体壁画的作者袁运生被人称作"高级流氓"，美术界对此也提出质疑，赞成者和反对者相持不下，上升到政治层面，最终不得不让画家让裸女重新"穿"上一层透明的纱衣，后来又在壁画前立起一堵用三合板做的假墙，把壁画完全封住。

——1979年，港澳台流行歌曲伴随着刚刚兴起的"砖头式"录音机和盒式录音带进入大陆，改变了中国乐坛以革命歌曲、美声唱法歌曲和民歌一统天下的局面。人们在听了几十年的"高、响、硬、亮"的传统音乐模式后，受到了"低、慢、柔、软"的流行腔调冲击。台湾歌手邓丽君重唱的抗战时期电影《孤岛天堂》的插曲《何日君再来》被称作"汉奸歌曲""黄色歌曲"。而上海著名歌唱家朱逢博演唱的《向台湾亲人问候》《窗前的灯光》，因为运用了流行音乐的滑音、装饰音，也遭受非议，被称为"黄色歌曲"，并有人编造离奇"艳史"对她进行人身攻击。而北京的歌唱家李谷一也成为全国的新闻人物，她的一曲《乡恋》风靡全国，却被污蔑为"黄色歌曲""格调低下""毫无价值"，一下子从"歌坛新秀"变成了所谓的"黄色歌女"。有文章说她是"资产阶级音乐潮流和靡靡之音的典型代表"。她甚至收到中央乐团领导的"最后通牒"："如果再这样下去，乐团的土壤就不适合她存在了。"但她同时也收到1000多封听众来信的支持。1980年夏天，她在天津演出时，因为节目单上没有《乡恋》，在她谢幕时，所有的观众竟然异口同声地高喊："《乡恋》!《乡恋》!"主办方不得不同意李谷一演唱了这首深受百姓喜爱的歌曲。

——这就是那个时代真实的历史现场。

新旧思想的交锋，无论是社会，还是个人，都卷入其中。今天的我们当然不能简单地用"对"或者"错"来评价那个时代，以及那个时代的人和事，这一切当然也不是今天的我们茶余饭后轻松的笑料，这是一个国家在前进道路和发展过程中必须要经历的一个过程，就像一部宏大叙事中的一个插曲。在这样的境况下，我们完全可以想象"潘晓来信"的横空出世，其言论之大胆直率，其观点之前卫尖锐，不亚于一场思想风暴，让受"又红又专""大公无私""毫不利己专门利人"的集体主义教育长大，却又萌生出社会困惑的青年一代大为震撼。信中对被奉为金科玉律的人生观念的胆大妄为的挑战和颠覆，对一直被压抑的自我价值的呼唤和呐喊，都激发了人们普遍的共鸣和拥护。他们心底的某些东西似乎轰然坍塌，一直蛰伏着的某些东西又被猛烈地震醒。人生的意义是什么？人生该往何处去？他们开始质疑和思索。"这是一颗真实的、不加任何粉饰的信号弹，赤裸裸地打入生活，引起反响。"山西太原的读者贺海毅在来信中表达出的自己阅读后的感受，应该说十分贴切。

"信号弹"既已升空，一场席卷全国的人生观大讨论随之爆发。"潘晓讨论""热"了整个1980年的夏天。至6月9日，在不足一个月的时间内，《中国青年》编辑部就收到读者来信两万多件。最初的大量来信，在对人生的意义表达看法的同时，几乎都对这场讨论本身表示了强烈的感激和敬佩。有的说："全国多少青年和潘晓一样，在希冀着心灵的甘露，在渴望着点燃青春的炬火。"有的说："真实，有时虽然是丑恶的，但它要比那些粉饰和虚伪的东西有力一百倍！"有的说："一个诚实人的心声，能唤起一大群诚实人的共鸣！"有的说："谢谢敢写的人和允许发表的人！"甚至还有许许多多的读者，寄来钱和包裹，向"潘晓"这个"弱女子"献上同情和爱心。有赞成就有反对，有许多基层领导对开展这场讨论进行了强行压制，甚至把这一期《中国青年》当成了禁书，还有人写信谩骂编辑部是"纵火犯"，将发表这封信上纲为"阶级斗争的新动向"。

几十年过去，今天的我们已经知道，"潘晓"的"潘"是北京经济学院学生潘祎，"晓"是北京第五羊毛衫厂的青年女工黄晓菊。当时，《中国青年》杂志的编辑分别向两人约稿，最后从潘祎和黄晓菊的名字里各取一个字合成了"潘晓"这个笔名。尽管没有"潘晓"这个人，但两个人的稿件合并在一起，表达的却是那个年代青年们的共同心声，那是那个时代青年的声音，那么逼真，那么动人，那么扣人心弦。"潘晓"可谓是那一代青年的"代言人"。

谁的青春不迷茫？用现在的话说，就是"理想很丰满，现实很骨感"。人生路上，每一代人都有自己的困惑，每一代人都有自己的困难，每一代人都要付出牺牲。当然，每一代人也都会收获自己的成功和幸福。在经历过十年"文化大革命"的封闭和压抑之后，改革开放的时代，"潘晓来信"终于让青年们发出了内心的呼喊，如同鲁迅先生"铁屋子"里的呐喊一样，"潘晓讨论"就像二月的河流在春风的吹拂下获得了解冻，获得了释放，一江春水向东流……因此，有人形容"潘晓讨论"是改革开放之初"一代中国青年的思想初恋"。

　　"潘晓讨论"不仅赢得了那一代中国青年人的心，也引起了中央领导的关注。6月18日下午，负责意识形态的中央书记处书记胡乔木在团中央书记处常务书记胡启立的陪同下来到了《中国青年》编辑部。胡乔木与编辑部负责人关志豪、郭楠柠等进行了近三小时的谈话，脸上一直挂着和蔼慈祥的微笑。

　　40年前的1939年4月，胡乔木在延安就受命担任了刚刚复刊的《中国青年》的主编，而在他还是一个初中二年级学生的时候，这本由恽代英主编的杂志就在其生命的意识形态最初形成的时刻，指引着他走上了革命的道路。更值得一提的是，1939年的5月，《中国青年》第一卷第二期发表了胡乔木为纪念五四运动20周年的文章《青年运动中的思想问题》。在这篇6000多字的文章中，胡乔木说："在中国，接受革命思想最快、传播革命思想最努力的，是中国的来自民间的青年知识分子，因为他们既有受新式教育和阅读新出书报的便利条件，又比任何人更加痛切地觉到民族压迫和民族屈辱，而他们对于旧社会又较少留恋。在革命发展的无论哪一个阶段，这些青年总努力学习当时最进步的理论，献身于实现当时最高尚的理想。这种精神，正是青年之宝。因为有这种精神，他们才不致过了年岁，就与旧社会同流合污；因为有这种精神，他们才有可能永远充满青春的进取朝气。"[①]毛泽东看到这篇文章后，十分赞赏，亲自"点将"

---

①　丁晓平：《中共中央第一支笔（胡乔木传）》，中国青年出版社2011年版，第45页。

胡乔木担任了自己的秘书。

27岁的胡乔木写的这篇《青年运动中的思想问题》，和"潘晓来信"一样，可谓是不同时代的青年人的思想和青春轨迹的真实写照。或许，胡乔木在看到"潘晓来信"后，也想起了自己的青春岁月吧？

两个月后，《中国青年》在1980年第8期以《胡乔木关心人生意义的讨论》为题，发表了胡乔木的几段讲话：

> 个人主观上为自己，客观上为别人，在法律上、经济上是允许的。在工厂劳动，劳动得好，得了奖励，受了表扬，他也为社会增加了利益。他可以是一个善良的公民，他客观上是为了别人的，因为他做的不是坏事，不是损人的……对上述这种人不能耻笑，不能否定。但是，他还没有提到一定的道德水平上。他要主动地为一种好的目标奋斗，就不可能仅仅为自己，他必须自觉地和社会利益协调起来。为多数人还未看到的一种理想去奋斗，去发明，去创造，要求付出一般人不容易付出的努力，这是对共产党员的要求，不能拿来作为所有的人的要求。不能拿对共产党员的要求作为对一般人的道德标准……为个人与别人的答案允许不同，这样才能让他觉得有希望。都提到一样的水平也是不可能的。通过讨论要使多数人弄懂一个道理，我不去侵犯别人是道德的起码要求。为自己和别人是可以统一的……为人民的利益也有为自己的一份在内……要使多数人相信我们这个社会是为了各个人的利益的，不然共产党干革命、搞"四化"为什么？还不是为了各个人的利益？如果成天是为了牺牲个人利益，那最终又是为了什么？共产主义就是要为了所有各个人的利益。"主观为自我，客观为别人"不违反我们的规范。当然也要提倡遇到别人有困难要去帮助。

在1980年，胡乔木能够说出这么一段话，真可谓"冒天下之大不韪"，今天读来依然令人震惊。胡乔木不仅实事求是地肯定了"主观为自己，客观为别人"的合理性，而且大胆地具有突破性地提出了道德是分层次的观点，甚至提出了共产党干革命、搞"四化"和共产主义最终都是要为了所有各个人的利益的观点。这不仅仅是一个超前的思想问题，而需要巨大的政治度量和理论勇气，也符合为人民服务的宗旨。

　　"潘晓讨论"一时间成为人们广泛关注的焦点，从春天持续到夏天。美联社、路透社、法新社等各大国际大通讯社也纷纷做了报道；国内的《人民日报》首先报道了《中国青年》开展人生意义讨论的消息，并在评论员文章中称赞这一场讨论"把青年思想深处的东西端了出来，进行真正同志式的讨论，是感人至深的"。新华社在报道这场讨论的盛况时也肯定"只有了解青年，才能帮助青年；只有实事求是，才能解决问题"。《中国青年报》将"潘晓"的信摘要发表，之后也开设了"人生的意义究竟是什么？"讨论专栏。

　　6月20日，中宣部部长王任重在《〈中国青年〉读者来信摘编》上批示，让编辑部"向书记处写一个情况反映"，并表态说："对潘晓的同情、支援表现了我们有许多'助人为乐'的好青年！可以报道！这是我们社会主义社会好风尚的表现！"随后，《中国青年》编辑部专门给中央书记处写了情况反映，通过中宣部编印的《宣教动态》转发后，印发给出席中央宣传工作会议的代表。

　　而在社会上，越来越多的读者或打电话或直接找到编辑部要见作者潘晓，社会上甚至出现了一些被别人指认为潘晓和自己冒充潘晓的人，还有许多新闻单位的记者成天堵在编辑部提出直接采访潘晓的要求。

　　在这种情况下，8月20日，中央电视台在《新闻联播》节目之后播放了采访黄晓菊的专题报道。黄晓菊在亿万观众面前对那封信做了说明，最后的表态富有哲理耐人寻味，以至成为人生格言被许多人传诵。她说：

"我们不能因为社会上存在着垃圾，就像苍蝇那样活着！"

说得真好！

人生的意义是什么？人生该往何处去？

我们为什么要活着？我们应该怎样活着？

——这绝对不是一代人的疑问，而是人类进入文明史之后永恒的人生话题。

回到那个时代的历史现场，在那个大国转折的时刻，在那个改变中国命运的时刻，每一个中国人的个体的命运也正在随之转折，随之改变。怎么办？

回望历史，"潘晓讨论"也不可避免地有它的历史局限性，但在那个历史的现场，对刚刚经历过"文化大革命"的那一代青年来说，面对刚刚开始却变革迅速的社会，开始正视生活和人生中的现实问题。这不是什么青春的忧郁，而是在历史转折、社会转型中的追问和求索。当年发行达369万份的《中国青年》杂志在"潘晓来信"的编者按中写道："在人类历史上，每一次较大的社会进步前夕，差不多都发生过人生观的大讨论。彷徨、苦闷相对于麻木、僵化是一种历史的进步。人生的意义是什么，这是80年代的特定内容。"正是在"潘晓讨论"这个大讨论中，一代中国青年喊出了"从自己做起，从现在做起，从点滴做起"这样一个不唱高调、不尚空谈、重在行动的口号。

历史和现实都给了我们一个美好的启示——青春是用来奋斗的！幸福都是奋斗出来的！一个人，只有将个人的前途和命运与国家、民族、人民的前途和命运紧紧地联系在一起，他才会找到前进的方向、勇气和力量，他才能拥有温暖、希望和幸福，他才能获得成功，实现人生的价值。

50

1979年12月6日，邓小平在会见日本首相大平正芳时，提出了中国家喻户晓的"小康"概念，20多天后历史的脚步就带领中国人民迈进了生机盎然、豪情满怀的20世纪80年代。

20世纪80年代的中国新一代再一次喊出了"振兴中华"的口号，20世纪80年代的新一辈用一首好听动人的歌曲表达了一代人自力更生、艰苦奋斗、改革开放、强国富民的心声……

1980年3月，《词刊》在第三期发表了一位名叫张同枚的诗人的新作《光荣的八十年代新一辈》。这首歌词一下子吸引了著名作曲家谷建芬的注意，诱发了她的创作灵感。很快，她为这首词谱了曲，同时把这首词的第一句"年轻的朋友来相会"改为歌名。这首歌第一次公开演出是在北京劳动人民文化宫的露天剧场。那一天，天公不作美。音乐响起后，大雨倾盆，人们不得不把衣服脱下，披在头上，簇拥到台前，在明快流畅的旋律和活泼多变的节奏中使劲地拍着巴掌，为这首从未曾听过的新歌表达出从未有过的激动。天上乌云滚滚，心中却阳光灿烂。很快，这首《年轻的朋友来相会》传遍了长城内外、大江南北，激励着祖国的千山万水。

不信，我们一起再来听一听——

年轻的朋友们，今天来相会，荡起小船儿，暖风轻轻吹，花儿香，鸟儿鸣，春光惹人醉，欢歌笑语绕着彩云飞。啊，亲爱的朋友们，美妙的春光属于谁？属于我，属于你，属于我们八十年代的新一辈!

再过二十年,我们重相会,伟大的祖国,该有多么美!
天也新,地也新,春光更明媚,城市乡村处处增光辉。啊,
亲爱的朋友们,创造这奇迹要靠谁?要靠我,要靠你,要靠
我们八十年代的新一辈!

但愿到那时,我们再相会,举杯赞英雄,光荣属于谁?
为祖国,为四化,流过多少汗?回首往事心中可有愧?啊,
亲爱的朋友们,愿我们自豪地举起杯,挺胸膛,笑扬眉,光
荣属于八十年代的新一辈!

挺胸膛,笑扬眉。在这优美的旋律中,年轻的一代中国人,在
改革开放的征程中,人生的道路不是越走越窄,而是意气风发,斗
志昂扬,越走越宽阔⋯⋯

就是踏着这样昂扬的旋律,就是保持这种向上的斗志,中国共
产党带领中国人民,高举中国特色社会主义伟大旗帜,在改革开放
的道路上,接力奋斗,砥砺前行,没有辜负改革开放总设计师邓小
平的期望——"相信我们现在的娃娃会完成这个任务"。

如今,邓小平那一代中国共产党人的"娃娃"们不忘初心、牢记
使命,自信自强、守正创新,不仅完成了这个伟大的任务,而且志
存高远,锐意进取,脚踏实地,继续前进,凝聚14亿多人民的磅礴
力量,为实现中华民族伟大复兴的中国梦、实现人民对美好生活的
向往,提出了更加宏伟的蓝图和目标。

2017年10月18日,中共中央总书记习近平在中国共产党第十九
次全国代表大会上的报告《决胜全面建成小康社会,夺取新时代中

国特色社会主义伟大胜利》中指出：

> 改革开放之后，我们党对我国社会主义现代化建设作出战略安排，提出"三步走"战略目标。解决人民温饱问题、人民生活总体上达到小康水平这两个目标已提前实现。在这个基础上，我们党提出，到建党一百年时建成经济更加发展、民主更加健全、科教更加进步、文化更加繁荣、社会更加和谐、人民生活更加殷实的小康社会，然后再奋斗三十年，到新中国成立一百年时，基本实现现代化，把我国建成社会主义现代化国家。

面对中国社会主要矛盾已经转化为人民日益增长的美好生活需要和不平衡、不充分的发展之间的矛盾，中共十九大树立起了习近平新时代中国特色社会主义思想的伟大旗帜，为实现"两个一百年"奋斗目标、实现中华民族伟大复兴的中国梦，提供了理论保证和根本遵循。当下的中国，决胜全面建成小康社会，全面建设社会主义现代化国家开启了新征程，中国特色社会主义迈进了新时代，意味着近代以来久经磨难的中华民族迎来了从站起来、富起来到强起来的伟大飞跃，迎来了实现中华民族伟大复兴的光明前景；意味着科学社会主义在21世纪的中国焕发出强大生机活力，在世界上高高举起了中国特色社会主义伟大旗帜；意味着中国特色社会主义道路、理论、制度、文化不断发展，拓展了发展中国家走向现代化的途径，给世界上那些既希望加快发展又希望保持自身独立性的国家和民族提供了全新选择，为解决人类问题贡献了中国智慧和中国方案。

2021年7月1日，庆祝中国共产党成立100周年大会在天安门广场隆重举行。中国共产党立志于中华民族千秋伟业，百年恰是风华正茂。在百年庆典上，习近平总书记以豪迈的自信、激昂的壮志，庄严宣告实现了第一个百年奋斗目标、全面建成了小康社会，郑重宣示坚持和发展新时代中国特色社会主义、向全面建成社会主义现代化强国的第二个百年奋斗目标迈进的坚定决心，吹响了实现中华民族伟大复兴奋勇前进的号角。他说：

> 为了实现中华民族伟大复兴，中国共产党团结带领中国人民，解放思想、锐意进取，创造了改革开放和社会主义现代化建设的伟大成就。我们实现新中国成立以来党的历史上具有深远意义的伟大转折，确立党在社会主义初级阶段的基本路线，坚定不移推进改革开放，战胜来自各方面的风险挑战，开创、坚持、捍卫、发展中国特色社会主义，实现了从高度集中的计划经济体制到充满活力的社会主义市场经济体制、从封闭半封闭到全方位开放的历史性转变，实现了从生产力相对落后的状况到经济总量跃居世界第二的历史性突破，实现了人民生活从温饱不足到总体小康、奔向全面小康的历史性跨越，为实现中华民族伟大复兴提供了充满新的活力的体制保证和快速发展的物质条件。中国共产党和中国人民以英勇顽强的奋斗向世界庄严宣告，改革开放是决定当代中国前途命运的关键一招，中国大踏步赶上了时代！
>
> 为了实现中华民族伟大复兴，中国共产党团结带领中国人民，自信自强、守正创新，统揽伟大斗争、伟大工程、伟大事业、伟大梦想，创造了新时代中国特色社会主义的伟大成就。党的十八大以来，中国特色社会主义进入新时代，我们坚持和加强党的全面领导，统筹推进"五位一体"总体布局、协调推进"四个全面"战略布局，坚持和完善中国特色社会主义制度、推进国家治理体系和治理能力现代化，坚持依规治党、形成比较完善的党内法规体系，战胜一系列重大

风险挑战，实现第一个百年奋斗目标，明确实现第二个百年奋斗目标的战略安排，党和国家事业取得历史性成就、发生历史性变革，为实现中华民族伟大复兴提供了更为完善的制度保证、更为坚实的物质基础、更为主动的精神力量。中国共产党和中国人民以英勇顽强的奋斗向世界庄严宣告，中华民族迎来了从站起来、富起来到强起来的伟大飞跃，实现中华民族伟大复兴进入了不可逆转的历史进程！

百年征程波澜壮阔，百年初心历久弥坚。历史川流不息，精神代代相传。中国共产党团结带领中国人民又踏上了实现第二个百年奋斗目标新的赶考之路。

古人云："艰难困苦，玉汝于成。"

"风雨多经人不老，关山初度路犹长。"

改革开放是一场伟大的革命。中国共产党和中国人民已经向世界作出了承诺——将改革开放进行到底！有风有雨是常态，风雨无阻是心态，风雨兼程是状态。风雨之后见彩虹。今天的中国，正经历成长的风雨。但无论什么样的风雨，却无法阻挡中国人民奔向美好生活的脚步！

改革开放也是一个伟大的创造。新中国成立70多年来，中国共产党不忘初心、牢记使命，团结带领全国各族人民战胜了一个又一个艰难险阻，创造了一个又一个彪炳史册的人间奇迹，中华民族迎来了从站起来、富起来到强起来的伟大飞跃。70多年来，我国取得的历史性成就、发生的历史性变革，充分说明只有中国共产党才能领导中国，只有社会主义才能救中国，只有改革开放才能发展中国、发展社会主义、发展马克思主义，只有中国特色社会主义道路才能引领中国走向繁荣富强。

中国共产党为什么能？马克思主义为什么行？中国特色社会主

2021 年 7 月 1 日，庆祝中国共产党成立 100 周年大会在天安门广场隆重举行。

义为什么好？一百年来，中国共产党团结带领中国人民，以"为有牺牲多壮志，敢教日月换新天"的大无畏气概，书写了中华民族几千年历史上最恢宏的史诗。这一百年来开辟的伟大道路、创造的伟大事业、取得的伟大成就，必将载入中华民族发展史册、人类文明发展史册！一百年来，中国共产党团结带领中国人民自力更生、艰苦奋斗，披荆斩棘，风雨无阻，走出了一条中国特色社会主义道路，创造了中国奇迹，用中国智慧为世界和平发展进步贡献了中国方案，彰显了中国价值，体现了中国力量，展现了中国担当，传递了中国信心，凸显了中国精神，为人类树立了中国榜样。

2018 年 4 月 5 日清明一稿

2018 年 9 月 23 日秋分二稿

2019 年 9 月 13 日中秋三稿

2020 年 1 月 18 日小年四稿

2020 年 8 月 27 日五稿

2021 年 12 月 5 日六稿

2023 年 12 月定稿

中国，把我给你

（创作手记）

丁晓平

从来没有为写作一本书，内心如此纠结。因为我决心要写、现在终于写下的这本书，它讲述的中国故事，离我是如此的近——是我看得见、摸得着的历史，是我亲身经历、亲身见证的历史，或者说也是我的成长史和心灵史。

1978年，我7岁。到了上学的年纪。我记得，报名的时间是梅雨季节的一个上午，刚刚下过雨的山岗子上，雨水在草地上打着滚，我穿着补丁连补丁的短裤，独自一人站在马尾松下嘤嘤地哭了……这是我童年记忆中特别清晰的一个镜头。为什么哭呢？同龄的小伙伴们都去村里的学校报了名，而我没有。因为我的家太穷了，穷得连1元钱的学费都交不起。我感到特别委屈。后来，不知道家里从哪里借来了1元钱，我还是如愿上学了。

1978年，父亲"摘帽"（头上戴着"地主反坏右"的帽子）了。1957年，负责县扫盲办公室工作的他，在大鸣大放的"反右"运动中被划为"右派"，先是劳教，后在劳改农场劳改。母亲带着大哥、二哥和姐姐从县城下放到人生地不熟的农村，寄人篱下，艰难度日。6年后，父亲提前释放，但在"文化大革命"中再次受挫，株连全家，直至1978年。但父亲"摘帽"的事情并不顺利。《摘帽通知书》推迟了整整一年才发到父亲手中。我清楚地记得是生产队长悄悄地交给正在田野玩耍不谙世事的我带回家的。在那张如同"三好学生"奖状大小的通知书上，汉字"一九七八"的"八"字明显有改成"九"字的墨迹，至今在我的脑海里不能抹去。那一年，我还是一个8岁的孩子，但对此却有着刻骨铭心的记忆。只可惜，这张《摘帽通知书》再也找不到了。

1978年，我大哥的儿子出生了。这是一个"地富反坏右"家庭的第三代。该给他取一个什么名字呢？我父亲和大哥商量了好久，一开始叫他"华恩"，后来取名"葆华"。寓意非常简单，就是感谢党中央打倒了"四人帮"，父亲才得以平反昭雪，我的家才获得了正常家庭的地位（那时我们家连挂毛主席像的资格都没有）。在随后的分田到户的改革中，9口之家分到了9亩稻田和3亩山地。在随后的落实政策中，父亲复职，不久父亲、母亲、三哥和我的户口实现了农转非，吃上了商品粮。有了城镇户口的红本本，这简直是农村人羡慕至极的大喜事。大哥、二哥、姐姐因已成家，户口不能转正。三哥和我虽然有了城镇户口，但依然生活在农村，跟农村娃儿没有任何区别，只是我们的田地又退回，在生产队重新分配。再后来，三哥考上了大学，成为小村的第一个大学生、研究生；我也当兵离开家乡，考上了军校，成为小村的第一位军官。

从我的家庭来看，大哥、二哥和姐姐自然是那个极左年代的受害者。比我更加聪明的他们，在他们的同代人中始终都是佼佼者，却因时代的变迁，阴差阳错，被改变了人生命运。我和三哥相对比较幸运，赶上了大转折的年代，赶上了一个好时代，才得以读书、当兵，走出农村，依靠自己的努力奋斗，也改变了自己的人生命运。

由家及国，我的家，就是国的缩影。

如今，改革开放已45年，我们这一代正是中国走向改革开放的亲历者、见证者。今日的中国，天翻地覆，这样的变化前所未有，盛况空前。而且，这样的变化，正是中国历史三千年来未有的大变局。早在1979年，当邓小平的头像第二次被刊登在美国《时代》周刊的封面上时，这家在世界颇有影响的杂志发出了这样一个疑问："为什么这样一个人口众多的民族，在极短时间内能够来个180度大转弯，如同让航空母舰在一元钱硬币上转圈？"这个疑问是值得我们深深思考的。

　　改革从哪里来？开放到哪里去？是啊！中国的改革开放，让世界瞪大了眼睛，让世界充满着好奇，让世界惊叹不已，创造了世界的奇迹！它开创了中国道路，展现了中国智慧，贡献了中国方案，凝聚了中国力量，凸显了中国精神，也铸就了伟大的改革开放精神，那就是中国共产党在改革开放实践、探索和发展中国特色社会主义事业这一特定的历史时期中形成了解放思想、实事求是、开拓创新、勇于担当、开放包容、兼容并蓄的精神品格。

　　习近平总书记指出，改革开放是一场深刻革命，既不走封闭僵化的老路，也不走改旗易帜的邪路，不仅深刻改变了中国，也深刻影响了世界。他同时强调，对改革开放前的历史时期要正确评价，不能用改革开放后的历史时期否定改革开放前的历史时期，也不能用改革开放前的历史时期否定改革开放后的历史时期。改革开放前和改革开放后两个历史时期，是两个相互联系又有重大区别的时期，但本质上都是中国共产党领导人民进行社会主义建设的实践探索，不能相互否定。改革开放45年来，给我们带来了许多鉴往知来、弥足珍贵的深刻启示：坚持党的全面领导是根本保证，坚持以人民为中心的根本立场，坚持走中国特色社会主义道路，坚持立足于中国基本国情，坚持改革与开放相互促进，坚持兼顾公平与效率，坚持正确处理改革发展稳定的关系。

潮平两岸阔，风正一帆悬。改革开放是我们党的历史上一次伟大觉醒，是决定当代中国命运的关键一招，取得了举世瞩目的伟大成就，极大改变了中国的面貌、中华民族的面貌、中国人民的面貌、中国共产党的面貌，形成了一系列理论成果、制度成果、实践成果。有理由相信，这些成果已经成为人类文明发展成果的一部分。今天，全国各族人民在中国共产党的团结带领下，经过一代又一代的艰苦奋斗，解决了许多长期想解决而没有解决的难题，办成了许多过去想办而没有办成的大事，推动党和国家事业发生了历史性变革，中国特色社会主义走进了新时代，我们的祖国比历史上任何时期都更接近、更有信心和能力实现中华民族伟大复兴中国梦的目标。

世界好，中国才会好；中国好，世界会更好。习近平总书记说："中国开放的大门会越开越大。"他深刻指出："中国进行改革开放，顺应了中国人民要发展、要创新、要美好生活的历史要求，契合了世界各国人民要发展、要合作、要和平的时代潮流。中国改革开放必然成功，也一定能够成功！"

这是多么的不容易！

这是多么的了不起！

看得见多远的过去，就能看得见多远的未来。历史是有意义的。研究、写作、重述历史，自然也是有意义的。今天，我们研究历史、回望历史、重述历史，不是为了过去，而是为了现在、为了未来。作为亲历者、见证者，我多么希望自己能够在这个伟大的新时代，为45年前改革开放的历史原点写一部纪念碑式的作品，从文学、历史、学术的视角向人们完整、真实、客观地提供一部人人知道却又不完全知道的国家改革开放史，目的是让更多的读者朋友们清楚地看到我们的国家是如何从过去走到现在的，同时更清楚地知道我们又该如何正确地走向期待中的未来，实现对生活更加美好的向往。通过写作、回望和重述，我们与过去对话，参与现实，保卫历史，赢得未来。这也是我写作《大国转折：中国是这样走向开放的》这部书的目的。

《大国转折：中国是这样走向开放的》从2016年开始动笔，初稿60万字，几经修改，历时8年。本书分"冬""春""夏""秋"四卷，希望它能够全景式地为读者朋友再现1976至1980年间中国改革开放历史原点的历史现场，让比我更年轻的朋友们知道转折年代的中国政治、经济、科教、文化、外交、社会等各个层面的深层次矛盾、冲突和伟大斗争，科学性、历史性、哲理性地理解改革开放决策之初承前启后的曲折历程，完整地了解改革开放之初所发生的具有历史意义的重大事件、重大决策的来龙去脉和祖国实现伟大转折的整体进程。本书的写作吸收了改革开放研究的最新成果，其中既有参与改革开放的革命前辈的回忆和著述，也有历史学家、学者、作家和记者们发表的文章和著作。在这里，我要感谢前辈们用感情和心血给我们留下的这些宝贵的历史记忆。我知道，我正是站在他们的肩膀上，才能回望不太遥远的过去，才能眺望到更加遥远的未来。

最后，请允许我以这首发表在《人民日报》并被《学习活页文选》转载的诗歌《中国，把我给你》，向为中国改革开放伟大事业付出劳动、智慧、贡献和牺牲的人们表达由衷的敬意和祝福——

中国啊中国，我亲爱的母亲

你是大海，我就是你怀里的波浪

你是草原，我就是你怀里的牛羊

中国啊中国，我亲爱的母亲

把我给你

让我的血液在你的心中流淌

我的爱没有终点，只有方向

就像葵花的笑脸始终朝着金色的太阳

就像黄河九曲十八弯奔向辽阔的海洋

我爱你，中国，我伟大的母亲

我是雄鹰，飞得再高也离不开大地的磁场

我是小树，长成栋梁也离不开生根的土壤

中国啊中国，我伟大的母亲

把我给你

我的血液和国旗是一样的颜色

你的血液在我的心中源远流长

2024 年 1 月 18 日于北京